现代汉语的
轻重音研究

李静 石研 著

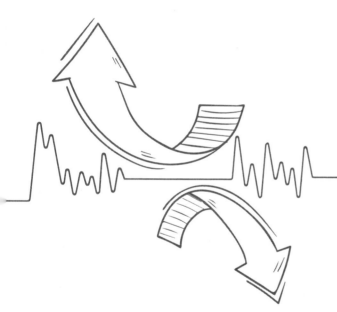

中国广播影视出版社

图书在版编目（CIP）数据

现代汉语的轻重音研究 / 李静，石研著 . -- 北京：
中国广播影视出版社，2024. 9. -- ISBN 978-7-5043
-9271-8

Ⅰ . H116

中国国家版本馆 CIP 数据核字第 2024571MW0 号

现代汉语的轻重音研究

李静　石研　著

责任编辑	许珊珊
装帧设计	嘉信一丁
责任校对	马延郡

出版发行	中国广播影视出版社
电　　话	010-86093580　010-86093583
社　　址	北京市西城区真武庙二条 9 号
邮　　编	100045
网　　址	www.crtp.com.cn
电子信箱	crtp8@sina.com

经　　销	全国各地新华书店
印　　刷	北京鑫益晖印刷有限公司

开　　本	787 毫米 ×1092 毫米　1/16
字　　数	280(千) 字
印　　张	20.5
版　　次	2024 年 9 月第 1 版　2024 年 9 月第 1 次印刷

书　　号	ISBN 978-7-5043-9271-8
定　　价	78.00 元

序

　　轻重音是现代汉语重要的语言形式，是表情达意不可或缺的节律手段，也是理解词义句义的主要线索。轻重音体现了表达者的言语目的，言语目的同时也制约着轻重音的确定与表达。人们利用轻重音要素传递信息，促进情感的沟通与交流，一旦人们轻重音选择失误，不可避免地会使语句目的和语义出现偏差。轻重音是表达者赖以传递思想感情和信息的主导要素，是有声语言表达的重要技巧，当前对于轻重音这种语音形式已有所研究，但语言形式和意义关系的研究还比较薄弱，这一领域有待全面、深入、系统的研究。

　　轻重音是不可或缺的语音节律手段，在有声语言表达中具有重要作用。首先，轻重音可以区别语义，轻重音的转移可以使语义发生变化。如"我喊了他两声"这句话，重音可以在动词"喊"上，也可以转移至数词"两"上。重音落在动词"喊"上，将突出动作行为的样式，以区别于"说""训"等话语形态，这时的"两"是个虚指的概数；若重音落在数词"两"上，则强调了"喊"的次数，"两"就不再是概数，重音的移动使话语意义发生了改变。又如"你说的都是图书馆外面的事"（寓言《一头学问渊博的猪》）。这句话的重音可以出现在多处，究竟在哪个位置出现没有特定的规律，而是受到说话的环境、话语内容等要素的制约。你说的都是图书馆外面的事。（强调行为的发出者是"你"而非他人。）你说的都是图书馆外面的事。（强调行为是"说"而非别的行为。）你说的都是图书馆外面的事。（强调涉及的空间是图书馆。）你说的都是图书馆外面的事。（强调涉及的具体位置是图书馆的

1

外面而非内部。）你说的都是图书馆外面的事。（强调谈话涉及的是事物而非别的内容。）对于一句话，轻重音的位置可以有多种选择，表达出多种内在含义，而联系上下文语境，我们能选择一种轻重音处理方式，准确地表达出语句的潜在意义。其次，轻重音可以分化"歧义结构"的意义。比如"我要炒菜"是个歧义句，此时就可以发挥轻重音分化歧义的作用。如果要展现"我"即将做的一件事情或者"我"需要的菜品类型，就要重读"炒菜"，这时的"炒菜"属泛指；如果表示要"炒"的物品，就要重读"菜"，这里"菜"属实指，以区别于肉、蛋等类别。又如"小王要处罚小吴应表扬"也是个歧义句，同样可以用轻重音来分化歧义。如果要表达"要处罚小王，而应表扬小吴"的语义，就将重音放在"小王"和"小吴"上；如果要表达"小王要处罚小吴，应表扬"的语义，"应表扬"要在前设停顿的基础上，再以重音加以强调。以上两个例子中，轻重音起到了分化"歧义结构"意义的作用。最后，轻重音可以变更认知意义，服务交际需求。如"我不想去爬山"这句话，如果重音在"爬山"上，认知意义变为"别的活动我可以去，但爬山不行"；又如"我不听你的辩解"，如果重音在"你的"上，认知意义变为"别人的解释可以听听，但你的不需要听"。由此可见，轻重音所提示的认知意义满足了语言交际的需要。

总而言之，轻重音是表达意义的重要形式和手段，这个问题值得深入研究。轻重音近年来日益受到语言学界的关注，这是社会发展的需求，也是语言学研究国际化视野的展现。对于轻重音问题，早在 20 世纪 50 年代就引起了一些语言学家的高度重视，罗常培、王均、徐世荣等语言学界前辈都曾对轻重音问题发表过精辟论述。近些年来关于节律的研究更是进入了新的发展时期，冯胜利、端木三、王洪君、吴洁茹等学者的丰硕成果展现了这个研究领域广阔的发展空间。

对于轻重音的研究还有很多方面需要开展，本研究也只是一些初步的探讨，尽力做到在区分语法、语义、语用三个层面的基础上，语音研究和语法研究相结合、描写与解释相结合，以新的视角探索轻重音与语法层面的关系，进一步加深对轻重音手段的运用方式、限制条件及应用语境的认识。本研究提出的一些观点，如轻音是"准声调""类调位"、语法重音凸显结构焦点、强调重音受焦点及预设制约等，还有待实践检验，许多问题也尚须挖掘与进一步探索。我们认为，语言研究是一项复杂的、富有意义的系统性工程，目的是通过分析表层现象去揭示语言深层潜在的规律，这是语言研究追求的目标，更是语言研究者义不容辞的责任，我们要为此不懈努力！

李静　石研

2024 年 9 月于浙江传媒学院

中文摘要

　　轻重音是现代汉语节律系统的一个重要特征。它是把握句法、语义和语用结构所依据的重要指征，也是表达语法意义的手段之一。现代汉语轻重音的研究成果用于语文教学，能切实提高读写教学质量；用于对外汉语教学，能帮助留学生克服"洋腔洋调"；用于汉语信息处理，将会为语音合成、语音识别和理解提供语言学方面的帮助。本课题着重多层面、多角度地对轻重音问题进行进一步的探讨，希望能对词汇和语法层面的一些语言现象做出合理的阐释，能为语言基础理论的研究及对外汉语教学研究提供新的思路。全文共九章。

　　第一章对学术界有争议的"重音"和"轻音"进行了界定，并对现代汉语轻重音的研究状况进行了宏观描述和分析。认为对重音要从多个角度认识，不仅要考虑到表达功能层面，还应考虑到表达形式层面。同时把轻音分为两类：一类轻音出现在词和短语中，相当于"音位"；另一类轻音则是强调重音的一种特殊表达形式。通过对当前轻重音研究状况的考查，确定本研究的主要工作是多层面、多角度地对轻重音问题进行进一步的探讨。

　　第二章着重论述了轻音的性质，轻音同语义、语法的关系及轻音的规范等问题。关于轻音的性质目前有两种观点：对于轻音应属调位的说法，指出汉语中的确有不少词凭借轻重音构成对立，这说明轻音是具有音位作用的。但是轻音又不具备独立音位的资格。考虑到以上性质，加上轻音基本已具备了声调的功能，认为轻音应该在普通话音位体系中占有一席之地，是"准声

1

调""类调位"。对"轻音应属'变调'"的看法认为不甚合理。一方面，轻音和变调有着不同的音高变化形式。另一方面，"变调"不具有表达词汇和语法意义的功能，而轻音则不然。指出音长、音高、音强、音色四个方面的表现构成了轻音的语音特征。据此可以另立一个轻音（准）音位，把轻音归入轻重音系统处理。

轻音也是一种表达意义的重要语言形式。轻音除了可以出现在词和短语中，相当于"音位"，还可以是强调重音的一种特殊的表达形式，可以成为"以轻音形式表示的强调重音"。对强调重音的表达除了可以用加大音强、放慢拖长的方式，还可以轻轻说出，这样一种方式形成的轻音则是强调重音的一种特殊的表达形式。

轻音具有辨义作用，同时还是一种构词手段和构句手段，结构轻音的黏附性特点对分析某些句法结构有一定的作用。长期以来轻音的认定及使用存在着混乱现象，为便于方言区的人学习普通话，有必要对轻音加以规范，并确定规范的原则及措施。

第三章论述了语法重音与结构焦点的关系，并对语法重音的分布等问题进行了探讨。指出语法重音凸显结构焦点，焦点选择的倾向性同句法结构结合起来，决定了语法重音的位置。认为"重音居后"包括两个方面的内容：一是句末主要动词形成的"重音范域"的居后；二是句末偏正结构形成的"重音范域"居后。这样才能保证"重音居后"规则的严密性。

在确认了"重音居后"理论的基础上，又进一步确定了"重音范域"的内部规则：基本规则和延伸规则。认为短语或句子的语法重音就是以该规则为指导一层一层分级负载的。语法重音是短语或句子的基本语义凸显点，在通常情况下，语句的凸显是有一定规律可循的。比较具体的、表述详细的信息，或者是一些新知的信息往往是凸显的重点。

第四章对强调重音与焦点及预设的关系问题进行了探讨。指出为了特殊的交际目的，说话人可以通过强调重音等手段，强制性地改变语句原有的焦点位置，使之形成有标记的信息焦点。认为强调重音可分为对比式和强调式两类：对比式强调重音往往凸显对比焦点，强调式强调重音往往用来凸显强调焦点。强调重音凸显信息焦点使其聚焦功能得以充分体现。又提出重音的设定是由预设来调控的。有什么样的预设，就会体现什么样的话语意图，也就决定了要采用什么样的强调重音模式。

第五章对播音主持创作中的轻重音情况进行了探究。指出重音是凸显对比焦点和强调焦点最便捷、最恰切的手段，必须运用重音为播音主持创作服务。在分析重音形成因素的基础上，进一步探讨了播音主持创作中重音的分布问题，指出强调重音是语法重音由底层上升到表层的重音形式，在播音主持创作中语法重音服从于强调重音。指出重音的表达方式多样，要依据内心感受选择恰当、贴切的表达方式，把语句、语篇的目的展现出来。

第六章对普通话水平测试中的轻重音系统展开讨论。在对普通话水平测试指定词语和朗读篇目的轻重音进行整理和分析的基础上，描述词语重音、词语轻音、语句重音和语句轻音的语音特征，阐释普通话水平测试中词语轻重音和语句轻重音的分布规律及应用规范，进一步构建和完善普通话轻重音体系。根据轻重音体系的规范化要求，受试者要熟练掌握普通话轻重音体系，准确体现普通话轻重音的语音特征。研究认为明确普通话轻重音体系，有助于统一规范普通话水平测试中的轻重音评析标准，有利于普通话轻重音的教学和评价。

第七章在梳理泰安方言语音样貌及重音分布情况的基础上，从词重音、句重音、重音与语音、重音与语义、重音与语法、重音与节奏等方面对泰安方言的轻重音运用情况进行了系统考察。认为在句重音维度，泰安方言与普通话基本上一致；而在词重音维度，泰安方言在联绵词、附加式合成词中的发音与普通话存在差异。除此之外，受语音、语义、语法、节奏的影响，泰安方言还存在轻音变调为非轻音、轻音辨别语义、轻音辅助构词等情况。

第八章以汉语、英语轻重音为研究对象，采用对比的方法探讨了汉英轻重音的差异。研究涉及汉英轻重音的性质与分类、在语句中的分布规则、汉英轻重音的功能以及弱化现象四个方面。旨在挖掘汉英轻重音在语义、语法以及节奏韵律上的异同，并通过对比研究探析汉英轻重音在词句中显示出来的各类规律，为语言基础理论研究、播音主持教学及对外汉语教学研究提供新思路。

第九章主要从节律构成要素，即连延、轻重音等方面入手，探讨汉语节律的超音段功能及特征。重点阐释了节律要素在朗读教学中的必要性和可行性，通过分析朗读教学中节律应用的问题及原因，有针对性地提出朗读教学提升策略，有助于提高课堂朗读教学质量，最终达到良好的课堂朗读教学效果。

目　录

第一章　引言

一、释题

重音是表达语义的重要韵律形式。汉语的重音按传统分类方式来分，包括语法重音和强调重音两大类。

语法重音通常被认为是自然重音，这种重音因有赖于句法结构而呈现出一定的规律性，是非语境条件下的基本重音。重音的落点与语言单位的语法结构类型密切相关，而并非为了表达特殊感情。它出现在短语和句子两级语言结构中。

强调重音是指在语言表达中为彰显作品思想感情而着意突出的词或词组。强调重音的位置和语法重音相比不是很稳定，而受到表达内容和上下文语境的制约。同一句话，表达内容不同，强调重音的位置也就不同。

强调重音又可以分成对比式和强调式两类。句中某一成分出于同另一成分对比的需要而形成对比焦点，为表达对比焦点而突破常规重音形成的非常规重音就是对比式强调重音。为表达特殊情感（强调焦点）而突破常规重音形成的非常规重音叫强调式强调重音。

语法重音是静态结构中的重音，是形式化了的、带有规律性的重音，这种重音是语言形式系统的自然构成成分，某个语句在这个位置出现重音，人们会感觉是正常的、无标记的。强调重音是指没有出现在常规重音位置上的重音，重音的位置由语言使用时的具体因素决定。在此位置出现重音，人们感觉是异常的、有标记的。这种异常的、有标记重音的出现，意味着存在特殊的表达需要或语用价值。

关于汉语节律中重音的概念，主要有以下代表性观点：

1.重音通常指的是口语表达时有些词语读得比较重的情况，这种重往往以加强某个音节或词的强度来体现。（胡裕树，1981）

2."词里头念得最强的音节叫重音。"（罗常培、王均，1981）

3.在朗读和交流时，有些词或词组需要运用某种方式突出出来，这些被突出的部分就叫重音。（张颂，1983）

4.在语句中，那些被突出强调的、发音比较重、比较清晰的音叫重音，也可以叫作语句重音。（黄伯荣、廖序东，1991）

5."重音的实质是音强。"（林祥楣，1991）

6.重音是指为表情达意的需要，某个词语会以加大音量的方式加以突出，以引起人们的关注。（张斌，2000）

综上所述，大多数学者都认为重音就是语句里音强增强、读得比较重的音节。我们认为，对重音要从多个角度认识，不仅要考虑到表达功能层面，还应充分考虑到表达形式层面。

从语言手段的表达功能来说，语流中的重音应该是表达中需要突出或强调的部分，这个突出或强调的部分可以是词也可以是词组。如：

忽然，孔雀发现湖里有一只鸟，跟他一模一样，十分漂亮。他立刻停住脚步，展开尾巴。那美丽的尾巴抖动着，像一把五彩洒金的大扇子。谁知湖里的那只鸟也停住脚步，展开尾巴。那美丽的尾巴也抖动着，像一把五彩洒金的大扇子。

上面是童话《骄傲的孔雀》中的一段描写。词语"湖""也"和词组"一模一样""展开尾巴""大扇子"作为重音有突出强调的作用。"湖"强调了"鸟"所显现的位置；两个"也"及"一模一样"强调了事物的相似性。"展开尾巴""大扇子"突出了孔雀的特点，不仅展现出孔雀的美丽，也为下文做好了铺垫。

从重音的表达形式来说，重音一般比其他词语念得重，但有时也可以表现为比其他词语念得轻，还可以表现为比其他词语念得慢，表现为在要突出强调的词语前面加一个停顿，等等。如：

像生前，从不愿惊动我们，轻轻地从我们身边走去……

这是李瑛《一月的哀思》中的一句话。全诗字里行间饱含着对周总理的爱戴与赞美之情。在重音"轻轻"前面略微停顿一下，然后把"轻轻"以轻说的方式吐出，可表现出周总理对人民的关爱，能更好地体现出周总理的高尚品质。这种表达方式使语句回味悠长，但如果"轻轻"处理为实、高、重，那就索然无味了。

又如：

漓江的水真静啊……漓江的水真清啊……漓江的水真绿啊……

陈淼的《桂林山水》描绘出一幅景色奇异、色彩绚丽的山水画。文中的"静、清、绿"三个形容词都是重音。在三个词前稍做停顿，然后用较慢的语速、用拖长字音的方式去突出，就可以更好地描绘出漓江水流的特点。如果采用加大音强的方式去处理，那么漓江的水不是平静，而是要"沸腾"了。

自然语流中多个音节连读，由于各自在语句结构中的地位不同，必然有的要读得重一些，有的要读得轻一些，所以语流中轻和重的对比是客观存在的。事实上，在语言交流过程中，只要是不妨碍正常交际，人们总是以"省力"和"经济"为导向。"只要对方能听明白，能省力的地方尽量省些力气。"[1]这样就致使语流中每个音节的能量不均衡，有些音节变轻变弱。正是语流中的这种轻重调节，使得人们的发音器官有了短暂歇息的可能，从而能保证人们长时间地进行语言表达而不感到疲劳，语言也由此变得更富有韵味。话语中那些听起来比较轻、稍微有些短、发音也不是很清晰的音节，一般称为轻音。

轻音也是表达意义的一种重要语言形式。轻音有两类，一类出现在词和短语中，如汉语的虚语素（有人称为构词后缀）"子、头"读轻音，动态助词（有人称为构形后缀）"着、过"也读轻音。前一种是"轻音语素"，后一种则是"轻音词"。从语言学的性质讲，轻音语素和轻音词中的轻音起的是

---

① 厉为民：《试论轻声和重音》，《中国语文》1981 年第 1 期，第 37 页。

区别意义的作用，相当于"音位"，把它称为"轻音音位"是很确切的。如"子、头"可以组成"老子、对头"。"子"不读轻音时，"老子"是人名；如果读轻音，则表示父辈，"子"是个虚语素。同样"头"不读轻音，"对头"指的是正确；如果读轻音，指的是仇敌、对手，"头"也是个虚语素。又如"着、过"可以组成"睡着、爬过"。"着"不读轻音时，"睡着（zháo）"指的是入睡了；如果读轻音，则表示正在睡觉，"着"是动态助词。同样"过"不读轻音，"爬过"指的是爬过去；如果读轻音，指的是曾经爬过，这里的"过"也是动态助词。由上看到，轻音具有辨别意义的作用，因此可以确定为音位。也许有人认为轻音在多数情况下不具有辨义功能，不具备音位资格。而我们认为，尽管不是所有的词都纯粹靠轻重对立区别词义，但汉语中可以找到很多词是凭借轻重音构成对立的，这种对立不仅具有辨义作用，有的还引起词性变化。例如，"裁缝"，如果后一语素读阳平，是"裁剪缝制"的意思，是动词；如果后一语素读轻音，"裁缝"就是"做衣服的工人"的意思，是名词。"地道"一词的后一语素"道"读去声，"地道"是"地下坑道"的意思，是名词；而"道"读轻音，"地道"则为"纯粹"的意思，是形容词。因此，我们认为轻音是具有音位作用的，它相当于"音位"。

　　另一类轻音则是强调重音的一种特殊表达形式，可以成为"以轻音形式表示的强调重音"。在口语交际过程中，说话人并不是对各个语言片段平均用力，而是根据交际意图在需要突出的语言片段上积聚较多的能量，使其在长度、响度、音域等方面有突出表现，这样就形成了强调重音。强调重音是突出语句目的的重要手段。它的表达除了可以用加大音强、放慢拖长的方式，还可以轻轻说出。这种方式形成的轻音则是强调重音的一种特殊表达形式。

　　关于语言表达中的轻读现象，叫法不一，有人叫轻音，有人叫轻声。虽叫法不同，其实并没有实质性的差别。而我们认为使用"轻音"这个术语似乎更为妥当，因为和"轻音"相对的是"重音"。我们可以看到，在使用

"轻音"的学者那里，轻重音都是并提的。林焘先生一直用"轻音"来表示"轻声"，赵元任先生也认为轻音属于"弱重音"。反之，如果使用"轻声"这个术语很容易产生误导，容易让人们把"轻音"这一轻重音现象同声韵调现象混同起来。因此，使用"轻音"这个术语更能反映出这一现象的本质。

二、选题意义

轻重音是现代汉语节律系统的一个重要特征。它是把握句法、语义和语用结构所依据的重要指征，也是表达语法意义的手段之一。近些年来，随着语言研究的深入，轻重音问题已成为研究者关注的一个焦点。本课题从多层面、多角度对轻重音问题做进一步的探讨，希望能对词汇和语法层面的一些语言现象做出合理的阐释，也能为语言基础理论的研究、播音主持教学及对外汉语教学研究提供新的思路。

现代汉语轻重音的研究成果用于指导中小学语文教学，能切实提高读写教学质量。孔子曰："言而无文，行之不远。"这里的"文"也包括了轻重音等节律的因素。用轻重音理论指导朗读，能够提高语言的表现力，增强语言的感染力，表达出作品的思想感情。轻重音这个重要的节奏因素，用以指导写作，将有助于语句的畅达，有效地避免生涩拗口的现象。

现代汉语轻重音的研究成果用于播音主持教学，能切实提高广播电视节目质量。播音员、主持人在话筒前从事有声语言创作活动，不仅要做到吐字清晰、流畅，还要做到主旨突出、观点鲜明，准确、透彻地传达出稿件的精神实质。这就要求播音员、主持人在认真分析理解稿件的同时，找准并正确表达重音，准确地体现稿件的内涵。轻重音的研究成果用于播音主持教学，有助于播音员、主持人准确掌握重音的运用技巧，不断提升广播电视节目的播出效率。

现代汉语轻重音的研究成果用于指导对外汉语教学，除了能提高语文能力，还有助于留学生克服说汉语时的"洋腔洋调"。语音往往被认为是对外汉语教学初级阶段的教学任务。事实上，中级阶段和高级阶段中进一步纠正"洋腔洋调"的问题仍是一个紧迫的任务，亟须采取有效的教学措施来完成。语音的学习过程中，学生对于音高、音长、音强乃至音色等方面种种变化的体味和领悟能力也在不断增长，对外汉语教学要下大力气关注包括轻重音等节律因素在内的语音分析和综合训练，教师要以此来引导和加速学生的汉语习得进程，不断提升留学生汉语习得的效果。学习第二语言，掌握地道的汉语，除了要进行基本的声韵调操练、读准字词，更重要的还在于掌握语流节律，以增强汉语的语感。开展现代汉语轻重音研究必将为提高对外汉语语音教学效率提供新思路。

现代汉语轻重音的研究成果用于汉语信息处理，将会为语音合成、语音识别和理解提供语言学方面的帮助。总的来说，以字、词为单位的汉语语音合成已经取得了相当可喜的成果，然而，一旦把这些本身已经非常清晰、非常自然的字词连成句子，其清晰度，尤其是自然度就会大大降低。近年来，这方面的研究取得了很大进展，但如何区别和表达一些精微的意思，还有待于语音分析特别是包括轻重音在内的节律研究的支持。在语音识别方面也有类似的问题，主要是对语流中句子语义的理解还有一定的距离。要提高语句合成的自然度、准确地理解自然话语的意义，必须要加强自然语流节律的研究，探索辨识句法、语义、语用线索的各种因素及其结构方式。由此可见，研究现代汉语轻重音对汉语信息处理的开展也有广泛的推动作用。

三、现代汉语轻重音的研究状况和评述

自 20 世纪 50 年代，国内语言学者就开始对轻重音进行研究，到了 80 年代，轻重音研究进入一个飞速发展时期。在这一时期，"区别特征"理论逐渐传入国内，同时实验语音学研究方法不断完善。在此背景下，我国学者开始尝试以新视角、新方法，对轻重音进行探索性的研究，并取得了令人欣喜的成绩。归纳起来，研究主要侧重于以下几个方面：

第一，汉语有无词重音的问题；

第二，汉语轻重音的语音特征；

第三，汉语轻重音的分布规律；

第四，汉语轻重音与语法结构的关系；

第五，汉语轻重音的教学问题。

汉语是否存在词重音一直是学术界争议的问题。高名凯、石安石（1963）认为在汉语词语中是不存在重音的，因为各音节间的轻重度很微弱，是没办法区分轻重音的；另外，凭借语音实验的研究方法，也不能得到充分的证据。林焘、王理嘉（1990）也认为，汉语中重音所起的作用远远不像西方语言那么大，没有必要再去区分重音的等级。厉为民（1981）则肯定汉语词重音的存在。认为在汉语中无论是双音节词还是多音节词都普遍存在着轻重读对立的现象，只不过是重读的位置可能有差异；词的派生变化往往会造成重音位置的变动，如´学生，´中学´生；重音念得不对，有时会引起误会，如´duì tou 对头，名词，duì´tóu 对头，形容词；一些词语在不重读的情况下元音会发生脱落，如 d（的、地、得）、z（字）、sh（是）。林茂灿等（1984）针对词重音问题开展了声学实验，结果表明两字组的后一音节略微长一些。而王晶、王理嘉（1993）的实验得出不同结论，认为正常重音词语中前一个字读得最长。端木三（1999）认为，单念时如果最后那个字略微长，就属于"顿前拖延"，不能把这个结果作为重音的唯一依据；如果第一个字略长，可能是因为语流中音节相连，气压大多加在了前面音节上，所以不能拿这个现象作为重音的唯一依据。但端木三始终肯定重音的存在，认为语言的节奏规律是客观存在的，所有语言都有节奏，之所以感觉不到词重音，极有可能是被某些因素遮盖了。徐世荣（1957）分析了北京话音节的强度，认为北京话词重音分为四个等级较为妥当。他认为次轻音、最轻音的区别并不是非常明显，如果是为了教学的需要，可以把两者合并为一类，称为"轻音"。殷作炎（1982）把普通话音节的强度分为三个等级，认为"中等"这一级的设立很有必要。赵元任（1979）把普通话轻重音分为"正常重音、对比重音和弱重音"三个等级，认为词语中各个音节的轻重程度是不一样的，各个重音是同音位的重音变体。近些年来大量的声学实验数据证实了赵元任的看法。曹剑芬（1995）根据语音实验数据分析，指出普通话音节强度呈现出"轻重二元对立"的状况。依据有无轻音这一要素而把词语分为"正常重音型"和"轻音型"两大类型，认为"重轻对立"和"中重对立"有着不同的性质，这两种对立属于不同的层次。指出无论是从声学结构方面还是从区别功能方面来看，中与重的对立只不过是音节间相对的轻重差异，而轻与重的对立才是绝对的轻重差异。学者们关于"汉语有词重音"的认识代表了大多数人的观点。

轻重音到底具有怎样的性质？音强、音长、音高和音色四个要素对于轻重音来说到底有什么作用，这是轻重音研究的又一个热点。20 世纪 70 年代以来，许多学者通过声学实验和听辨分析，得到了关于汉语轻重音性质的一些研究成果。

较早涉及轻重音研究的是罗常培和王均（1957）。他们在《普通语音学纲要》中以俄语为例，说明一种语言的轻重音往往与音强、音长、音高和音色互有关系。尽管"一般地讲音强是重音的主要因素"这一结论还需要实验的进一步验证，但为以后的研究提供了新思路。徐世荣（1980）发现汉语音节重读后，音节主要元音的时长较以前要长，声调也变得相对完整。林茂灿等（1984）的声学实验证实，北京话两字组非轻音词语的强度并不大，但音节时值较长，音高表现出相对完整的态势。颜景助等（1988）的声学实验发现，"中轻重"是北京话三字组非轻音词的正常重音模式。这种格式的声学表现是首字至末字 F_0 音域一直下降。末字的音域最宽，F_0 音域下降非常明显；末尾字的时长要长一些，但音强不一定大。吴为善（2005）指出，汉语重音的主要特征是加大字音时长、突出相对完整的音高模式，而不是像有些语言那样以加大音强为主要形式。

赵元任在《国语罗马字研究》中首次提到轻音。[①] 关于轻音的语音性质，徐世荣（1957）认为轻音属于声调系统。罗常培、王均（1957）认为不应把轻音看成是一个独立的调类，而应看成是一种特殊的变调。厉为民（1981）则认为轻音属于轻重音系统。王理嘉（1991）也认为，轻音以声学特征来考察，音长的变化是要关注的方面，比照欧洲语言处理重音的做法，可以将轻音纳入轻重音系统。林茂灿等（1990）用声学实验来证明轻音是弱重音。在研究普通话轻音和重音的实验中，他们把轻音字韵母的声学表现跟正常字音做比较，明显看到轻音字的韵母有略微缩短的现象，这一表现跟外来语言弱读音节的表现类似，从而认定轻音是弱重音。林茂灿等（1980）的声学实验表明，如果两字组词语后字读轻音，音节时长会显著缩短，能量也会有所减少，但强度不一定减弱；后字失去了原有的声调，它的音高随前字的音高而变化；主要元音的舌位呈现出向央元音靠拢的趋势。

以上研究明确了轻重音的语音性质，同时说明所谓轻重音并不仅仅和声音的强弱有关，实际上它和音长、音高、音强甚至音色都有着密切关联。至于哪一方面起主导作用，以下学者的研究给出了答案：

赵元任（1979）认为，音域扩大、时间增长是汉语重音的首要特征，字音的强度增大是居于第二位的。林焘（1982）所做的语音实验表明，语音要素在听辨北京话轻重音时所起的作用是不相同的。音长起到了首要作用，音高所起作用比音长弱些，而音强影响不大。曹剑芬（1986）则有不同的看法，认为调型在分辨轻重音时起到关键作用，时长的作用次之。马敏华（1998）则通过一系列实验得出了"时长是轻声最主要的区别特征"这一结论。

根据语言学家几十年的研究成果，我们对轻重音的语音特征有了较为全

---

① 厉为民：《试论轻声和重音》，《中国语文》1981年第1期，第35页。

面的认识，"轻重音是通过音强来表达的"这一传统观念得到了纠正。

　　轻重音的分布是语言学界关注的又一问题。罗常培和王均（1957）认为，重音不仅有词重音还有语句重音，而词重音是基本形式。徐世荣（1956）认为重音的规律取决于词的结构及意义，并对双音缀词的重音规律进行了总结。认为绝大多数的"动宾结构"、名词重叠式（含有"每""个"等义）、重叠式的形容词和副词、带词头的词，都属"中重"格式；对立结构分成两种类型："重轻"和"中重"，"重轻"不再是本意，如"买卖"，"中重"的意义仍然不变，如"长短"；并列结构以"重轻"格式居多；向心结构多采用"中重"格式等。林茂灿等（1990）依据声学实验结果，认为赵元任的普通话重音分类方式是十分恰当的，同时指出两字组词语轻重的主要格式为"中重"和"重轻"。宋欣桥（1993）对单音节词、双音节词、三音节词和四音节词的轻重音格式进行了分析。宋欣桥的分析和林茂灿等的声学实验结果基本上是一致的，该分析为目前词重音教学提供了重要依据。

　　徐世荣（1961）对意群重音进行了详尽的分析，指出"意群重音"跟语法关系密切，可以按句中成分描述其规则。"意群重音"即语法重音，他分别对"主谓"结构、"主谓宾"结构、"主谓补"结构、"主谓补宾"结构的语法重音进行了详细描述。叶军（2001）把语法重音称为结构重音，他选用语料，用听辨的方法考察了常见句法结构中语法重音的分布情况，证实了徐世荣关于"意群重音"的观点。胡裕树（1981）、郭锦桴（1993）、吴洁敏（2001）、叶军（2001）、伍巍（2005）、高桥洋（1984）总结的规律与徐世荣的相似。

　　胡裕树（1981）分析了语句中强调重音的分布。指出语句中哪些地方读强调重音是没有规律可循的，而是受人们说话时的语境与说话人特定的感情、态度所支配的。强调重音要比语法重音的强度要大。郭锦桴（1993）所说的逻辑重音及心理重音、伍巍（2005）所说的逻辑重音就是胡裕树所说的"强调重音"。郭锦桴（1993）、伍巍（2005）、吴洁敏（2001）关于强调重音分布的观点和胡裕树相似。

随着功能主义语法观逐渐为研究学者所认可，学者们便开始尝试对重音的运用做出功能性的解释。范开泰（1985）认为心理重音可以用来强调话语内容的重点，它的音长、音高、音强三个要素的变化要远远大于语法重音，在言语表达中一旦有了心理重音，语法重音就似乎被掩盖了。心理重音用于凸显言语交际时的兴趣所在。从语用的角度考查，称为焦点。赵元任（1979）是最先提及汉语重音的，他认为在短语中最重的音节位于句末。张伯江、方梅（1996）指出，人们在编排语句信息时，通常在意识上墨守由旧及新的定势。位于句末的内容，一般来讲都是最新信息，这些最新信息形成句末焦点，也称作常规焦点。常规焦点通常以常规重音加以突出，而体现对比或强调作用的对比焦点通常以对比重音来展现。冯胜利（1997）认为，关于"重音居后"，汉语的理解和运用有别于英语，汉语的"重音居后"主要依从位于句末的那个主要动词，语言交际过程中以该动词为核心创建了一个"重音范域"，这个"重音范域"总是位于语句的末尾。对语法现象进行阐释，有助于规律的把握及应用。

语音和语法相互联系、相互制约。语音节律也是体现语法意义的重要形式或手段，语句中语音节律的种种变化，往往跟各种语法意义的表达有关。现代汉语轻重音与语法结构的关系很早就受到了语言学界的重视。林焘（1957）分析了补语轻音现象和语法的关系问题，指出语音和语法是语言的两个层面，两者之间既有区别又有联系，语言研究绝对不能把二者割裂开来。林焘（1962）认为，利用结构轻音能透析语言结构，并且结构轻音有助于分析语法结构层次。他指出在对语法结构进行划分时，如果没有特别要求，不要随意切分结构轻音组成的语言层次。不管从语音层面还是从语用层面来看，结构轻音出现之处都可看作划分层次的重要标志。林焘联系语音、语法开展语言研究的方法，有利于对语言现象做出更合理的分析和阐释，具有启发意义和指导意义。

研究轻重音，探寻它的规律，其目的是应用。轻重音分析对汉语教学的指导作用，得到了汉语教学研究界的高度重视。邵敬敏（1999）认为，普通话是以北方方言为基础建立起来的，没有理由进一步复杂化。国内小学的语文教学要对教学内容做出适当调整，一些地区（特别是方言区）的小学不一定教轻音。米青（1986）认为，有规律的轻音应是教学的内容，对于那些没有规律的轻音（除去少数能区别词义的），完全没有必要纳入教学。蒋维崧等（1957）认为，轻音与词的意思和词的用法相关联；北京话里的字一旦读成轻音，字音就会发生变化。并论述了什么时候该念轻音及如何确定轻音的音高。张颂（1983）探讨了播音朗读中重音的处理方法，认为在朗读中要联系上下文研读语句，挖掘语句实质，明确语句的目的，根据语句内涵确定重音的位置。在探讨语句重音分布情况的基础上，指出重音可采取"弱中加强"等五种方法来表达。

以上研究可以说是视野开阔、成绩斐然，为现代汉语轻重音的研究打下了雄厚的基础。另外，还有一些问题值得研究：

第一，轻音这一功能性语音单位在音系学中的性质尚待确定。有人认为轻音是声调，有人认为轻音是变调，有人认为轻音是轻重音，可见，轻音的定位问题没有解决。

第二，轻音的规范问题有待进一步探讨。轻音是现代汉语表达意义的重要手段，但目前对轻音的认定还有不同看法，使用时也存在着混乱现象。对轻音的认定存在两种观点：一种是主张"宽标准"，另一种是主张"严标准"，宽严尺度不同，对汉语轻音的数量及在语流中的具体变化状况的认识就会有很大的不同。

第三，需要对轻重音问题进行系统研究。目前关于轻重音问题的研究多局限于词层面，而对短语和语句层面上的轻重音则少有论及。语法重音、强调重音在相当长的一段时间里被置于主流话题之外，轻重音的研究缺乏系统性。

第四，语音研究向语法研究渗透的力度不够。轻重音的研究涉及语音和语法两个方面，语音界和语法界在自身研究的基础上都试图寻找依据和解释。但由于研究者兴趣点及关注角度的局限，语音及语法的关系还有待全面阐述。

四、研究的原则和方法

（一）语音研究和语法研究相结合的原则和方法

轻重音是语音现象同时也是语法现象，只有实现了语音研究和语法研究的相互渗透，才能对轻重音问题做出全面、深入的描述和解释。本课题的研究是把轻重音作为体现语法意义的手段来进行系统研究，不仅涉及语音方面的问题，还涉及语法方面的问题，是语音和语法的综合研究。

（二）描写与解释相结合的原则和方法

描写为后续解释奠定基础，充分合理的解释又有利于实践运用。本研究坚持描写和解释相结合的原则，一方面从语法角度对轻重音的运用状况做出充分细致的描述；另一方面则充分运用解释这一方法，进一步加深对轻重音手段的应用方式、程度范围和功能作用的认识，加深对轻重音手段的限制条件、应用背景的认识。

（三）三个平面分析的原则和方法

轻重音是语言结构的表层特征，跟语义、语用等语言结构其他层面的特征有密切关系。轻重音的体现形式与句法结构、语义和语用意义之间不是一一对应的关系，轻重音研究必须有意识地把句法、语义、语用三个平面区别开来；在对具体语句进行分析时，又要注意三个平面之间的内在联系，即贯彻句法、语义、语用既区别又结合的原则，以确保功能解释的合理性。

（四）文献研究法

通过文献资料收集、学习及分析，根据研究目标，确立现代汉语轻重音的研究方向，分析现代汉语轻重音运用中的问题，提出优化策略。

（五）调查分析法

对现代汉语轻重音的运用状况进行调查分析，试图在现代汉语轻重音应用中发现对外汉语语言教学面临的问题及挑战。

轻音在普通话中占有显著的地位。据厉为民统计,《现代汉语词典》收集的双音节词中,轻音词仅占双音节词语总数的 6.65%。可在《小学语文朗读文选》中,轻音音节的用例占总音节(语素、字)数的比例却高达 15%—20%。换句话说,每五至七个音节里便会有一个轻音音节。可见,尽管轻音语素轻音词在普通话中的绝对数量不是很多,但在普通话口语,特别是文学稿件中是十分活跃的。

现代汉语轻音有着不可忽视的重要作用,对轻音成因、性质等内容进行探讨,将有助于我们了解轻音、把握轻音,从而充分发挥语言的交际作用,使语言更好地为我们服务。

一、轻音产生的原因

轻音是现代汉语语音系统的一个重要特征。作为语流中重要的结构单位，轻音属于什么现象，它是如何产生的，这些受到了语言学界的普遍关注。吕叔湘、厉为民、劲松、李莎、宋欣桥等曾就这个问题展开多次讨论。根据上述学者的研究，我们总结归纳出轻音产生的根本原因。

（一）双音节化

双音节化，是出现轻音的一个重要原因。据李莎所述，到了晚唐五代之后，汉语的语音系统逐渐呈现出"简化"态势。主要表现为以下几点：（1）轻重唇开始出现了分流的情况。（2）部分声母和韵尾发生变化。（3）部分全浊声母或是消失了，或是变为清声母；-m 韵尾通常变为 -n 或 -ŋ[①]。语音简化促使大量同音字涌现出来，在客观上催生了许多双音词、多音词的出现。吕叔湘对双音节化现象进行总结，提出了双音节化实现的主要渠道：第一，在后面配一个"衬"字；第二，由两个同义字合为一个词。这样，附加在后面的那个无多少意义的"衬"字，很可能由于是"多余的成分"而轻读。

还有一种相反的情况，就是某个词原本负载实际意义，是重音所在；而变成双音节词后，重音移到了添加的音节上，本身反倒成了轻音。例如：蚊蝇：苍·蝇，蔗糖：甘·蔗[②]。我们认为，以上这些情况导致的词语双音节化为轻音的产生创造了一定的条件。

---

① 李莎：《轻声的形成和应用》，硕士学位论文，福建师范大学，2002，第 2 页。
② 厉为民：《试论轻声和重音》，《中国语文》1981 年第 1 期，第 38 页。

（二）省力原则

晚唐五代时期，随着政治、经济、文化发展，口语交际日益频繁，在汉语词汇中涌现出很多方言、俗语，其中多音节词、双音节词大量涌现。[①] 人们在口语交流时，只要能表达清楚所思所想，就尽量省些力气[②]，因而致使一些双音节词、多音节词的发音出现了音节模糊的情况。宋欣桥等观察到，字音轻读后表现出元音央化的问题，而央元音发音时肌肉是相对松弛的，因而也更为省力。由此可见，"最省力"是轻音发展的目标。在语言表达中，正是有了音节的轻重更迭，语句才能抑扬顿挫，发音器官才能得以短暂歇息。这样，不仅使人们发音不感到疲劳，也使语言更加富于节奏感，增强了有声语言的感染力。

（三）韵律美的要求

"轻音产生的原因之一是语言韵律美的要求。"[③] 人们为了让语言富有节奏感，要求诗必押韵，词必合辙，以形成语言的回环荡漾、波澜起伏。轻音的大量存在，促使语流轻重更迭，呈现出虚实、强弱对比的韵律美。

乌合之众，初虽有欢，后心相吐，虽善不亲也。（《管子》）

无稽之言勿听。（《尚书·大禹谟》）

上述句子中都包含"之"字。史存直认为，"之"是结构助词"的、地"的早期称谓，作用在于加强定语或状语和修饰语之间的联系。那么这两个句子里的"之"就只是为调节语句节奏而用的衬字，如果去掉，并无碍于语义的理解。它们不具有实际意义，因而总是读作轻音。汉语是一种富于乐感的

---

① 李莎：《轻声的形成和应用》，硕士学位论文，福建师范大学，2002，第 2 页。

② 厉为民：《试论轻声和重音》，《中国语文》1981 年第 1 期，第 37 页。

③ 同①，第 3 页。

语言，人们在表达时总是无意识地追求韵律美，以形成听觉上的快慰。综观当今语言表达中的"的、地"，也并非必用不可，如"我的弟弟"可以说成"我弟弟"，"新的书包"可以说成"新书包"，"好好地说"说成"好好说"，"拼命地学"说成"拼命学"也都行，由此可以看出这类"的、地"在语法结构上的作用。陈望道先生称之为"镶嵌"，从韵律结构上分析则起着调整语流节奏的作用。

（四）语义虚化

在中古时期，汉语中的一些实词大量虚化。伴随着结构助词和动态助词出现在语言交际中，加缀式构词法也大量涌现。这些词因不具有实际意义而被虚化，进而形成了语音上的轻读。[①]

据李莎研究，轻音词缀汉朝以前就已经出现了。"子、头"在汉朝就开始有虚化的情况，"们"尾在唐代也已出现。据陈国的研究，在唐代"子、头、们、么"等有很大可能读作轻音。[②]我们认为，由于"子、头"等语素虚化成了词尾，使得整个词语中的语义重心前移，因而造成了词尾的轻读。

（五）类推的扩展作用

类推的方式在一定程度上推动了轻音数量的增长。中古以来，汉语双音节构词方式受到人们的关注，一些轻音词依据相似的构词方式聚合在一起。[③]和"子、头、们"相似，有些语素构词能力很强，如"弄"：摆弄、糊弄、捉弄，"实"：壮实、老实、结实，"快"：爽快、松快、凉快，"气"：名气、秀气、阔气。这些语素构词能力很强，作为词缀可以形成同类词的聚合。受词

---

① 李莎：《轻声的形成和应用》，硕士学位论文，福建师范大学，2002，第4页。
② 同①。
③ 同①，第5页。

缀"子、头、们"读轻音的影响，类词缀词有些也有可能类推为轻音。

（六）外族语言的影响

赵杰的《北京话的满语底层和"轻音""儿化"探源》指出，清初北京内城旗人正处于由满语向汉语自我转换的情形中。他们在学习汉语的过程中，不自觉地带有满语的发音习惯，其中那些有规律的发音习惯就是"满语京语的音重节律"。李莎在她的硕士论文《轻声的形成和应用》中也提出，虽然清朝初期北京话在音段成分上以汉语替代满语，但超音段成分依旧不变，因而后来的北京话存在很多前重后轻的双音节词。据此，我们认为，北京话里的一部分前重后轻的音译双音节外来词语，如把式、咕噜、咋呼等，有很大可能是不自觉地模仿满语的发音习惯而形成的。

语音具有稍纵即逝的客观性，再加上现阶段构拟古音韵系统方式的局限性，我们轻音溯源的探究会不可避免地存在着设想性。即便如此，对轻音这种重要的节律现象开展探讨仍然是具有深远意义的。

二、轻音的分类

轻音是现代汉语重要的韵律特征，也是方言区的人们学习普通话必须把握的内容。然而轻音词数量之多，特别是大多又无规律，因而成为语音规范化的难点。规律是人们掌握轻音词的捷径，以下我们试从结构方面对一部分常见的轻音词进行梳理，以求找到一些规律，帮助方言区的人们准确、快速地把握轻音词。从结构角度考察，我们可以把轻音词中的轻音分为如下类别。

（一）双音节单纯词中的轻音音节

双音节单纯词是由一个语素构成的。双音节单纯词的后一个音节往往读轻音，主要包括一些联绵词和音译词：

1.联绵词：萝卜　哆嗦　苗条　嘀咕　玫瑰　骆驼　糊涂

　　　　　　伶俐　馄饨　啰唆　辘轳　葫芦　吩咐　利落

2.音译词：苜蓿　逻辑　葡萄　菩萨

（二）双音节合成词中的轻音语素

双音节合成词是由性质不同或性质相同的两个语素结合而成的，有复合式、附加式和重叠式三种类型。

1.附加式合成词中的轻音语素：此类轻音语素即为后缀，它不表示具体实在的意义，是虚语素，读轻音。例如：

～子：勺子　凳子　空子　套子　箱子　帽子　窗子　孩子

～头：想头　来头　斧头　馒头　外头　念头　风头　年头

～们：咱们　你们　他们　我们

～么：要么　这么　那么　怎么

下列合成词的第二个语素意义介乎虚实之间，属于类后缀，也读轻音。

～巴：嘴巴　磕巴　眨巴　结巴　尾巴　哑巴

～乎：在乎　热乎　近乎　温乎　悬乎

～气：小气　力气　客气　运气　天气

～手：把手　扶手　拉手　帮手

～家：亲家　公家　行家　婆家

～得：记得　认得　值得　觉得　使得　亏得　舍得

～着：顺着　沿着　接着　围着

～法：看法　讲法　想法

2.复合式合成词中的轻音语素：双音节复合式合成词是由两个不同的词根结合在一起构成的，有些复合式合成词的第二个语素也读轻音。这类复合式合成词又可以概括为六种类型。

（1）联合型：结合在一起的两个词根，表达出相同（近）或相反（对）

的意义。例如：

① 相关相近联合

喜欢　蘑菇　告诉　暖和　摇晃　畜牲　磨蹭　朋友　钥匙

早晨　休息　衣裳　师傅　事情　耽误　答应　称呼　名字

② 相对相反联合

是非　反正　买卖　动静　来往

（2）偏正型：表义的中心在另一个词根上。例如：

体谅　心思　笑话　秧歌　收成

（3）补充型：后面的词根起到补充说明的作用。例如：

看见　进去　耳朵　篇幅　出来　牲口　穿上

（4）主谓型：后面的词根起到陈述说明的作用。例如：

月亮　牙碜

（5）动宾型：两个词根展示动作、行为及其所支配或关涉的事物。例如：

抱怨　点心　恶心　埋怨　兜肚　扳手

3. 重叠式合成词中的轻音语素：重叠式合成词的表现形式是词根重复出现，此类情况的后音节为轻音。分为两种类型：

（1）称谓：爸爸　妈妈　爷爷　奶奶

（2）其他重叠：框框　谢谢

三、轻音的性质

汉语是一种声调语言，每一个音节都有声调。声调的音高曲线模式具有辨义功能，因此人们通常把汉语声调看作声调音位，简称调位。一般认为，汉语普通话有阴、阳、上、去四个调位。轻音在普通话表达中和这四个调位是一致的，同样具有辨别意义的功能。那么，是否可以考虑把轻音纳入普通话音位范畴，算作一个独立的声调音位呢？

关于轻音的性质，有些学者认为轻音应属调位。徐世荣在《试论北京语音的"声调音位"》中指出："北京语音若按实际调值来说，有两大类，一类是正常音节里的'正常声调'，一类是弱化音节里的'短弱声调'，就是一般所说的'轻声'。"[①]

汉语中可以找到很多词凭借轻重音构成对立，这种对立具有辨义作用，有的还引起词性变化。例如，"风光"一词的后一语素如果读阴平，是"风景、景象"的意思；要是读轻音，则为"热闹、体面"的意思。"本事"一词的"事"字读去声，是指文学作品所根据的故事情节；而读轻音则为"本领"的意思。"利害"，如果后一语素读去声，是"利益和损害"的意思，是名词；如果后一语素读轻音，"利害"就是"剧烈、凶猛"的意思，是形容词。"地道"一词的后一语素"道"读去声，"地道"是"地下坑道"的意思，是名词；而"道"读轻音，"地道"则为"纯粹"的意思，是形容词。因此，我们认为轻音是具有音位作用的。

但是轻音又不具备独立音位的资格。

首先，轻音音节本身没有稳定的音高值。通常情况下，一个调类要有固定的调值与之相对应，如普通话阴、阳、上、去四个调类分别对应固定的调值。而轻音的音高不固定，随前一个音节的音高而变化，阴平后的轻音为2度，阳平后的轻音为3度，上声后的轻音为4度，去声后的轻音为1度。

其次，轻音音节具有一定程度的不稳定性。轻音的音高形式往往带有模糊性，若没有非轻音词的对立，轻音词中的轻音也可以读成非轻音。

最后，大多数情况下，没有与轻音词相对立的非轻音词。换句话说，在大多数情况下，轻音没有区别意义的作用，因此，说普通话音位系统中具有"轻音调位"缺乏普适性。王理嘉认为："依赖轻音去分辨意义的词，在《现代汉语词典》中达不到1%。"

[①]　徐世荣：《试论北京语音的"声调音位"》，《中国语文》1957年第7期。

单凭这一点并不能成为否认轻音具有音位资格的理由。"英语和俄语都有重音位，但以重音位置不同而区分词义的也只有0.94%。"[1] 如果比照英语和俄语的做法，我们完全可以认为轻音具有音位资格。轻音具有与音位相似的作用，又不具备独立音位的资格。那么，我们是不是可以把它说成是一种"准声调"或者"类调位"呢？轻音形式上不是那么正式的声调，不是阴、阳、上、去四声以外的第五种调类，但是它已经具备了声调的功能，尽管它的声调地位还不那么稳定，还没有那么高的普适性。轻音应该在普通话音位体系中有一席地位，是"准声调""类调位"。

另一种说法是"变调"说。

罗常培、王均认为轻音属于变调范畴。罗常培、王均指出："如果联系汉语所有的方言来看，应该认为轻声也是变调的一种。"[2] 有多部《现代汉语》教材赞同这一观点，轻音"变调说"当前在学术界影响非常广泛。

我们认为，轻音和连读变调都跟音高的变化有关，但二者有着本质的区别。

第一，轻音和变调有着不同的音高变化形式。

普通话连读变调是由右向左的，前一个音节的声调受到后一个音节的影响发生变化，音高如何变化往往取决于后一个音节的声调。变调后前一个音节的声调类似于普通话四种声调中的一种，同时前后音节声母、韵母的音色都不发生变化。例如：

理想 $[\text{li}^{214}\ \text{ɕiaŋ}^{214}] \rightarrow [\text{li}^{24}\ \text{ɕiaŋ}^{214}]$

友好 $[\text{you}^{214}\ \text{xau}^{214}] \rightarrow [\text{you}^{24}\ \text{xau}^{214}]$

北大 $[\text{pei}^{214}\ \text{tA}^{51}] \rightarrow [\text{pei}^{21}\ \text{tA}^{51}]$

电路 $[\text{tian}^{51}\ \text{lu}^{51}] \rightarrow [\text{tian}^{53}\ \text{lu}^{51}]$

---

① 厉为民：《试论轻声和重音》，《中国语文》1981年第1期，第39页。

② 罗常培、王均：《普通语音学纲要》，科学出版社，1957，第148页。

而普通话轻音不同，轻音的变化是自左向右的，后一音节受到前一音节的影响发生变化。一方面，声调时长会变得比较短；另一方面，轻音音节的音高也会发生变化，音高如何变化取决于前一音节的声调。凡是轻音音节，不管原调是阴平、阳平、上声还是去声，在同一声调后都变为相同的调值。即如果在阴平后就要读 2 度；如果在阳平后，就要读 3 度；如果在上声后，就要读 4 度；如果在去声后，就要读 1 度。另外，轻音往往引起后一音节的声母或韵母发生变化。例如：

妈妈 $\left[\text{mA}^{55}\ \text{mA}^{55}\right] \rightarrow \left[\text{mA}^{55}\ \text{mə}^{2}\right]$

棉花 $\left[\text{mian}^{35}\ \text{xuA}^{55}\right] \rightarrow \left[\text{mian}^{35}\ \text{xuə}^{3}\right]$

里头 $\left[\text{li}^{214}\ \text{t'ou}^{35}\right] \rightarrow \left[\text{li}^{21}\ \text{t'o}^{4}\right]$

坐下 $\left[\text{tsuo}^{51}\ \textrm{ɕiA}^{51}\right] \rightarrow \left[\text{tsuo}^{53}\ \textrm{ɕiə}^{1}\right]$

第二，"变调"不具有表达词汇和语法意义的功能。"变调"固然和相连音节的影响有关，但它并不引起词汇和语法意义的变化，而轻音则不然。正如罗常培所述："轻声不仅是一种语音上的现象，同时也和词汇、语法联系着。"[1] 例如："买卖要公平"中的"卖"不读轻音，"买卖"是买进和卖出的意思；"做小买卖"中的"卖"读轻音，"买卖"指生意、经商的意思。"把针线拿来"中的"线"不读轻音，"针线"指针和线；"线"读轻音，则指缝纫、刺绣工作，如"她正在做针线活"。

从以上两点可以看出，轻音不是（连读）变调。

有些学者如胡裕树、厉为民在音位处理时把轻音归为重位。我们认为像这样把轻音放入更大的系统——轻重音系统中去处理较为妥当。原因有以下几点：

第一，从声学上讲，轻读音节往往都不存在一个稳定的调型，这一点同四声有着显著的不同。轻音是与四个声调形成对立，而不是与某一个声调单独形成对立，把轻音与非轻音的对立——轻重音的对立纳入更大层级的格局

---

① 罗常培、王均：《普通语音学纲要》，科学出版社，1957，第 148 页。

之中，更合理。

第二，我们看到，赵元任把普通话轻重音分为正常重音、对比重音和弱重音三个级次，明确提出轻音属弱重音的观点。林焘也认为"音高在听辨北京话轻音音节时所起的作用远没有音长重要"。[①]"音长在听辨北京话轻重音时起了非常重要的作用。在'重重'型中，第二音节越短，听成轻音的比率便越高，这种趋势很明显，可以说没有例外。"[②]林茂灿等的声学实验也表明，普通话轻声字的主要元音在很大程度上向央元音靠拢，而韵尾 [n] 和 [ŋ] 时常有脱落的倾向。"把普通话轻声字音的声学表现跟英语等语言的弱读音节的声学表现作比较，我们认为普通话轻声字音是弱读字音。"[③]这也是将轻音放入轻重音系统中处理的。

第三，设立一个轻重音系统，也跟目前一些汉语教材关于轻音的表述相一致。胡裕树主编的《现代汉语》就是把轻音看作较轻短的调子。据此可见，把轻音置于普通话音位系统中的轻重音系统是较为合理的处理方式。

一些持这种观点的人又认为轻音是音强减弱的表现，这样说就似乎缺乏科学依据了。因为不论是从声学实验，还是从听测实验来看，轻音的音强并不比对应的非轻音的音强弱。

林茂灿、颜景助曾经选出 29 对双音节词，每对双音节词的前字同音，后字轻重不同，如：东西——东·西、兄弟——兄·弟。从一位北京男子的发音实验结果来看，轻音的音强与非轻音的音强差不多。

林焘通过改变音强的办法进行听辨实验。听辨对象为北京大学中文系汉语专业的 60 位学生及进修教师。其实验将"重重"型（450 ms，60 db）第二

---

① 林焘：《语言学论文集》，商务印书馆，2001，第 140 页。

② 同①。

③ 林茂灿、颜景助：《普通话轻声与轻重音》，《语言教学与研究》1990 年第 3 期，第 97—98 页。

音节减 5 分贝，将"重轻型"（350 ms，60 db）第二音节加 5 分贝，听辨结果都没有根本变化。大多数"重重"型听起来仍然是"重重"；"重轻"型也变化不大，仍听作"重轻"。由此，林焘在其《探讨北京话轻音性质的初步实验》一文中指出："如果只是单纯地改变音强对听辨影响不大。"[①] 可见，轻音并非是音强减弱的结果。

以上我们看到，轻音的音高并不起主要作用，轻音也并非是音强减弱的结果，那么轻音在语音学上的性质到底是什么？

实验语音学的发展使我们有可能利用仪器对轻音进行研究（林茂灿，1980；林焘，1985；曹剑芬，1980），目前已得出了科学的结论：

轻音音节的形成绝不只是音高及音强的改变，而是涉及音长、音高、音强、音色四个方面。实验表明：（1）轻音音节最显著的特征是时长显著缩短。（2）轻音音节将会失去其原有声调，音高随前一音节的声调而变化。（3）轻音音节的音强较正常重音弱。（4）轻音音节的元音向央元音靠拢。（5）无论是词还是句子中的轻音音节，其性质几乎相同。

语音四要素是语音特征的构成要素，轻音是这四个方面相互调和产生的综合效应，四个要素的变化是语音弱化的根本原因。从中我们还可以体会到，轻音与声调属于不同的韵律层面，轻音位于声调的上一层面，和声调相比实现着不同的功能。轻音能引起声调的改变，而声调的变化又往往会成为音节轻重的重要表现形式。

据此，我们认为可以另立一个轻音（准）音位，把轻音归入轻重音系统处理。虽叫轻音，其语音特征却取决于音长、音高、音强、音色四个方面。实验语音学已证实，重音可以通过三种不同形式表示：（1）加强发音的力度；（2）加强音高变化；（3）增加音节时长。重音的声学实质尽管多种多样，都

---

① 林焘：《探讨北京话轻音性质的初步实验》，《林焘语言学论文集》，商务印书馆，2001，第 128 页。

没有妨碍它叫作重音[1]。我们认为，轻音也可以这样理解。

我们以/0/表示轻音音位，轻音音位有四个变体：

位于阴平音节之后读 2 度，如"兜子"/tou^{55}tsๅ^0/。

位于阳平音节之后读 3 度，如"拿来"/nA^{35} lai^0/。

位于上声音节之后读 4 度，如"好了"/xɑu^{214} lə^0/。

位于去声音节之后读 1 度，如"下面"/ɕiA^{51} mian^0/。

轻音也是一种表达意义的重要语言形式。除了可以出现在词和短语中，相当于"音位"，还可以是强调重音的一种特殊表达形式，可以成为"以轻音形式表示的强调重音"。

在口语交际过程中，说话人并不是对各个语言片段平均用力，而是要以言语目的为指向，在需要突出的语言片段上汇聚较多的能量，使其在长度、响度、音域等方面有突出表现，从而实现凸显，使语句目的更加鲜明，这样就形成了强调重音。强调重音是突出语句目的的重要手段，它的表达除了可以用加大音强、放慢拖长的方式，还可以轻轻说出。把重音轻轻说出，往往更能引起听众注意，比加大音强的效果还要好。这样一种方式形成的轻音则是强调重音的一种特殊表达形式。例如：

周总理，我们的好总理。

你在哪里呵，你在哪里？

你可知道，我们想念你，

——你的人民想念你！

这是柯岩的诗歌《周总理，你在哪里》中呼唤和寻觅周总理的一段话语，加点的字是强调重音，用轻音的形式说出往往比重读更能激起感情的波澜，更能充分展示人民群众对周总理的深切思念和发自肺腑的崇敬之情。又如：

---

① 王理嘉：《音系学基础》，语文出版社，1991，第 152 页。

盼望着，盼望着，东风来了，春天的脚步近了……

这句话出自朱自清的散文《春》。这里的"近了"是强调重音。"近了"用轻音的形式轻轻说出，就会把春天即将到来，给大地带来一片生机，给人们带来不尽欣喜与希望的语义传达出来。

四、轻音的语音特征

人们往往把感知上的轻重与声学上振幅的大小对应起来，认为"重"就是振幅大，"轻"就是振幅小。实验语音学研究表明，传统的关于轻重的认识相当片面。20 世纪 50 年代以来，一些学者（林焘，1985；林茂灿、颜景助，1980；曹剑芬，1980）纷纷用语音仪器对普通话轻音成分的声学特点进行分析，并发表了有关轻音成分的实验报告，给人们许多有益的启示。这里，我们结合他们的实验报告分别从音长、音高、音质、音强四个方面来分析轻音的语音特征。

（一）音长

通过声学实验的方法对音长进行考察，发现轻音音节的音长较之正常重读音节要短得多。林茂灿、颜景助的声学实验表明，某男子发双重词的后字平均音长约为 302ms，而重轻词的后字平均音长约为 159ms，差不多短了53%，这和人们听感上的印象是一致的。人们通常认为轻音词前字的音长要长于正常重读词，但实验表明并非如此。林茂灿、颜景助选了 29 对两字词，A 类为双重词，B 类为重轻词，由两位发音人（男性记作 m，女性记作 f）发音，得到如下结果：

1.B 类词前字的长度明显缩短。男性女性均有此类情况，m 有 9 个字，占比 31%；f 有 19 个字，占比 65%，女性的字数占比要大于男性。

2.B 类词和 A 类词的前字长度相当。男性女性也均有此类情况，m 有 8 个字，占比 27%；f 有 1 个字，占比 3% 以上，女性只有一个字属于这种情况。

3.B 类词前字长度加长。m 有 12 个字，占总数的 42%，f 有 9 个字，占总数的 31% 以上，此类情况男性女性大致相当。

实验表明，轻音词前一个音节的时长并非人们主观想象的那样总是长于正常重读音节，而是三种情况兼具。有时比正常重读音节时长要长，有时和正常重读音节的时长相当，多数情况下比正常重读音节的时长略短。

（二）音高

从音高方面考察，轻音音节会丢掉原本的调值，形成轻音音节独特的音高形式。轻音音节的音高变化受到前一音节调值的制约。

林茂灿、颜景助的实验结果表明：轻音字出现了降调的趋势。阴平由 4 度降到 1 度，标记为 41；阳平后的轻音由 5 度降到 1 度，标记为 51；去声后的轻音是 21，轻音音节的调型变为降调，无论实验人是男性还是女性，结果都基本上相同。上声跟原字调为阴平、阳平、去声的轻音音节拼读时，男性上声的音高为 31 和 322，而后面轻音音节的音高为 44；女性上声音高为 31 和 312，后面的轻音音节音高为 33。无论男性还是女性，上声后的轻音音节一律变成平调。

（三）音质

从音质上看，轻音不仅是韵律上的弱化，有时音质也会因弱化而发生相应的变化。主要表现为清声母浊化，单元音韵母趋央，复元音韵母变成单元音韵母等[①]。

轻音对韵母影响较大。首先，韵母中的元音往往趋于央化。例如：头

---

① 林焘、王理嘉：《语音学教程》，北京大学出版社，1990，第 106—122 页。

发［fa—fə］、棉花［xua—xuə］、打扮［pan—pən］、大方［faŋ—fəŋ］、哥哥［kɤ—kə］。其次，前响复韵母有可能变成单韵母。例如：回来［lai—lɛ］、妹妹［mei—me］、眉毛［mao—mɔ］、石头［tʻou—tʻo］、牲口［kʻou—kʻo］。最后，有的音节韵母可能脱落。例如："豆腐""丈夫""工夫"中的"腐""夫"［fu—f］，"心思""意思"中的"思"［sɿ—s］，"本事""闪失"中的"事""失"［ʂʅ—ʂ］。

声母也会在一定程度上受到轻音要素的影响。首先，表现为有些音节的声母浊音化。常见的有清声母［p］［t］［k］在音节轻读后变读成浊声母［b］［d］［g］；清声母［tɕ］［tʂ］［ts］变读成浊声母［dʑ］［dʐ］［dz］。例如：好吧［pa—ba］、爸爸［pa—ba］、他的［tə—də］、疙瘩［ta—da］、两个［kə—gə］、秧歌［kə—gə］、看见［tɕiɛn—dʑiɛn］、亲家［tɕiA—dʑiA］、说着［tʂə—dʐə］、拿着［tʂə—dʐə］、日子［tsɿ—dzɿ］、椅子［tsɿ—dzɿ］。其次，有些音节的声母由送气音变成了不送气音。例如：糊涂［tʻu—tu］、馄饨［tʻun—tun］、活泼［pʻo—po］。最后，有些音节的声母由塞擦音变成了擦音。例如：钥匙［tʂʻʅ—ʂʅ］、衣裳［tʂʻaŋ—ʂaŋ］。另外有些音节的声母会由舌尖后清擦音变为舌尖后浊擦音。例如：总是［ʂʅ—z］、可是［ʂʅ—z］、老实［ʂʅ—z］。

轻音对音节音质的影响是显而易见的，从听感上我们可以轻松地察觉。轻音不仅会造成韵律的弱化，还会对音节的声母、韵母产生影响，这是轻音的一个重要特征，我们要予以充分关注。

（四）音强

轻音是音节弱读造成的。关于音节弱化，不少人认为这是音强减弱所致。然而，从近年的语音实验（林茂灿、颜景助，1980；林焘，1982）来看，轻音音节的音强并不比正常重读音节弱。

林茂灿、颜景助对北京话双音节轻音词的音强进行考察。他们选出 29 对双音节词语让一位北京男子发音。每对双音节词的前字字音相同，后字轻重度不同，如："东西"——"东·西"、"兄弟"——"兄·弟"。从实验结果来看，轻音词与非轻音词的音强相比较，有三种不同的表现：（1）减弱，（2）相同，（3）略强。实验结果如下表[①]所示：

	双重词		重轻词	
	前字	后字	前字	后字（轻声）
	1	1	0.90	0.79
	1	1	1	1
	1	1	0.70	1.16

由上表可以看到，轻音字与非轻音字的音强差距不大。轻音字的音强并没有因弱化而发生显著改变，这一点与人们的感觉有很大的不同。语音实验使"轻音是通过音强来表达的"这一传统观念得到了纠正。

五、轻音同语义、语法的关系

汉语普通话中的轻音，有些出现在词语中，也有一部分出现在语句中。在大多数情形下，轻音没有语义区别功能；但是在有些情况下，它能和非轻音构成对立，从而区别词义，表示某些语法结构及语法形态。这样看来，汉语的轻音并非纯粹的语音弱化现象，而是同语义和语法也有着一定的联系。揭示轻音的这些功能，将有助于人们认识轻音的价值。

---

① 林茂灿、颜景助：《北京话轻声词的声学性质》，《方言》1980 年第 3 期，第178 页。

（一）轻音的辨义作用

轻音对词汇、语法施加的影响是多方面的，其中最常见、最为重要的是对词性及词义的影响。汉语轻音对词性、词义的影响大致有以下两种情况。

第一种情况是只改变词义及其范围、性质，不改变词性。如"妻子"一词，读"qīzǐ"指妻和子；如果读"qīzi"，"子"由于虚化在语音上也弱化为轻音，词义缩小，就只用来指"妻"，不再包括"子"在内了。应当指出，尽管两种读法没有改变"妻子"一词的名词性，但是就其概念的内涵和外延来讲，从非轻音到轻音，所表示的意义范围明显缩小了，即消失了"子"这一半意义。

又如"大爷"这个词，如果读"dàye"，是对年长男子的尊称或指伯父；如果读"dàyé"，就产生了另外的意义，讽刺对方为"自视清高的不好惹的人"。虽然两种读法并没有改变"大爷"这个词的词性，但是在词义以及词义的性质上发生了明显的变化。

类似这种不改变词性，却改变词义及其范围、性质的情况，还有很多，例如：

兄弟

xiōngdì　指兄和弟：他们是兄弟俩。

xiōngdi　指弟弟：这是我兄弟。

针线

zhēnxiàn　指针和线：把针线拿来。

zhēnxian　指缝纫工作：她正在做针线活。

第二种情况是轻音不仅改变词义，也改变词性。一般来说，这种情况可分为名变动、动变名、名变形、形变名和动变形几种。

所谓"名变动"，是指由于轻音的存在，使得原本名词性的词语变为动词性的，词义也随之发生了改变。"运动"读作"yùndòng"时，是个名词性词语，指体育活动，如"田径运动、运动健将"。但是，如果指为了达到某种目的而奔走的意思，那么这个"运动"就应该读作"yùndong"。这里的"运动"，原有词义发生了改变，原有的词性也随之变动，由名词变为动词。

"动变名"。"买卖"这个词，读作"mǎimài"是动词，指买和卖的行为，如"买卖要公平"。但是，倘若说"他是做小买卖的"，就显然不是一种行为，而是指所从事的职业。这里的"卖"就要读为轻音，否则就会使词义模糊。现代汉语中类似的情况还有很多，例如：

花费

huāfèi　动词　消耗掉：花费金钱，花费精力。

huāfei　名词　消耗的钱：房屋的装修要不少花费。

隔断

géduàn　动词　阻隔：千山万水也不能隔断我们之间深厚的情谊。

géduan　名词　遮挡的东西：在客厅里做个隔断，这样餐厅就有了。

"名变形"，是指由于轻音的缘故，名词变为形容词。如"大方"读作"dàfāng"，是名词，指专家学者，如"贻笑大方"；但是，如果"方"变为轻音，读作"dàfang"，则是形容词，指对财物不计较，自然、不拘束的意思，如"出手大方、表演很大方"。与此类似的还有：

公道

gōngdào　名词　公正的道理：你要主持公道。

gōngdao　形容词　公平；合理：你要说句公道话。

世故

shìgù　名词　相处之道：他这个人丝毫不懂人情世故。

shigu　形容词　待人处世圆滑：他这个人太世故。

读作轻音后，不仅有些名词可以转变成形容词，部分形容词也可以相应地转变成名词。"对头"，读"duìtóu"，是形容词，指合适、正确，如"你这样做很对头"；但是如果说"他们俩是对头"，就必须要读"duìtou"。这里"对头"变成了名词，表示"仇敌、对手"的意思。

词义、词性变化还经常发生在动词与形容词之间。"配合"读作"pèihé"，是动词，指各方面分工合作共同完成任务，如"工作要互相配合才行"；如果"合"变为轻音，读作"pèihe"，则变为形容词，表示合在一起显得合适，如"红花绿叶才显得配合"，这是动词变为形容词。还有相反的情况，即非轻音词为形容词，相对应的轻音词为动词。"端详"读作"duānxiáng"为形容词，如"容止端详"中的"端详"指"端庄安详"；如果"详"变为轻音，读作"duānxiang"，则为动词，意为"仔细地看"。如"端详了半天，也没认出是他"。

由上我们看到，轻音使词义、词性发生变化的情况，主要发生在名词、动词和形容词之间。这恰恰从一个侧面反映了名词、动词、形容词，是现代汉语中信息负载量较大的实词。在长期应用实践中，我们用轻音来增加辨义的形式，这一切都在于轻音具有辨别词义和词性的功能。

（二）轻音的词法作用

在汉语普通话词语双音节化过程中，词语的末尾音节常因意义虚化而轻读。第二个音节与前面音节组成的语义单位，通常表达了一定的语法意义，成为一种构词手段。

1. 后缀"子、头、们"等

汉语不像西方语言那样具有丰富的形态变化，因而常常需要在名词、代词、动词、形容词、副词前后附加一些助词作为词头或词尾表示某种语法意义，这些词尾常读作轻音。这些轻音成分可以看成某种词类的语音标志。如"子、头"可以看作名词的后缀语音标志，"们"可以作为复数人称代词的后缀语音标志。例如：

子———盒·子、柜·子、钉·子、本·子

头———石·头、念·头、馒·头、枕·头

们———我·们、你·们、他·们

以轻音词尾"子、头、们"作为语音标志的词数量不多且没有强制性，如"本·子"可用"笔记本、作业本"代替，"念·头"可用"想法、主意"代替。有些以轻音词尾为语音标志的词往往是词语双音节化的语法手段，在口语中用得频率大，在书面语里相对出现得少。

2. 重叠式名词的后项

汉语中的重叠是句法手段，也是构词手段。作为构词手段，名词性语素重叠的情况是比较多的。其中包括称呼类词语，如：妈妈、爸爸、哥哥、叔叔、婶婶、姥姥、舅舅、婆婆、宝宝、乖乖；还有一些非称呼类词语，如：条条、框框、本本、星星、道道、牌牌、兜兜、瓶瓶、罐罐等。重叠式名词的第二个音节往往要读成轻音。名词重叠作为构词手段，其词汇意义有可能会出现相应的转变。部分重叠式名词具有可爱、小巧等意思，末尾音节读轻音是形成词汇意义的关键。

3. 某些偏义词的后字

双音节化是现代汉语词汇发展的主要方向。吕叔湘指出双音词有两种类型：（1）在音节后面配一个"衬"字，（2）把两个词根字合并为一个词。这样，附加的那个"衬"字，由于无多少意义，被认定为"多余的成分"，往往读轻音。如：眉毛、棉花、害处。

偏义词的后字"义轻声轻"，但"义轻声轻"也并非必然规律。有一些"义轻"的后字并没有以"声轻"的形式出现，如"纸张""马匹""信件""国家"等，反映出一些例外现象。

（三）轻音的句法作用

在句法结构中，有些轻音可以和前面的词组成重轻型的短语，从而让该轻音成为附属的句法结构成分，展现出一定的句法意义。

1. 动态助词"着、过、了"

"着、过、了"是动态助词。"着"用于表示动作或状态的进行时态，是持续态标志，如"跑着""走着""跳着""吃着""说着""喊着"。"了"用于表示动作或状态的完成，是完成态的标志，如"做了一顿饭""看了一本书""听了三首歌""她上学了""他来这里已经五年了"。"过"用于表示动作或状态的过去时态，是经历态的标志，如"听过""用过""来过""学过""看过"。动态助词"着、过、了"作为动态标志，是从动词"着、过、了"虚化而来的。虚化导致了语音的弱化，从而形成了轻音这一语法现象。

2. 结构助词"得、地、的"

"得、地、的"虽书写形式不同，语音形式却是相同的，都读轻音"de"，"de"是典型的弱化形式。"的"用于定语成分之后，成为定语的结构标志，如"我的钢笔""布置的作业""典型的案例""愉快的旅行""漂亮的姑娘"。"地"用于状语成分之后，成为状语的结构标志，如"慢慢地跑""好好地吃""悄悄地想"。"得"用于补语成分之前，成为补语的结构标志，如"跑得快""写得好""干得完""玩得痛快"。

3. 语气词"呢、了、吧、啊"等

语气词"呢、了、吧、啊"等属于后置虚词，这些语气词和语句配合起来表达不同的语气和感情色彩，它们是典型的轻读成分。

这些语气词往往用在语句末尾，在结构上附着于全句，称为句末语气词。"你回家吧"的结构组合不是"你/回家吧"，而是"你回家/吧"。有些语气词也可以出现在语句之中，称为句中语气词，例如："你呢，我就不说了。"

几个句末语气词连用，构成一种多层次的语气结构，如"吃完饭了吧"应分析成"吃完饭了/吧"。如果是两个语气词同时出现，后一个语气词是元音开头，这两个语气词就要合二为一，如"吃饭啦（啦＝了＋啊）"。"啦、呀

（的＋啊）、呐（呢＋啊）"等在语音上已经合成为一个新的音节了，但结构上仍然是多层次的语气结构，如"吃饭啦"应分析为"吃饭了／啊"。

4. 动词重叠

重叠出现在名词、量词、形容词和动词上。名词、量词、形容词重叠大多都是对其原有形式语义的加强，因而重叠部分的韵律采取了加强的形式，即重读。而动词重叠情况不同，如"试试""想想""讨论讨论"，无论从表尝试义或者经常义的角度来看，都是对其原有形式在语义上的减弱。因而，动词的重叠部分在韵律上相应地采取了减弱的形式，读成轻音。单双音节动词重叠部分语音上的弱化程度不同，双音节动词重叠部分只是相对弱于前两个音节，如"清洗清洗、打听打听"；单音节动词重叠部分则弱化到完全轻读的程度，如"看看、听听"。

5. 轻音与补语的关系

现代汉语的补语主要有趋向补语、可能补语、程度补语和结果补语等。林焘先生观察到这四类补语与轻音存在着一定的联系，于是在1957年发表文章，对补语与轻音之间的关系做了精辟的论述。

林焘指出，动词或形容词之后的趋向补语，无论是单音节还是双音节都要念为轻音。如"走·来、跑·去"[1]是单音节词充当趋向补语的，读作轻音。"走·过·来、拿·进·去、送·回·来"[2]是双音节趋向补语，一般情况下后两个音节都要读轻音，只是在语气加重的时候，趋向补语的第一音节可以不读轻音。

主要动词和可能补语之间的"得"和"不"要读轻音，而它们后面的可

---

① 林焘:《现代汉语补语轻音现象反映的语法和语意问题》,《林焘语言学论文集》, 商务印书馆, 2001, 第2页。

② 同①。

能补语，一般不读轻音。如"看·得清楚，看·不清楚"①。

另外，如果"得"放在动词之后，后面紧连程度补语，"得"也要读轻音。如"跑·得快、唱·得好、唱·得很动人、说·得很好听、跑·得我满头大汗、说·得我都动了心"②。

少数结果补语要读轻音。如"听·见、记·住、改·掉、拿·开"③。

从林焘的分析我们可以看到，轻音与补语关系密切。它既是趋向补语以及结构助词"得"与"不"的语音标志，同时又是识别部分补语成分的重要因素，具有参照作用。

6. 轻音对句法结构的确认作用

林焘对语句轻音做了更细致的分类。他把结构轻音同语调轻音区别开来，对结构轻音展开进一步探讨。认为结构轻音是附着在前面成分之后的，"无论在语音方面还是在语法方面，到这里都正是一个划分层次的标志"④。结构轻音的这个特点对分析某些句法结构有一定的作用。

林焘指出："'住在北京'之类的介词结构，一般有两种分析方法：（1）'住 | 在 ‖ 北京'，'在北京'是介词结构作'住'的补语；（2）'住 ‖ 在 | 北京'，'北京'是'住在'的宾语。只从句法结构来考虑，两种分析方法互有长短，如果同时考虑到结构轻音在句法结构中的作用，显然第二种比较合理。"⑤

之所以认为第二种分析方法比较合理，关键在于"在"属于结构轻音。结构轻音的黏附性特点，使之成为划分层次的标志。这就决定了它只

①　林焘：《现代汉语补语轻音现象反映的语法和语意问题》，《林焘语言学论文集》，商务印书馆，2001，第13—14页。

②　同①，第17页。

③　林焘：《现代汉语轻音和句法结构的关系》，《中国语文》1962年第7期，第306页。

④　同③，第308页。

⑤　同③，第310页。

能与"住"组成一个语法单位，而不应该与后面的"北京"构成一个语法
单位。因而"住在北京"分析成述宾结构比较合理。类似"在"的还有
"到""给"。例如："吃在成都""生在北京""走到桥上""看到十二点""拿
给他""送给你"等。这种结构林焘先生认为也应分析为述宾结构。

在这篇文章中林焘还指出，"对'名词＋方位词'结构，最通行的分析
法是把它看成偏正结构，名词是定语，修饰方位词。这种分析法是否正确，
很值得怀疑"。①

林焘认为，"名词＋方位"这样的结构里，方位词"上、下、里"属于
结构轻音。根据结构轻音的规律，方位词"上、下、里"在语音结构上是附
着于前面音节的，是对前面成分的补充说明。那么这些读轻音的起补充说明
作用的方位词自然不能作为中心词，去受非轻读成分修饰。因此这种结构便
不宜看作是偏正结构。指出"比较好的分析方法是将其看成后补结构，方位
词是名词的补语，是补充和说明名词方位的；它既可以放在单个名词之后，
也可以放在名词性短语之后"。②这些事例可以看出，轻音对分辨某些句法结
构具有重要作用。

轻音能帮助确认句法结构，反过来句法结构也会影响到轻音的读音。林
焘提到，在北京土话里有一种现象，"'住·在北京'可以读成'住/zai/北
京''住/dai/北京''住/dou/北京''住/de/北京'"。③我们可以这样理解，
此类句法结构中，"在"没有语调重音的对立，应该属于结构轻音。结构轻
音具有黏附性，常常依附于它前面的音节，与之构成语音单位并读作轻音。
轻音是念得又轻又短只需轻轻地带过去的读音，发音不到位，自然导致了声

---

① 林焘：《现代汉语轻音和句法结构的关系》，《中国语文》1962 年第 7 期，第
311 页。

② 同 ①，第 309 页。

③ 同 ①。

母和韵母方面独特的变化。可见，"在"读音的改变和句法结构有着很大的关系。

六、轻音的规范

轻音作为现代汉语重要的功能性语音单位，一直受到语言学界的重视。长期以来，对轻音的认定及使用存在着混乱现象，这种现象有碍交际，不利于语言的发展。这就需要以法律法规的形式对轻音做出人为的干预和调整，采取必要的措施，改变混乱的状态。

（一）目前在轻音认定方面存在的问题

1. 范围不定，标注不一

20世纪30年代的《国语辞典》对轻音词进行了大规模的、较为系统的整理。新中国成立以后学术界对轻音词也进行了几次整理，但由于对汉语普通话词汇系统中哪些属轻音尚未达成共识，所以不同的词典及词表所收轻音词的数量和对象很不一致。如"1956年张洵如编《北京话轻声词汇》收轻音词4351条，1963年徐世荣普通话语音研究班编的辅导教材《普通话轻声词汇编》收双音轻音词1028条，1994年国家《普通话水平测试大纲》收轻音词1363条"。[①]

由于对轻音词的界定缺乏统一的认知标准，因而相同的词语最终归类不同。以《现代汉语词典》和《普通话水平测试大纲》为考察对象，韩承红对其中的轻音词做了全面、细致的统计分析。《现代汉语词典》标注"教训、露水、眉目、名气、泼辣"为轻音，而《普通话水平测试大纲》标为非轻音，此类词语有91个。列举如下：

---

① 刘晓红：《谈轻声整理的原则》，《湘潭大学社会科学学报》1999年第12期，第125页。

罢了　霸道　保人　避讳　标致　别人　冰激凌　不得　差使

抽打　撮合　大人　道理　德行　滴水　地下……①

又如《现代汉语词典》标注"报复、别致、诚实、出去、答复"为一般轻读、间或重读，而《普通话水平测试大纲》标为非轻音，此类词语有 133 个。列举如下：

报复　报应　抱怨　别致　诚实　出来　出去　答复　当铺

额头　饭量　吩咐　分量　夫人　敷衍　父亲……②

《现代汉语词典》标注"掂量、点缀、翻腾、反正、风水"为一般轻读、间或重读，而《普通话水平测试大纲》标为轻音，此类词语有 49 个。列举如下：

鹌鹑　白天　荸荠　残疾　聪明　大拇指　得罪　底细　掂量

点缀　翻腾　反正　风水　斧头　关系　过去……③

《现代汉语词典》标注为非轻音，而《普通话水平测试大纲》标为轻音，此类词语有 3 个。列举如下：

成气候　大拇指　近视④

即便是《现代汉语词典》中的轻音标注，同样存在多处问题需要商榷。如《现代汉语词典》中"黄瓜"是按轻重两读注音的，可"地瓜"却按原调注音；"左边、右边、上边、下边、前边、后边"这些表示方位的词标注为轻音，而"北边、东边"等词则标注轻重两读。由于标准不一致，对于这些类词缀词语人们就无法进行类推。

---

① 韩承红：《试论普通话轻声词标准的统一问题》，《中华文化论坛》2003 年第 3 期，第 156 页。

② 同①，第 155 页。

③ 同①。

④ 同①，第 156 页。

2. 数量大，许多无规律

普通话中有些轻音词是有规律的，也有部分轻音词很难总结出规律。有规律的轻音词主要是指：结构助词"得、地、的"和动态助词"着、过、了"，构词语素"子、头、们"等，这类轻音作为语法类别的形式标记，一般是必读轻音。无规律的轻音词主要是指两个实语素构成的复合词，如"东西、招呼、窗户、石榴、风筝"等。轻音词语除了双音节的，还有些三音节、四音节的。《普通话水平测试大纲》"收 1252 条轻音词中，带有明显轻音规律即有轻音标记的有 628 条，约占总数的 50%，剩下的 624 条'无规律可循'即无轻音标记"。① 由上看到，普通话轻音词数量众多，且许多无规律可循，不利于学习掌握。

轻音整理存在的问题给方言区推广普通话带来了诸多困扰，因此必须要对轻音加以规范。当务之急，我们应根据语言发展的规律，确定轻音规范的原则和具体措施。

（二）轻音的作用及发展趋势

汉语大量的复音词是轻音产生的主要原因。轻音能区别同音词、改变词义和词性，在一定程度上丰富了汉语词汇。同时轻音的存在又是韵律的需要，语流中轻重音交替而形成的节奏使语言更加生动、活泼，增强了语言的表现力。因此轻音的存在有其必要性。

早在 20 世纪 50 年代，高景成就已经察觉到轻音衰颓的趋势。至今，轻音的衰颓已经成为一个不争的事实。从语用角度来看，轻音一般分语法轻音和习惯性轻音两大类。语法轻音除了包括结构助词"得、地、的"和动态助词"着、过、了"，还包括语气词"啊、呢"等。习惯性轻音指有些词人们

---

① 田皓：《试论普通话轻声词的规范》，《邵阳学院学报》2003 年第 4 期，第 111 页。

习惯变读轻音。正是这些习惯性轻音，衰颓现象最为严重。李根芹指出，轻音的衰颓主要有以下几种情况。

1. 某些必读轻音词语变读本调。原本口语色彩较浓的词，现在有些已渐变为书面语，老北京人为此改变了轻音的读法，变读为本调。如：

褒贬、财主、长虫、抽打、灌肠……①

2. 有些必读轻音词语变为"轻重两读"，即轻音和本调同时存在。如"拉扯"，同时有"lāchě"和"lāche"两种读音。1978 年版《现代汉语词典》把 55 个词标注为必读轻音词语，可在 1996 年版《现代汉语词典》中就变为可轻可重的词语了。由必读轻音词语变为轻重两读词语，表现出了轻音衰颓现象。如：

白天、北瓜、本钱、变通、残疾……②

3. 轻重两读的词语变为重读。在 1978 年版的《现代汉语词典》中，大约有 280 个词标注为轻重两读，但在 1996 年版《现代汉语词典》中，有些词语是以重读形式出现的。如：

操持、插口、茶水、车钱、程度……③

李根芹的研究还发现，有些词在 1996 年版《现代汉语词典》中标轻重两读，这样的词大约有 360 个，现在多数已变为重读了，如：

搭讪、答复、光棍、荷包、祭祀……④

这些事实都表明，轻音有衰颓的趋势，迫切需要整理、审定、规范。

---

① 李根芹：《正视轻声衰退现象　重新审定轻声词》，《镇江高专学报》2005 年第 1 期，第 13 页。

② 同①，第 14 页。

③ 同②。

④ 同②。

（三）轻音规范的原则

对轻音进行整理，就要确定轻音规范的原则。降低方言区人们学习普通话的难度是语言规范的目的之一，确定轻音规范原则应充分考虑到这一方面，遵循以下几个原则。

1. 从严原则

轻音要从严把握，尽量减少其数量。在轻音的确定上有两种观点，一种主张是"宽标准"，如张洵如认为，凡是北京话中可读轻音的词一律算轻音。他把4000多个轻音条目收入《北京话轻声词汇》中，这些条目囊括了北京话里的必读轻音词，还包含了轻重两可的词语。另一种主张是"严标准"，如徐世荣、周祖谟等。他们主张尽量少规定轻音，可读轻音又可不读轻音的词语都不标注轻音。周祖谟在《普通话的正音问题》一文中主张："在北京话里有些词后面一个音节也可以轻读也可以重读，如果没有区分词义或词类的作用，最好一律采取原来的读音而不读轻声。"[1]徐世荣编的辅导教材《普通话轻声词汇编》仅选1000多条北京话必读轻音的双音节词。可见，宽严尺度不同，轻音的数量就有很大的不同。

我们主张采用"严标准"，尽量减少轻音词的数量。这样做有以下两个原因：第一，符合普通话语音自身的发展规律。普通话采用北京语音作为标准，而早在1959年高景成就注意到，北京话的轻音呈现出衰颓的趋势，他主张"尽量少规定轻声"[2]。随着语言的发展变化，不少轻音正在朝着轻重两读甚至向非轻音转化，有一些轻重两读的词语目前已经变为重读词语。第二，便于群众学习和把握。许多方言区的人认为，学习普通话的最大困难在于那

---

[1]　周祖谟：《普通话的正音问题》，《中国语文》1956年第05期，第24页。

[2]　高景成：《由许多词汇里看轻声衰颓的趋势》，《文字改革》1959第02期，第5页。

些时有例外的轻音词。轻音的混乱状况给人们带来了很多困扰，因而有必要采取一些必要性的措施，以减少必读轻音词的数量。

2. 加强规律性原则

采用严标准减少轻音数量的同时，还应兼顾某些词语的特点，尽可能地以"类"为单位，以增强词语内在的规律性。例如"瓜"类的词条，在《现代汉语词典》中"冬瓜、西瓜、南瓜、黄瓜"标读为轻重两读，另有"地瓜、笋瓜"等等全都标注为原调。其实，"冬瓜、西瓜、南瓜"在日常交际中经常被读作轻音，不如把这些"瓜"也都标为原调。"东边、西边、南边、上边"等标读轻音，而唯独"旁边、身边"标注原调，这些不妨也归入轻音。增强规律性的原则将会给学习者提供极大的便利。

3. 约定俗成原则

所谓约定俗成原则，是指对轻音的审订应尊重人们多年来语言运用的习惯。约定俗成是语言运用与发展的重要标准，轻音的审订应严格遵循这一原则。如"蘑菇、钥匙"等，后一个音节大多数人读轻音，那就应明确规定为轻音；又如"牡丹、身份、尺寸"等，后一个音节常常以非轻音的形式存在。因此，有必要根据人们日常语言表达的实际状况，把此类轻音词改成非轻音。

（四）轻音规范的措施

轻音确定的不一致不仅会导致学习者无所适从，而且会影响词典和词表的权威性，因而有必要对轻音加以规范和整理。以上我们提出了轻音规范的原则，下面结合语音教学实际谈谈轻音整理和规范的措施。

1. 对有规律可循的轻音，应加强其规律性的总结

有些词在任何时候都要念轻音，这是有规律可循的。如助词"得、的、地、着、了、过"；语气词"呀、呢、吧、吗、啊"等；后缀"子、头、巴"；夹在重叠动词中的"一"和"不"等。

2. 保留区别词义和词性的轻音

有些词读轻音和非轻音意义完全不同，如"孙子"，读轻音指"儿子的儿子"，读非轻音则专指"古代军事家'孙子'"。又如"地道"，读轻音表"纯粹"的意思，读非轻音则是指"地下坑道"。此外还有一部分词，读轻重音具有区别词义或者词性的作用，如："本事、大方、大意、地道、地方、东西、精神、冷战、利害、忙活、眉目、难处、千斤、下水"。这些轻音丰富了汉语词汇，要予以保留。

3. 加强"类词缀"轻音与非轻音的整理归类，提升其类推性

普通话里有一些具有相同语素的双音节词语，我们称之为类词缀词语。如"好处、难处、错处、用处"等词，"处"作为"类词缀"表达的是语义虚化了的类化意义，读轻音。类后缀使用频率高，具有超强的构词能力，有条件构成一系列结构相同的词。如"气"可构成"名气、义气、秀气、神气"，"匠"可构成"瓦匠、漆匠、石匠、鞋匠"，"家"可构成"亲家、东家、婆家、公家"，"手"可构成"帮手、打手、扶手、把手"。这类轻音词只是有一个大致的规律，在类推中常有例外出现。如类词缀"处"读轻音，而"痛处"却读成非轻音；类词缀的"家"读轻音，"本家、船家、农家"却读本调。以上带"类词缀"的轻音或非轻音，其读音往往缺乏类推性，这种混乱的状况时常让人感到困惑。为此，我们认为应对"类词缀"轻音或非轻音进行整理，最好将其归并为轻音词语，使类词缀成为轻音词语的标记，以减轻学习者的负担。

4. 将注音不一致的词语视为非轻音词语

以上我们提到，《现代汉语词典》和《普通话水平测试大纲》存在着轻音与非轻音注音不一致的情况。这些词语没有辨义作用，有些人主张读轻音而有些人主张读非轻音，让人无所适从。

轻音大多数都有本调，在教学中，这种本调往往被强调，处于主流地位。因而对普通话轻音词的整理，应符合语言的客观发展规律。有些词语在

《现代汉语词典》中的注音有别于《普通话水平测试大纲》，这些词应被处理为非轻音，以减轻人们学习的难度。

5. 尊重语言实际，减少轻音的数量

随着社会发展，轻音表现出明显的衰颓现象。原来读轻音的词语，现在有些已经不再读轻音了。据李根芹的考察，一些必读轻音词语目前已变读为本调；一些已变为"轻重两读"；轻重两读的词很多变为重读，如"芍药、胡琴、泼辣、篇幅、雅致"等，后一音节经常不再被念成轻音，常常是以重读为主了。对于此类词语，我们应正视其衰颓的事实，顺应普通话语音发展的实际情况，将其读为非轻音。这种做法将会大大减少必读轻音词的数量，体现简便易学的基本原则。

总之，对轻音必须要根据语言实际进行全面的整理。对于在任何场合都读轻音和具有区别词义、词性作用的轻音，无疑要全部予以吸收；对那些有一定规律但也有例外的轻音，我们要提升其规律性；对习惯性的轻音，我们要尽可能地做到减少必读轻音词的数量。

在日常交往中，人和人之间主要是靠语言交流思想、传递信息，加强相互间沟通的。语句中的词语所表达的语义轻重兼具，这种轻重跟语法结构在某种程度上也有着密切的关联。语法重音就是专门用来表达语法结构蕴含语义的一种语音手段。外国人说汉语时经常有的"洋腔洋调"就跟语法重音有关。

其实语法重音是有规律可循的。有些学者提出了"重音居后"的原则，那么对于这一原则我们该如何理解和操作，语法重音的位置是由什么因素决定，重音的作用及语音特征表现在哪里，都是值得探讨的问题。以下我们将就这些问题展开讨论。

一、语法重音是结构焦点的表现形式

语法重音最重要的语法功能便是标示焦点。结构焦点是语句的语义重心，是表达者主观上最想传递给对方的核心内容。一个语句中包含多个信息，而被说话者置于焦点位置的信息应该是说话者最期望传达的新信息。如果语句中没有对比性焦点，那么位于句末的结构焦点会顺理成章地成为信息重心，成为语句的语法重音之落脚点。

从信息传递的角度来讲，交际双方要想实现有效传播，话语内容就必须包含一定量的旧信息，并以这些旧信息为媒介，将新信息传递出去。一般说来，人们表达思想通常采用的是旧信息附加新信息的话语样式。在这样的话语结构中，越靠近句末的信息相对而言内容就会越新一些，说话者以此引起听者的关注，句末信息成为语句的焦点。因此，被置于语句末尾的结构焦点通常和新信息的重点部分相照应。例如：

①a. 他在马路上飞快地跑

　b. 他在马路上跑得飞快

②a. 屡战屡败

　b. 屡败屡战

这两句话表述的内容是相同的，但由于说话者的主观态度不同，信息安排的策略也就不同。说话者最想突出、强调的部分，往往放在句末，使之占据结构焦点的位置。例①b 把"飞快"放在句末焦点的位置，做动词"跑"的补语，和例①a 做状语的"飞快"相比较，更加强调了"飞快"的意思。例②b 把"战"放在焦点的位置上，突出了"战"，意思是不怕失败，失败了还要再战，表现了继续战斗的坚强意志。这里，让需要突出的信息占据结构焦点的位置，是和语用相联系的。

结构焦点是人们心理上已经定型化了的信息重点模式，它体现出汉民族共同的心理倾向。一般来说，总有这么一种倾向，主谓结构焦点在谓语部分，述宾结构焦点在宾语部分，偏正结构焦点在修饰语部分，这些就是通常所说的"结构焦点"。大多数结构焦点位于句末，造成了"重音居后"的共识。

语法重音是结构焦点的表现形式。说话者为突出强调某一方面的信息，必然会在相应的语言片段上聚积较多的能量，从而实现"凸显"，以引起听话者的特别关注。

二、对"重音居后"的理解

汉语是 SVO 语言，其信息编排一般遵从由旧到新的原则，因此焦点往往出现在语句末尾，句末焦点通常是重读成分。关于语句成分信息强度的编排，赵元任（1986）提出"最后的最强"这一理论，许多学者（汤廷池，1985；周同春，1990）也都从不同的侧面加以论证。目前，汉语"重音居后"的观点已获得语言学界的广泛认同。

所谓"重音居后"指的是语法重音的居后。"语法重音是指一个句子在没有特殊语境的情况下所表现出来的重音"，"是将'强调句中某些个别成分'的特殊情况排除以后得到的重音形式"[1]。如：

A："你怎么又看电视了？"

B："我喜欢《西游记》。"

A："你怎么还不上学？"

B："我看书。"

以上句子中，回答的人把整个句子当作一个完整的信息体，语句中的重音是句子在最一般的状态下所体现的分布情况，呈现出的特征便是"后重"。冯胜利在他的《汉语的韵律、词法与句法》中详细探讨了语法重

---

① 冯胜利：《汉语的韵律、词法与句法》，北京大学出版社，1997，第54—55页。

音这一现象，提及"Behaghel（1909）称它为'强信息居后法则'；Quirk 等（1972）把它归纳为'尾重原则'；赵元任（1986）曾把这种'重则靠后'原则简化为'最后的最强'"。还讲到汤廷池（1985）从汉语功用的角度提出"从轻到重"原则及其对句法构造的影响；周同春（1990）在《汉语语音学》中使用实验语音学的方法将句尾的重音付诸图像。从冯胜利的阐述我们可以了解到，学者们大多数认为汉语的语法重音是在句末的。

　　然而日常生活中我们可以举出太多句末不重读的例子，这些例子数量之多，已不能简单地用"例外"来解释。

　　对于这个现象，冯胜利从两方面做出解释。一方面，他认为要区分句子的"基本结构"和"附加结构""修饰结构"。"基本结构"由主语、谓语、宾语、补语构成；"附加结构""修饰结构"由定语、状语加中心语构成。冯胜利认为，"重音居后"之重音指的是普通重音，普通重音规则只适用于"基本结构"，而对"附加结构"不成立。另一方面，他认为"所谓'重音居后'是指由句末主要动词建立的'重音范域'居后。在'重音范域'内，重音必须由动词来指派"。[①]

　　冯胜利理论的内涵就是"动词中心说"。他认为，句子的主要成分包括主语、谓语、宾语和补语，而句子的状语和定语只能算作次要成分。从结构的角度来说，主谓结构、述宾结构和述补结构即是"基本结构"，而偏正结构是"附加结构"。

　　冯胜利关于"重音居后"的看法有一定的道理。他对"重音居后"做出了较为合理的解释，但遗憾的是"结构重音规则只对'基本结构'有硬性的规定，而对附加成分不加限制"[②]。这一看法依然使"重音居后"有很多例外，因为有着太多的附加成分，这似乎很不妥当。大量的例外一方面使"重音居

---

① 冯胜利：《汉语的韵律、词法与句法》，北京大学出版社，1997，第68—70页。
② 同①，第70页。

后"理论缺乏严密性,另一方面从教学的角度出发,也不利于教学。我们认为,应把语句中的偏正结构(状中和定中)看成一个整体。"重音居后"既包括句末主要动词建立的"重音范域"居后,又包括句末偏正结构建立的"重音范域"居后,这样就保证了"重音居后"规则的严密性,有利于很好地解释"重音居后"。

在确认了"重音居后"理论的基础上,还需进一步确定"重音范域"的内部规则,以保证语法重音规则的进一步落实。

基本规则:句末主要动词建立的"重音范域"中,语法重音落在结构中最后一个动词或其后的宾语成分上。

延伸规则:在偏正结构建立的"重音范域"中,语法重音落在结构中的修饰语上。如果有几个并列的修饰语,在没有语境限制的条件下,哪个修饰语都允许重读,具体情况要根据语境来确定。

总之,"重音居后"指句末主要动词及偏正结构建立的"重音范域"居后,语法重音的确定最终通过"基本规则"和"延伸规则"两层韵律规则来完成。这样对"重音居后"的理论就有了一个较为严密的解释,严密的理论对于汉语语法重音的确定具有广泛的指导意义。

三、语法重音的选择依据

为了使语言表达形式富有美感,如果是诗必须要押韵,如果是词则必须要合辙,以表现出语言的婉转悠柔或蜿蜒跌宕。音节之间的抑扬格局,增强了有声语言的表现力,而轻重音无疑是重要的节奏因素。

轻重音在形成言语节奏的同时,作为一种外显的表现形式,更重要的功能还在于促成某种意义的有效传递。焦点是交际双方交流时的关注重心,它包含了主体期望客体接受的最重要的信息。通常认为重音是焦点的表现形式,说话者为强调某一内容,必然会在相应的语言片段上汇积较多的能量,从而使该语言片段达到"凸显"，以引起听话者的特别关注，这样便形成了焦点。

关于语句信息结构，人们共同的心理倾向是"由旧到新"，相应的语句韵律结构为"由弱到强"，这样的格局和句法结构形成了照应。汉语句法结构类型有 SV、VO、VC，它们同信息结构"由旧到新"的心理倾向形成如下对应关系：

韵律结构	弱 ------ 强
信息结构	旧 ------ 新
	S--------V
句法结构	V--------O
	V--------C

主语、部分述语置于句首，部分述语、宾语和补语置于句末。主语和部分述语倾向于由旧信息充当，部分述语、宾语和补语一般倾向于由新信息充当，对应于新信息的述语、宾语和补语往往是重读成分。

人们表述时心理过程的相似性及语境的相似性，使得句中焦点的位置也常常呈现出明显的倾向性。汉语语句中，倾向性表现为：在基本结构（主＋谓＋宾＋补）中，信息的排列倾向于采取由旧到新的顺序，句末位置往往是新信息，形成句末焦点。如果是汉语偏正结构语句，语句焦点则倾向于选择那些替换频率高的成分。

通常在这种结构中，替换能力强的成分往往被人们视为新信息或焦点。汉语修饰语的替换能力通常比中心语要高，语句焦点自然就落到中心语前面的修饰语上。在语言表达过程中，反复多次出现这种倾向，就会形成某种定势，符合这种定势的句法结构的焦点便是常规的结构焦点，与之相应的重音便是语法重音。语法重音的确定依据在于语句焦点的倾向性。焦点选择的倾向性同句法结构结合起来，决定了语法重音的位置。

四、语法重音的句法相关性

有些外国人学习汉语，尽管单个字都念得比较准确，但说出的话总是免不了"洋腔洋调"。与之相反，有些中国人单个字念得并不标准，只是语调自然，对方就毫不困难地听懂了他的意思。产生这一现象的原因在于中国人凭语感掌握了汉语各种语法结构的重音规律，因而能够自如地对音节的轻重进行调节，而有些外国人由于缺乏汉语的语感，导致语句轻重设置不当，这是造成"洋腔洋调"的根本原因。由此可见，掌握语法重音具有重要意义。

语法重音表达的是在非特殊语境条件下语言单位的语义核心。落点位置不受上下语境的制约，而是同语句自身结构有着密切关系，可以在短语和语句层面中运用这类重音形式。在句法层面上，短语和语句的结构具有相似性，因而语法重音是一致的。只要我们掌握了短语的语法重音规律，就可以轻松地得出语句的语法重音所在，从而收到事半功倍的效果。

（一）语法重音的负载规律

"重音居后"是分析短语或语句语法重音落点的重要理论。"重音居后"决定了句末主要动词及偏正结构建立的"重音范域"居后，语法重音的确定最终要通过"基本规则"和"延伸规则"两层韵律规则来完成。这一流程可用图表来表示：

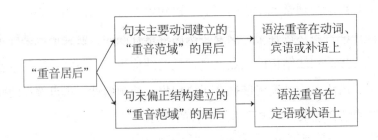

　　"重音居后"先是位于语句尾部的主要动词及偏正结构营造的"重音范域"的"居后"。以主要动词为中心建立的"重音范域"，如果是单个动词，语法重音在动词上；如果是述宾短语，语法重音在宾语上；如果是述补短语，语法重音在补语上。"重音居后"如果指偏正结构（定中结构、状中结构）建立的"重音范域"，那么，语法重音应在定语或状语上。

　　由"重音居后"的流程可以看出，短语或句子的语法重音是在"重音居后"理论基础上以"基本规则"和"延伸规则"为指导一层一层分级负载的。至于说某个短语或句子的语法重音是如何负载的，取决于短语或句子的语法结构形式。结构形式划分为几层，就分几个层次负载。例如："他 / 玩得 // 非常 /// 痛快"，这是一个主谓结构，内部结构可分为三个层次，那么语法重音就要在"重音居后"理论的基础上分三个级次负载。"他 / 玩得非常痛快"，第一层是主谓短语。根据"重音居后"理论，第一级语法重音应该落在谓语部分"玩得非常痛快"上。"玩得 // 非常痛快"，第二层是述补短语。按基本规则，第二级语法重音应该落在"非常痛快"上。"非常 /// 痛快"，第三层是个偏正短语，依照"延伸规则"，具体信息落在修饰成分上，即第三级语法重音应该落在"非常"上。这样，三级语法重音最终集中体现在"非常"这个词上。

　　下面，我们用"＿＿＿＿＿"来标示该短语语法重音的落点，一、二、三级落点分别用 1、2、3 来标注。

他 玩 得 非 常 痛 快
———————————— 1
————————— 2
———— 3

　　在短语或句子中，语法重音的负载者应是一个相对完整的语法单位，要么是词，要么是短语，而不能是音节。落在语义重点的语法重音一定要遵循词语的轻重格式规范。普通话双音节复合词主要有"中重""重轻"格式，

"中重"格式如"集体""特色""国家","重轻"格式如"窗户""明白""石头"。普通话三音节词复合词有"中轻重""中重轻"两种主要格式,"中轻重"格式如"出版社""运动会""洗衣机","中重轻"格式如"洋白菜""死对头""小家伙"。如短语"我明白",语法重音的凸显点在"明白"上,但由于"明白"属"重轻"格式,因而"明"就要读得稍微重一些,不能违背该词前重后轻的节律格式。又如"他高兴极了","了"黏附于"极"上,最后一级语法重音应该落在"极了"上,可是由于"了"是虚词,不能承担重音形式,重音就只能落在"极"上。(考虑到结构的完整性,虚语素一并标注重读符号。)

语法重音是短语或语句的基本语义凸显点,在通常情况下,短语或语句的凸显是有一定规律可循的。以语句"我想"为例:在不出现上下语境,无特殊语义指向的静态语言表达环境中,可以表述为"我想",也可以单独用一个"想"字来表达,但不可以单独说"我",这是因为"想"是整个短语意义的核心,是对主语的陈述说明,内容具体、翔实,是语言表述者向听话人传递的重要信息,所以负载重音。如果说"我非常想"或"我想死了",这里的状语"非常"与补语"死了"就是对"想"所做的详细说明,进一步说明"想"的程度与"想"的结果,它们表述的内容与"我""想"相比,是更翔实、具体的信息,也是语句传递的新信息,是语言表述者最期望传达的核心内容,所以应该是语句的凸显点。从短语与语句的具体表现可以看出,那些比较具体或相对新知的信息往往是语句的语义重点,而那些非具体的语法单位、已知的信息,通常都不具有负载语法重音的能力。

(二)短语的语法重音

短语是句子的基本构成单位,要分析语句中的语法重音,必须从最简单的结构——短语开始,先来分析各种短语的重音。我们把短语分为主谓短语、述宾短语、偏正短语、述补短语、同位短语、联合短语、连谓短语、兼语短语八类。为了清晰明了，我们尽量选择较为简单的短语进行分析。

1. 主谓短语的语法重音一般落在谓语上，如：明天端午节、屋里干净了、现在八点钟、他走了、天黑了、书买了。在主谓短语中，谓语是用来陈述和说明主语部分的，其作用在于阐述主语"怎么样"，或者主语"是什么"等。谓语部分信息最为详细、最具体，是主谓短语语义表达的焦点。

2. 述宾短语的语法重音一般落在宾语上，如：看电影、当学生、爱学习、发扬风格、方便群众、参加考试。述宾短语的宾语是述语的关涉对象，是表述者要传递信息的关键内容，和述语相比是较为具体的信息，应是短语语义的焦点所在。

3. 偏正短语的语法重音一般落在修饰语部分，如：幸福生活、很多人、全明白、北京人、十亿人口，修饰语表达的信息一般都是相对新知的信息或较为具体的信息，是表义焦点。但以人称代词、人名、数量（数词为"一"）、时间、处所为限定成分的短语，语法重音落在中心语部分。如：他爸爸、小红的书包、一座楼、下午六点、桌上的书。这类短语的中心语部分相比而言是更为具体的信息，是需要凸显的成分。

4. 述补短语的语法重音通常要由补语来负载，因为补语往往是语句中的最新信息，如：打破了、乐坏了、学了三年、问个明白。但如果补语为趋向补语、可能补语，语法重音就要落在述语上，如：拿得起来、说不出来、关得上、来不了。趋向补语和可能补语是虚化了的成分，不具备重读的条件，语法重音自然要落在述语这一实义语素上。

5. 同位短语。以职务（职称）、称呼加专名构成的同位短语，因专名部分相比而言较为具体，因而应是语法重音的落点，如：毛泽东主席、丁玲女士、莎菲小姐、鞠萍姐姐。属概念加种概念构成的同位短语，因种概念较为具体，是语义的凸显点，因而语法重音常落在种概念部分，如：首都北京、语言学家王力。

6. 联合短语的各成分均是语义焦点所在，因而各成分都应处理为重音，如：研究并讨论、东张西望、又高又大。

7. 连谓短语分为两种：（1）如果两个动作之间存在方式关系，那么首个动词（或动词性词组）应是语法重音的落点。这是因为首个动词提示了下一个动词的开展方式，使最新信息凸显出来，如：站着听课、笑着回答、骑车进城。（2）如果两个动作有顺序、目的、转折关系或是动词与形容词构成的连谓结构，因为后一个动词和形容词是对前一个动作的具体说明，信息比较具体，因而通常重读，如：拿本书读读、去医院看朋友、说了没用、吃起来很香。

8. 兼语短语的语法重音通常在第二个动词上，如：派两个人比赛、教你跳舞、命令他离开。第二个动词是对兼语的说明，具有更确切、更具体的语义，所以是表义焦点，负载语法重音。

（三）语句中的语法重音

语句的语法重音和短语的语法重音在一定程度上是一致的。掌握了短语的语法重音分派规律，就可以按照语法重音分级次负载的特点，推出各种类型语句的语法重音。下面举些例子。

① 张红成绩糟透了。

这是个主谓结构，可分为三个层次，那么语法重音就要遵循"重音居后"理论并分三个级次负载。第一级语法重音落在谓语部分"成绩糟透了"上；"成绩糟透了"又是个主谓短语，按照主谓短语的语法重音负载要求，第二级语法重音就出现在"糟透了"上；"糟透了"是个述补短语，那么根据述补短语的语法重音分布规律，第三级语法重音就落在"透"上。

② 她脸上露出满意的微笑。

这个主谓结构可分为四个层次，语法重音也要遵循"重音居后"理论并分四个级次负载。第一级语法重音落在谓语部分"脸上露出满意的微笑"；"脸上露出满意的微笑"又是个主谓短语，那么第二级语法重音落在"露出满意的微笑"上;"露出满意的微笑"是个述宾短语,于是第三级语法重音就落在"满意的微笑"上;"满意的微笑"是个偏正短语,这样一来,第四级语法重音最终落在"满意"上。

有些语句带有复杂的偏正短语,往往处理起来比较棘手。前面我们谈到偏正短语重音的确定需要依据"延伸规则"。语法重音的"延伸规则"规定,在偏正结构建立的"重音范域"中,语法重音落在修饰语上。如果是几个并列的修饰语,那么哪个修饰语重读要根据语境来确定。这样,语法重音的落点需要我们根据具体情况来判断。

③ 这是一个勤劳、善良的民族。

句中偏正短语的修饰语为并列结构。并列两个部分的可替换能力都是比较强的,共为新信息,因而两部分并重。类似的还有:慢慢地、小心地拿;高兴地、欢快地唱。

④ 桌上放着我的那个漂亮的书包。

句中偏正短语的修饰语为包孕结构。在这样的结构中,一般来讲,具体信息紧贴中心语,是语句中语法重音的位置,那么该句中"漂亮的"应为语法重音之所在,而表示时间、处所、所属的修饰语成分则不必凸显。又如:在水里飞快地游动、今天刚到的货、我的这件新衣服。

有些语句中偏正短语的中心语为述补结构。那么语法重音的位置分两种情况:

1. 如果是表方式、程度等内容的修饰语,那么修饰语往往是新信息,是重音的落点。如:他猛敲了一阵大门、乱说一气、美美地吃了一顿。

2. 修饰语成分以介词短语表处所,这时中心语是语句的新信息,重音一般要设置在中心语成分上。如:从东方升起、在北京玩儿了三天。

汉语短语和句子内部结构的一致性,决定了汉语语句中重音的分析可依据短语的重音分布规律来进行。

五、重音的语音特征

从听觉上判断，普通话重音读得比较重而且比较响亮。然而，体现重音语音特征的各个方面究竟是怎么样的状况呢？众说纷纭。为了考察语句中重音的情况，郭锦桴先生选取 60 句不同类型的句子进行了声学实验，结果如下：

（一）重音的时长

郭锦桴认为，"语句重音与时长有很密切的关系。几乎所有语句中的重音都比同句中的非重音成分时长要长。"[1] 郭锦桴列出了四种类型句子各音节的时长数据[2]：

①	我	们	明	天	去	长	城。		（叙述句）
时长：	140	92	290	216	80	156	208		
②	你	是	在	哪（儿）	学	的	汉	语？	（疑问句）
时长：	117	91	130	264	104	65	208	234	
③	那	个	人	长	得	高。			（带补语句）
时长：	200	96	200	200	70	280			
④	哟，	你	来	了！					（惊叹句）
时长：	240	150	240	200					

---

① 郭锦桴：《汉语声调语调阐要与探索》，北京语言学院出版社，1993，第281 页。

② 同①。

句①是叙述句，重音"明天"时长为 290 ms+216 ms，是全句中最长的音。句②是疑问句，重音"哪（儿）""汉语"时长分别为 264ms、208ms+234ms，时长比邻近非重音要长。句③是带补语句，补语"高"作为重音，其时长为 280ms，为全句最长的音。句④是惊叹句，"哟"及句子谓语"来"为句子重音，时长同为 240ms，比邻近非重音长。我们从例句中不难看到，时长是重音的重要标志。

（二）重音的音高

普通话重音与音高有着紧密联系。郭锦桴的声学实验表明，重音的音高变化突出表现在它的调值都大大超过正常范围。"实验发音人的阴平调值通常在 220—250Hz，而重音成分的阴平调值却大大超过 250Hz。"例如："老李，快乐得要飞起来"这个句子，"飞"为重音。郭锦桴的声学实验得出"飞"的调值为 360Hz。"那个人长得很高"中，"高"为重音，调值为 300Hz，两句话重音的调值都超出了正常水平。重音音高变化还表现在调域的扩大。郭锦桴表示，他的实验发音人升调的调域一般为 40 左右，降调调域为 50—80，而重音的调域明显扩大。如："这个汉字也写错了"，重音"也"的调域为 140，比正常调域扩大。"见到你，我真是太高兴了"，重音"太"的调域为 110，比正常的降调调域要大。重音的音高变化还表现在调型较为完整。郭锦桴的声学实验显示"你真不想看这部电影？"中的"你"这个非重音，读平调；"你是很想回家吗？"中的"你"也是个非重音，同样读短平调，这两个非重音都不是它们固有的上声调型。然而"你不喜欢吃饺子吗？"中的"你"读升调调型。郭锦桴认为，这是由于"你"是重音，因而调型能较完整地展开。

（三）重音的音强

在正常的语流中，重音与音强的关系并不是很密切。即重音的音强不见得强，非重音的音强也并不见得弱。但在有强调重音的语句里，音强的作用很显著，音强自然加强，将会有突出效果。

① 你说不说 / 不说！

② 你吃不吃 / 不吃！

"A 不 A"结构中的"不"是非重音，"不说""不吃"中的"不"是强调重音。郭锦桴用仪器做实验，得出了两个对比句中"不"的时长、音强、音高三个数据，以下为所列数据[①]：

例句	时长	音强	音高	调型
你说不说（非重音）	84	38db	70	短平
不说（强调重音）	189	65db	125—80	降
你吃不吃（非重音）	77	39db	85	短平
不吃（强调重音）	210	66db	130—70	降

从表中可以观察到，重音"不"的音长比非重音要长一倍以上，调型表现得也较为完整。需要关注的是，"不"作为强调重音，音强要比非重音强得多。

---

① 郭锦桴：《汉语声调语调阐要与探索》，北京语言学院出版社，1993，第 285 页。

第四章　强调重音与语用焦点

　　重音既是语音现象，同时又是语言表达过程中的语用现象。它以特定方式提示语用信息，展现出重点信息聚焦的功能。作为一种聚焦手段，重音在语句和语篇中承载着重要信息，能标示出信息焦点，对会话含义的理解具有重大影响。而强调重音的这一重要作用又是取决于预设的。预设决定了强调重音在语句中的位置，决定了焦点的选择。以下讨论强调重音的决定因素，并对强调重音在语篇理解中的作用进行阐释。

一、语句重音凸显信息焦点

语言最基本和最突出的功能是用于口语交际。运用语言开展口语交际，实质上是一个信息交流的过程。信息可分为新信息和旧信息，旧信息是指发话人主观上认为受话人已经知道的信息，新信息是指发话人主观上认为受话人尚未知道的信息。现代汉语语句通常是依据"由旧到新"的原则对信息进行编排整理的，也就是说处于句末位置的信息为传达的最新信息，往往被称作末尾焦点，这种焦点也称为结构焦点或无标记焦点。结构焦点通常以语法重音来显现，语法重音一般落在信息单位最后的实词上。

①a. 他在北京住了三年。

b. 这三年他住在北京。

文中的加点部分"三年"和"北京"位于句末，作为新信息，是语句表达的凸显点。前者想让听话人注意的是"住"了多久，后者想让听话人注意的是"住"在哪里。"三年"和"北京"都是结构焦点之所在，通常用语法重音来表达。

通常情况下，只有语言表达过程中的新信息才有可能会成为话语信息焦点。但有时为了特殊的交际需要，也可以运用强调重音等手段，强制性地改变语句原有焦点的位置，来增进旧信息的能量，形成有标记的信息焦点，以突出重点信息，最常见的就是在语句中形成"对比焦点"。"对比焦点是与上下文或语言环境中的背景知识相对比，采用对比的方式来指明的焦点。"[1] 对比焦点又可以分为两种类型，即对比项呈显性状态的对比焦点——"显性对比焦点"，和对比项隐含着的对比焦点——"隐性对比焦点"。这种对比是多

---

[1] 范开泰、张亚军：《现代汉语语法分析》，华东师范大学出版社，2000，第193页。

角度全方位的，可以是同一层面的二元或多元的横向对比，也可以是纵向对比，还可以是隐含在会话双方意识内的对比。这类对比焦点在语言表达中常靠强调重音来提示，这类强调重音可称作对比重音。

　　②我看过《红楼梦》，他没看过。

　　③我买葡萄，不买苹果，也不买香蕉。

　　④是小王去了上海。

　　②和③中的焦点属于显性对比焦点，②中"我"的对比项是"他"；③中的"葡萄"以"苹果"和"香蕉"为对比项；④中的焦点是隐性对比焦点，"小王"的对比项隐含在语境中，或许是"小王、老陈、老许"等。如果语句中带有显性对比焦点，话语内容就比较清晰，只需按语句表层含义理解即可。如果语句中含有隐性对比焦点，那么语句意思相对而言就较为隐讳。我们只有找出隐含的对比项，并把隐含的语义带入进来，才能对话语做出准确、全面的理解。

　　但是，有标记焦点不全是对比的结果。有时为了突出强调某个信息，会将重音放在语句中某个表示旧信息的词语上，使原来表示新信息的词语失去重音。这样旧信息的能量就得以提升，成为语句的表意重心和强调焦点，从而由旧信息升至新信息。这类有标记焦点通常不以形成对照为目的，而是为了让某一内容得到突出强调，对应的强调重音可称为强调式强调重音。例如：

　　⑤a：是什么声音？

　　　b：电话响了。

　　⑥a：吃饭了吗？

　　　b：吃过饭了。

　　焦点由常规位置"响""饭"前移至"电话""过"上，说明"响""饭"不再是语句信息重点。焦点的变化提升了旧信息"电话""过"的信息含量，使得二者不再是旧信息，而是转变成新信息。说话人这样做只是为了突出强调声音是"电话"发出的、"饭已经吃了"这样一个事实，所形成的信息焦点我们称之为强调焦点。

强调焦点和对比焦点有一定的差异，但也有联系。强调焦点仅仅是要突出强调的成分，其并非与语句中别的成分有对比关系；而对比焦点不但与语句中别的成分形成对比，也是需要着力突出强调的部分。比较②和⑦：

⑦a：你看房间怎么样？

b：房间这么宽敞。
　　　··

"这么"是强调焦点，但"这么"没有与其他成分形成对比。而在②中，重音把"我"凸显出来，加以强调，并与"他"形成对比，所以"我"与"他"共同构成对比焦点，由于二者都有强调的相似性，所以常用强调重音加以突出。

书面语中有很多种凸显焦点的方法，常见的有词音、语法、词汇等手段。但无论采用哪种手段，在口语中都必须同时配合使用重音这一手段，这样才能使焦点更加明确和突出。可以这样说，重音是凸显焦点的最直接、最基本的手段。

二、重音的转移对信息焦点的影响

在口语交际过程中，说话人并不是把力量平均分配在话语的各个语言片段上，而是根据交际意图，在计划强调的语言片段上积聚较多的能量，使其在音长、响度、音域等方面有突出表现，从而形成凸显。这样，语句中相对次要的词语就要读得轻一些，而相对重要的词语就要读得重一些，这样就形成了重音。据考察，重音一般落在名词、动词、形容词等开放性的词类上。

语句中的重音是一种信息聚焦手段，它通过提示语句焦点来展现话语最重要的信息，所以语句中的重音往往就是信息焦点所在。重音在标示信息焦点方面起着决定性的作用。一般来讲，如果重音落在语句的末尾成分上，这种重音可视为语法重音，由语法重音所标示出的焦点则为结构焦点。若重音落在语句末尾成分之前的其他成分上，这种重音就叫作强调重音。由强调重音提示的焦点包括强调焦点和对比焦点两种形式。

在没有语境的句子中，作为承载焦点信息的重音，常常位于语句的最后，是语法重音标示的结构焦点。有时为了突出强调一些重要的信息，就需要调整重音的位置，使重音转移到旧信息上，从而实现话语信息聚焦，以增加信息的强度，这时的重音就变成了强调重音。重音的移动由此也带来了语句焦点的变化。如：

⑧a. 他花尽了积蓄。

　b. 他花尽了积蓄。

⑨a. 小明打碎了花盆。

　b. 小明打碎了花盆。

　c. 小明打碎了花盆。

⑩a. 我正要去北京。

　b. 我正要去北京。

⑧a、⑨a、⑩a 句的重音为语法重音，语句焦点位于"积蓄""花盆""北京"上，⑧b、⑨b、⑨c、⑩b 的重音为强调重音，语句焦点前移至"花尽了""打碎了""小明""正要"上。从⑧b、⑨b、⑨c、⑩b 中可以看到，说话人利用韵律手段使焦点转移至非常规位置，把旧信息变成了新信息，使欲传递的信息得到凸显，从而实现了话语的信息聚焦。⑧b 中强调重音落在"花尽了"上，回答了"他把积蓄用得怎么样了"。⑨b 是作为对问句"小明把花盆怎么样了"的回答，⑨c 回答的是"谁打碎了花盆"。⑩b 是针对"谁能去北京一趟就好了"而做出的回答。从以上几个例子可以看到，重音的移动不仅改变了重音的性质，而且导致语句焦点发生变化，进而改变了句义。

强调重音可以出现在具有词汇意义的实词上，如"小李昨天在学校看了一部精彩的电影"，强调重音可以分别落在"小李""昨天""学校""看""精彩""电影"等词语上。有时也可以出现在只有结构意义的虚词上，如：

⑪ 小张听过这首歌。

⑫ 我把小丽打败了，得了冠军。

以上两句强调重音分别落在了虚词"过""把"上。⑪ 说的是小张曾经听过这首歌，而不是听完了这首歌。⑫ 说的不是小丽打败了我，而是小丽被我打败了。有时重音位置的变化会影响到句子的结构，进而影响到语义。例如：

⑬ a. 发现了敌人的哨兵。

　　b. 发现了敌人的哨兵。

⑭ a. 我们爬过那座山了。

　　b. 我们爬过那座山了。

⑮ a. 我跟他去过泰山。

　　b. 我跟他去过泰山。

每对语句词语及其排列完全一致，不同的只是重音的性质及位置。⑬a "哨兵"是强调重音，"敌人的哨兵"是宾语，全句的意思为"敌人的哨兵被发现了"；⑬b 中的"敌人"是语法重音，整个短语的意思为"哨兵发现了敌人"。⑭a 中语法重音位于"那座山"上，"过"是动态助词，意思是"我们有爬那座山的经历"；⑭b 中强调重音位于"过"上，"过"是趋向动词，意思是"爬那座山是过去的经历"，强调"过去"。⑮a 中语法重音位于"泰山"上，"跟"是连词，意思是"我和他，我们两个人去过泰山"；⑮b 强调重音位于"跟"上，"跟"是介词，可以理解为"跟着他去过泰山了"。又如：

⑯ a. 这篇论文你给我看看。

　　b. 这篇论文你给我看看。

⑰a. 画得好
.

　　b. 画得好
　　　　.

⑯a 中语法重音位于"看看"上，"给"可以理解为介词，意思是"请你帮忙看看我的论文，看看有没有什么不妥之处"；⑯b 中强调重音位于"给"上，"给"是动词，"给我看看"是要求你让我看。⑰a 中语法重音位于"好"上，"得"是引进结果补语的助词，"画得好"的反面是"画得不好"；⑰b 中强调重音位于"画"上，"得"成了表示可能性的助词，"画得好"的反面是"画不好"。重音的移动造成了两种意义，从而产生了不同的结构。

　　重音的移动能引起语句焦点的改变，对会话含义产生提示作用。会话是交际双方协调参与的活动，成功的交谈要求交际双方必须有共同感兴趣的话题和交谈方向，必须遵守"合作原则"和"礼貌原则"。但在语言交际过程中，并非所有人时时刻刻都要在行动中体现出"合作原则"。有时为了礼貌沟通或者是满足交际语境的需要，人们常常会以"言外之意""答非所问"的话语作答，这就要求听话者要细心品味话语表层的各个要素，以便能准确体悟话语的内涵。有时说话人的"言外之意"是通过设定强调重音的办法来表达的，作为听者则需要利用语篇焦点的提示作用，跨越话语表面的含义来领会话语的深层含义。例如：

⑱a：明天会是晴天吗？

　　b：今天可是个大晴天。
　　　　．．

⑲a：我们都非常喜欢李红和张华，对吧？

　　b：是的，我们都非常喜欢李红。
　　　　　　　　　　　　　　．．

⑱b 的答语属于"答非所问"的情况。说话者有意违反合作原则，意在表明对明天是否会是晴天不甚清楚，这时，强调重音应该落在"今天"上。⑲b 中为表达不喜欢张华之意，故意违反合作原则，将强调重音放在"李红"上。这样做不仅比较含蓄而且显得很有礼貌，符合礼貌原则。

三、预设对强调重音的决定作用

从以上分析可以看到，强调重音与焦点关系密切，作为一种聚焦手段，强调重音可以起到提示信息焦点的作用。但强调重音的设定又不是任意的，语句中的强调重音的位置很大程度上受着预设的制约。预设"是交际双方所共知的常识，是听到话语后能够根据语境推断出来的信息"[①]，它存在于语境之中。语境包括背景知识、情景知识、相互知识等。背景知识通常是比较稳定的方面，而情景知识和相互知识往往处于不断变动之中。尤其是相互知识，有些原来并不是双方所共有的，但随着交际的不断深入，这些知识就变成了相互共有的知识，同时预设也随之产生了相应的改变。在日常口语交际中，说话者必须要依据预设的变化来确定强调重音在语句中的位置。

强调重音同预设关系密切。强调重音标示焦点，是新信息；而预设是交际双方已知的信息，是旧信息，因而预设只能落在强调重音之外的言语成分上。听说双方在进行语言交流时，强调重音始终和信息中心相对应，而强调重音究竟在哪个位置通常受制于预设。预设若有所改变，强调重音则不可避免地会发生转移。如"张红昨天买菜了"这句话，预设不一样，重音的位置也就不一样。当预设为"张红昨天买了些东西"时，重音落在"菜"上，说话人意在说明"张红昨天买了什么东西"；当预设为"有人昨天买菜了"时，强调重音转移到"张红"上，说话人要传递的信息是"昨天买菜的是张红"；当预设为"张红昨天在蔬菜方面做了什么事情"时，强调重音落在"买"上，告诉听话人"张红昨天买了菜而不是卖了菜"。又如：

⑳ 李明昨天没有学习英语。

---

① 范开泰、张亚军：《现代汉语语法分析》，华东师范大学出版社，2000，第204页。

这句话可以有不同的预设：

a. 有人昨天在学习英语，但不是李明。

b. 李明昨天学习了一些东西，但不是英语。

c. 李明昨天在英语方面做了一些事情，但不是学习。

在上述各种预设情境下，语句的强调重音将会有所不同：

a. 李明昨天没有学习英语。

b. 李明昨天没有学习英语。

c. 李明昨天没有学习英语。

以上例句表明，预设决定了强调重音在语句中的位置，预设的变化常常会导致强调重音位置的变化。在口语交际过程中，有什么样的预设，就体现了什么样的话语意图，也就决定了要采用什么样的强调重音模式。说话者要重视预设的潜在功能，充分发挥强调重音的聚焦作用，以顺利完成传递信息的任务。

四、强调重音与话语理解

关于话语，语言学家布朗（Brown）和尤尔（Yule）认为，"话语是一个过程，是说话者或作者在某个语境中用来表达自己的意思或实现自己的意图的词、短语和句子。"[1] 也就是说，话语是用句子来表达的，它是在交际过程中实现的，与语境紧密相关。

吕叔湘在《语文常谈》中说："任何语言里的任何一句话，它的意义决不等于一个字一个字的总和，而是还多了一些什么。按数学上的道理二加二只能等于四，不能等于五，语言里可不是这样。"[2] 的确，话语意义只能在具

---

① Brown & Yule. *Discourse Analysis*. Cambridge University Press，1983.

② 吕叔湘：《语文常谈》，三联书店，1980，第46页。

体的语境中去把握，不能孤立地去考虑话语意义。如"学校明天要开运动会"这个句子，随着强调内容的变化，会生成多种不同的话语意义。例如，儿子告诉妈妈，明天要开运动会，他要把跑鞋带上。妈妈有可能会问"哪里开运动会？"，这时儿子就会把强调重音放在"学校"上，告诉妈妈是"学校"而不是别的单位要开运动会。如果儿子告诉妈妈学校要开运动会，他要为此做好准备，妈妈有可能会问"学校什么时候要开运动会？"，这时儿子答话的强调重音是在"明天"上的。听到儿子说明天要开会，妈妈要问"学校要开什么会？"，儿子会把强调重音放在"运动"上。这个例子说明，同一话语在特定的情境中会生成特定的话语意义，考察话语意义一定要结合具体的语境。

首先，强调重音是话语理解的必要条件。"语言交际的方法是明示和推理。"[1] 其中，推理指听话者对语言信息进行判断和预测，也就是寻找话语中新信息和旧信息关联的过程。受话人收到发话人的信息后，会对话语进行分析、识别和类比，最终达到对发话人话语意义的理解。强调重音表达的是话语信息焦点，强调重音位置的变化往往意味着新信息和旧信息的变化。听话者要依据新旧信息之间的关联，把握每句话的言语意图。话语明示作用是强调重音在交际过程中另外一个非常重要的方面。它通过信息聚焦功能明示话语的新假设，而这些新假设往往又会改变听话人的认知语境。例如：

㉑ a：你给了汤姆什么？

　　 b：我从不理睬这个吝啬鬼。

b 句的强调重音落在"理睬"上，明示了"理睬"为新信息。说话人通过强调重音实现信息聚焦，提高了"理睬"的信息含量，明示了"我从不理睬汤姆"这个信息。同时通过跟"汤姆"相对应的"吝啬鬼"暗示了"我认

---

① 　Dan. Sperber & Deirdre. Wilson. *Relevance: Communication and Cognition.* Foreign Language Teaching and Research Press, 2001.

为汤姆是吝啬鬼"这个推断。这就在 a 原来的认知语境中增添了"b 认为汤姆是吝啬鬼"这个暗含的信息，这就是通过推理得出的会话含义。这些充分说明，强调重音不仅具有聚焦功能，还是一种话语明示行为。在交际过程中人们往往通过强调重音显现交际意图，那么作为听话人，重视强调重音可以促进对话语含义的理解。

其次，强调重音可以表现丰富的话语内容。例如：六点了。从表面看只是表明一个时间，但如果在不同的情境中，就会生成多种意义。比如儿子所在的学校规定学生七点到校，而学校离家尚有接近一小时的路程。当妈妈说这句话时，儿子知道妈妈催促他"别磨蹭了"。又如星期一的早晨，同学们早早赶到操场晨练，老师说"六点了"，话语的意义就是"该做早操了"。再如早晨六点有一场足球赛，球迷儿子生怕错过，前一晚上嘱咐妈妈按时叫醒他。当母亲说出"六点了"时，儿子从妈妈话语中获得的信息是"球赛就要开始了"。可以看到，带有强调重音的句子出现在多种情景之中，可以表现出丰富的话语意义。

最后，强调重音可以作为"言外之意"来帮助听话人理解话语。在言语交际过程中，出于礼貌或语境需要，有些人会说一些含有"答非所问"的话语。重视强调重音的设置，可以帮助听话人理解话语。例如：

㉒a：你认为这场排球赛怎么样？

　b：我认为比赛场馆很漂亮。

b 句在"比赛场馆"上设置重音，显然属于"答非所问"，违背了合作原则。因强调重音的设定而产生的"言外之意"自然使人意识到 b 对这场排球赛不感兴趣。又如：

㉓a：王老师爱吃什么菜？

　b：他可是四川人呀。

b 句也属于"答非所问"。"四川"一词上设置重音，"言外之意"是说"王老师爱吃辣椒和带辣椒的菜"。强调重音的设定，促进了听者对话语的理解。

强调重音推导失误将会导致话语理解的失败。强调重音是语句中话语理解的重要因素，不能正确地掌握语篇的强调重音，就不能领会语篇所隐含的信息焦点，就不能追踪信息焦点的发展和变化，难以达到话语理解的目的。

通常情况下，不仅一个句子或小句带有强调重音，一个语篇或语段也往往带有强调重音。语篇或语段的强调重音应落在那些对构成语篇连贯性最有帮助的句子的关键词上。在语言交际过程中，强调重音的正确把握尤为重要，如果强调重音推导失误将会导致话语理解失败。殷作炎先生举过一个例子，"我有一只生蛋的母鸡，你快拿到集上去卖了，买几升米来煮粥吃"这句话，有一位话剧演员在电台演播时把"母鸡"处理为重音。殷作炎认为这位演员对重音的选择不够恰当，听众有可能会质疑："生蛋的"难道还有公鸡吗？再如，范开泰先生举的例子，某个电台在播发《我国进行首次残疾人调查》时，播音员是这样设置心理重音的："我们一定要在调查的基础上，有计划地逐步解决残疾人的就业、教育和康复等问题。"[①]结果引起了残疾人听众的反感，他们纷纷给电台来信表达不满情绪。范开泰先生认为，"把'逐步'安排为表达重点（焦点），蕴含了一种对比性预设义：不是'立即、全面、迅速地'解决，只能'逐步'地来解决。其实这则消息的本意是'动员全社会来关心残疾人，帮助他们解决实际问题'。表达重心应放在'就业、教育和康复'上。"[②]

从上面的两个例子可以看出，无论是在语句中还是在语篇中，人们常常是利用强调重音来传递重要信息的。强调重音位置的确定和转移影响着对语句和语篇的理解，它是听说双方沟通的关键。因而，在语言表达中应重视对强调重音的确认。

---

① 范开泰、张亚军：《现代汉语语法分析》，华东师范大学出版社，2000，第203页。

② 同①。

　　播音员、主持人常在话筒前从事有声语言创作活动，这种言语活动绝不是随意的、无序的，不是把文字变成有声语言的简单转换过程，而是融入思维、感受、表达技巧的二度创作。面对内容丰富、结构复杂的稿件，播音员、主持人除了要达到吐字清晰、流畅，还必须要做到主旨突出、观点鲜明，准确、透彻地传达出稿件的精神实质。这就要求播音员、主持人在认真分析、理解稿件的同时，找准并正确表达重音，准确地运用重音技巧来体现稿件的内涵。如果播音员、主持人总是"一锅端"地把内容甩给受众，势必会造成受众对播出内容的不理解，更有甚者会造成受众对信息的误解，所以重音这一技巧的正确运用对准确传播信息至关重要。作为沟通的桥梁，播音员、主持人必须掌握重音的运用技巧，以进一步提高广播电视传播效率，更好地发挥媒体的引领作用。

一、重音在播音主持创作中的作用

播音主持稿件是由众多的词和短语串联起来形成的，这些词和短语的分量各不相同，有些是主要的，有些是次要的。在播音主持创作中，要准确、鲜明地展现语句目的，常需要把起主要作用的词或短语突出强调出来，这些被突出强调的词或短语就是重音。重音存在于词和语句之中，本章我们来探讨语句重音。

（一）重音的性质

重音是汉语韵律特征的一种重要表现形式，它在语言研究和语言应用中发挥着重要作用。我们认为，汉语的语句重音通过语音形式表达语义，属于一种语音现象，同时也属于语法现象。

从性质上来说，重音类似于停连、节奏和语气，属于语言节律的范畴，可以说重音是一种语音现象。作为有声语言的外在表现形式，人们首先直接感知到的便是重音这种语音形式的声学特征。郭锦桴先生曾选取六十个不同类型的句子开展语音实验，由声学实验结果可以观察到，语句重音与时长和音高有着密切关系，多数语句中重音的时长远远高于同句中的非重音成分，重音的调值都远远超过正常范围，重音的调域也呈现扩大趋势。同时我们体会到，重音能够区分静态语言的语法单位，提高语言的清晰度；可以对动态语言的结构关系加以调控，因而可以确定，重音也是一种语法现象。汉语的词和短语是分属于不同层级的两种语法单位，但因为汉语缺乏形态变化，一般情况下两者很难区分，我们借助于重音这一节律形式，可以有效地解决这个问题。例如：

①a. 他的表态和事实有出入。

　b. 没有上级批准，不能随意出入。

②a. 一声兄弟，包含了多少真情厚谊。

　　b. 我们伟大祖国有五十六个兄弟民族。

以上每对语句中都有一个同形的双音节语言单位，这个双音节单位究竟是一个词还是短语，重音是关键的辨别依据。①a 中"出"重读，"出入"是"重轻"格式，意思为"不相符"，这表明这两个音节是关联性较强的词；①b 中重音同时落在"出"和"入"上，这时的"出"和"入"就表示两种相向的状态，由于两者关联性不强，因而这两个音节是短语。②a 中"兄弟"读为重轻格式，表示"弟弟"的意思，两音节是关联度较强的词；②b 中的"兄"和"弟"同读重音，表示哥哥和弟弟，音节关联性较弱，表明是短语。

同样一句话，选择不同的词语作为重音，将会形成不同的结构关系。例如：

①a. 张华想不起来了。

　　b. 张华想不起来了。

②a. 对于他的态度，群众很不满意。

　　b. 对于他的态度，群众很不满意。

①a 重音放在"来"上，句意是"张华记不得某个人或某件事了"，此句的结构为"主—动—补"样式；①b 重音调到了"起"上，句意是"张华想多休息一会儿，不想起床"，此句是连动短语作谓语，结构为"主—动—宾"样式。②a、②b 同样是由于重音设置不同，导致了不同的语句结构。②a 由于重音放在了"他"上，前半句就成为偏正短语；②b 句重音放在了"态"上，前半句即成为介宾短语。可见，重音不仅是语音现象，也是重要的语法手段。

（二）重音的作用

播音主持稿件是由许多句子构成的，而句子又是由一个个词和短语构成。这些词和短语的轻重分量和层次关系是不同的，播音员、主持人必须把体现语句目的的词语和短语突出出来，听众才能更好地了解稿件的内容。播音主持稿件之所以能准确、客观地呈现于受众，很大程度上在于重音的积极作用。

1. 重音能确保语义准确、鲜明

在日常口语交际中，人们运用有声语言表达思想，很少意识到重音的问题，重音往往是自然而然地显现。说话者把所思所想准确、生动地展现出来，语气语调自然、贴合，表现出鲜明的目的性和指向性。这种表现究其原因在于人类的话语与自身的思维、情感紧密相连，正所谓"言为心声"，说话者根本就不用特意地设定重音，对方就能够心领意会，体现出人类区别于自然界其他生物的特有优势。但进行播音主持创作，在把稿件转化为有声语言的过程中，常常会出现口语表达与思维、情感脱节的问题，即所谓的"言不由衷"。特别是面对别人写的文稿，由于对语句、语段、语篇缺乏深入的了解和认识，播音员、主持人很可能会对如何选择重音感到棘手。主观上选定的重音，有时并不是需要强调的词或词组，由此使听众产生疑惑或误解，影响稿件内容的准确传达。这种情况在广播电视节目播音主持中时有发生，有些人看似抑扬顿挫、振振有词，实则表意模糊、观点不明。习惯性重音导致的"格式化"问题，是播音主持有声语言形成"固定腔调"的根本原因。

播音主持是一种有声语言创作活动，遵循有声语言表达技巧，正确地确定与表达重音，将能准确、鲜明地传达出稿件的精神实质。例如：

如果说科学工作是探索、发现真理，那么教学工作的一个重要内容应该是说明、传播真理。（付程：《语言表达》，中国传媒大学出版社，2002）

"探索、发现"和"说明、传播"设定为一组并列性重音。而其中"探索"和"发现"设定为递进性重音，"说明"和"传播"为另一组递进性重音。这样，两类重音交错使用，不仅把科学工作和教学工作的内容和性质准确、鲜明地凸显出来，而且两项工作的价值也得了到充分肯定。

重音是凸显语句目的的重要手段。重音技巧的使用可以使语义突出，使感情色彩鲜明，但重音的设置一定要适量，重音过多等于是无重音，反而会掩盖了主次关系。

2. 重音是消除歧义的重要手段

重音体现了说话者的言语目的。正是因为有了重音，语句内涵才能凸显出来，逻辑关系才能清晰呈现。如果有声语言表达缺少重音，不但不能准确、清晰地传达信息，还有可能会造成歧义。通过观察歧义句发现，语句重音的位置变了，歧义句的语义就会发生改变，重音无疑是消除歧义的重要手段。例如：

① 你怎么跟孩子一样？

② 这个汽车制造厂一天就生产 300 辆汽车。

③ 除了老张，他最佩服老王。

例 ① 可以是比喻句，意思是"你怎么像个孩子一样？"，表达这样的意思，重音要放在"孩子"上；例 ① 还可以是比较句，意思是"你的（或长相、或穿着、或行为）怎么和孩子一模一样？"，这时的重音应落在"一样"上。例 ② 同样可以表达两个意思，一是认为汽车制造厂产量低，一是称赞汽车制造厂产量高。同样的话语可以表达出不同的态度，这就体现出重音的魅力。前一句话，重音应落在"就"上，后一句话的重音应设置在"一天"上。在例 ③ 中，重音落在"老王"上，意思是"除了老张让他佩服，他最佩服老王"；重音落在"他"上，意思是"除了老张最佩服老王，数他最佩服老王了"。同样的语句有多种理解，我们利用重音可以消除歧义。

3. 重音能增强语言的表现力

重音确定以后，还有表达的问题。如果重音的声音形式处理得当，受众就会快速领悟到字里行间蕴含的情感，语句内容就能准确、清晰地传达给受众。对于重音如果没有灵活多样的处理方式，只是一味地加大音强"重锤"，不仅会让人感到表达方式枯燥单一，还会因缺乏感染力而产生"说教感"，这种令人反感的口吻，受众是不欢迎的。稿件中蕴含的感情千姿百态，重音的表达方式也就多姿多彩。究竟选择哪种表达方式，应依据上下文语境确定。例如：

①我国 600 多个城市中，400 多个城市供水不足，比较严重缺水的城市达 110 个。（新华社银川电 记者：姜雪城、张彦 2004 年 8 月）

②新型冠状病毒感染对老年人的威胁比较大。

例①句讲述了我国城市缺水的状况。"400"和"110"应处理为重音，"400"要用加大音量的方式表达，"110"要用放慢拖长的方式展现，这样不仅能引起人们的重视，还能传达出字里行间蕴含的忧虑情绪。例②句重音应落在"老年人"上，重音"老年人"要用"停顿"的方法加以突出。在"老年人"前安排一个较短的停顿，"老年人"音高再稍稍降低，就会使重音的分量加重，从而起到警示的作用。

重音的多种表现形式，不仅让语义准确、清晰，还使得语言生动形象，增强了有声语言的表现力和感染力，也为克服"固定腔调"提供了重要参考。

（三）重音与话语焦点

范开泰指出："焦点是说话人最想让听话人注意的部分，是说话人赋予新信息强度最高的部分，可以起到明显的突出作用。"[1] 我们认为，焦点分为结构焦点、对比焦点和强调焦点，语句重音是体现焦点的重要手段。

人们运用语句来表达情感，因而语句必须要负载一定的信息量。一般来讲，现代汉语的语句通常是把旧信息放在句前，把新信息放在句末，呈现出一种由旧到新的信息结构模式，句末的新信息即是语句的"焦点"，语句的焦点往往由位于末尾的实词来充当，称为"结构焦点"。例如：

---

① 范开泰、张亚军：《现代汉语语法分析》，华东师范大学出版社，2000，第192 页。

现代汉语的轻重音研究

　　① 我们来点评一下这场篮球比赛。

　　② 我们来把这场篮球比赛点评一下。

　　在例①句中，主持人想让受众关注到点评的对象是哪一个，于是"这场篮球比赛"被放到了句末。这样，"这场篮球比赛"便成为受众关注的语句焦点，即结构焦点。在例②句中，主持人想让受众关注自己的行动，于是把"点评一下"放到了句末，"点评"成为结构焦点，成为受众关注的重点。

　　汉语的语法重音和语句的结构焦点之间存在着整齐的对应关系，语法重音是体现结构焦点的重要手段，结构焦点可以通过语法重音突出语义。结构焦点和句法结构有密切关系，语句的结构焦点通常具有规律性。一般来说，主语和谓语构成的语句，结构焦点落在谓语上；述语和宾语构成的语句，结构焦点落在宾语上；修饰语和中心语构成的语句，结构焦点落在修饰语上。例如：

　　① 情况怎么样了？

　　② 找到事故原因了吗？

　　③ 全面充分的准备

　　例①句为主谓结构语句，谓语"怎么样了"为结构焦点，要以语法重音加以突出；例②句为述宾结构语句，"事故原因"为结构焦点，是语法重音所在；例③句为定中结构短语，"全面充分"为定语修饰语，为结构焦点，应设定为语法重音。以语法重音突出语句结构焦点，语句目的清晰显现。

　　一般来说，现代汉语语句通常遵循由旧到新的信息结构编排原则，焦点的位置居后。但有时为了强调重要信息，就要通过语音或句法手段强制性地改变原有语句的结构，促使焦点发生位移，从而达到突出某个重要信息的目的。常见的焦点类型有对比焦点和强调焦点。对比焦点就是通过与上下文或语境中的要素构成对比的方式来提醒受众关注重要信息。例如：妈妈领小丽去的游乐园，对吧？不对，爸爸领小丽去的游乐园。句中的"爸爸"就是对比焦点。而强调焦点不像对比焦点那样更多地考虑对比，仅仅是为强调某个重要信息。强调焦点又可以分为两种基本类型：一类是显性强调焦点，一类是隐性强调焦点。例如：

①发展经济有利于提升百姓的幸福指数。

②这是一项利国利民的举措。

③九月十号是教师节。

④连普通车票都卖完了。

例①、例②句中的焦点是显性强调焦点，显性强调焦点直接指向语句重点，一经强调，语句目的即刻显露。例③、例④句中的焦点是隐性强调焦点，言在此而意在彼，表达时一定要体现出思想感情的丰富性，传达出话语的深层次含义。

对比焦点和强调焦点体现说话者的话语意图，两者均可以用强调重音的方式加以突出。语句焦点要想准确、清晰地展现稿件的深层含义，离不开强调重音这种节律形式的配合协作，可以说强调重音是凸显对比焦点和强调焦点最便捷、最恰切的手段，必须运用强调重音为语言目的服务。

二、播音主持创作中重音的确定

在广播电视有声语言表达中，为了准确地传达稿件的重要信息和所蕴含的情感态度，通常会强调文中起重要作用的词或短语，这些被强调的词或短语就是重音。重音是有声语言表达的外部技巧，是突出语句目的、展现稿件风貌的重要手段，在播音主持表达中发挥着极其重要的作用。语句重音分为语法重音和强调重音两种类型，根据句法结构分析出来的语法重音居于底层，根据语义要点分析出来的强调重音居于表层。这两种不同层面的重音必须区分开来研究，才能为播音主持创作提供科学的依据。

（一）播音主持创作中语法重音的确定

所谓语法重音，指的是在不特别强调某种思想感情的状况下，依据语法结构确定的句中某些成分的重读现象。语法重音和语法结构密切相关，这类重音由语句自身语义所决定，一般来讲位置比较固定。表达时音量较句子其他成分略强，通过略微重读以自然凸显。例如：

①数字经济步入内涵式提升阶段。

②消费市场实现"开门红"

例①中的"内涵式提升阶段"为定中短语，定语"内涵式提升"为语法重音。例②为主语、谓语和宾语构成的句子，宾语"开门红"为语法重音。作为语法重音，这些词语在句中占据主要地位，要比句中其他词读得略微重一些。

语法重音的设定取决于句法结构。汉语句子是由一系列语言单位组建起来的。基本的句子成分有六种类型：主语、谓语、宾语、定语、状语、补语。在播音主持创作中，我们可以依据语法重音的负载规律，运用"基本规则"和"延伸规则"，准确地确定语法重音的位置。

1.主语和谓语构成的句子。根据语法重音负载的"基本规则"，语法重音落在谓语上。例如：

中国经济稳步发展。

共同富裕蹄疾步稳。

奥密克戎变异株传播力强。

上述三个句子中，谓语"稳步发展""蹄疾步稳""传播力强"是语句的语法重音，需要重读。主谓短语中的谓语有以下几种类型：

①动词做主谓句的谓语，动词是语法重音，需要重读。例如：

南京环境资源法庭认定。

训导主任发现。

我们不同意。

②形容词做主谓句的谓语，形容词是语法重音，需要重读。例如：

韩红笑嘻嘻的。

他的身上湿淋淋的。

中国发展日新月异。

③名词做主谓句的谓语，名词谓语是语法重音，需要重读。例如：

明天南京大屠杀公祭日。

下周五国庆节。

李华交通局负责人。

④主谓短语做谓语，主谓短语是语法重音，需要重读。例如：

北京下周气温回升。

过期药品大家扔掉。

解放军战士意志坚强。

一般来说，在主语和谓语构成的句子中，谓语为语法重音。但也有例外，如下列两类情况：

①疑问代词为主谓句的主语，则主语为语法重音。例如：

谁说的？

哪里通知的？

②量词重叠为主谓短语的主语，则主语为语法重音。例如：

个个兴高采烈。

条条又大又肥。

2. 主语、谓语和宾语构成的句子。根据语法重音负载的"基本规则"和"延伸规则"，语法重音落在宾语上。

①一般来讲，宾语是语法重音。例如：

产业振兴是重中之重。

我们要加强生态保护。

各部门要拓宽农产品销售渠道。

上面例句中的"重中之重""加强生态保护""拓宽农产品销售渠道"作为宾语，是语法重音之所在，要读得重一些。

②如果谓语后带有两个宾语，语法重音则在后一个宾语上。例如：

市政府送给市民文化盛宴。

各地要筑牢人民群众健康防线。

我们对比一下地面部队兵力数据。

③如果是连谓短语充当谓语，语法重音则同时落在谓语后的几个宾语上。例如：

海淀图书馆邀请讲师带领读者制作手工作品。

机器人被"请"到施工现场完成焊接工作。

习近平14号离开北京前往亚非四国进行正式访问。

④如果是兼语短语充当谓语，语法重音则落在宾语上。例如：

财政部鼓励国有资本加大投入。

经理吩咐他送上美食佳肴。

公司邀请企业高级工程师做报告。

但如果第一个宾语是疑问代词，则语法重音就会放于疑问代词上。例如：

企事业单位给谁帮扶？

高职院校提供哪儿技能培训？

在主语、谓语和宾语构成的句子中，一般来讲，宾语是语法重音，要读得比句中其他成分重一些，但也有例外情况。如果语句是人称代词作宾语，那么语法重音就会落在谓语上。例如：

你就答应她。

消费者协会曝光他。

上级表扬你。

3. 补语构成的句子。补语通常是用以说明动作行为的结果、状态、数量、时间、处所、可能性等。根据语法重音负载的"基本规则"，语法重音落在补语上。

①结果补语。通常为语法重音，需要重读。例如：

战争将梦想击碎了。

生意亏本把他折腾穷了。

是否增加游览项目要考虑清楚。

也有例外情况。如果结果补语是"见""死""住"时，语法重音将移到谓语上。例如：

元宵佳节！解放军硬核"烟火秀"看见了吗？

在约旦河西岸，五名巴勒斯坦人被以军打死。

不能再向前一步！你快站住！

②状态补语。通常为语法重音，需要重读。例如：

这家超市的蔬菜摆得整整齐齐。

故事还没讲完，大家已经笑得前仰后合。

别看他说得头头是道，其实他根本不懂。

③数量补语。通常为语法重音，需要重读。例如：

对这件事，班主任反复强调了三次。

二十多万字的译稿前前后后修改了三遍。

关于广场使用问题，双方协商过多次。

也有例外情况。如果是"一"构成的数量补语，语法重音落在谓语上。例如：

必须让我看一眼！

让群众少跑一趟路，少跨一个门槛。

再无端挑衅，就真刀真枪干一场。

④时间、处所补语。通常为语法重音，需要重读。例如：

为了拿出最佳方案，他琢磨了一整天。

做这道创意菜，万师傅耗费了两个小时。

绚丽的烟花绽放在钱塘江上空。

一架架战机翱翔在天空。

也有例外情况。如果时量补语是"一会儿"时，语法重音将移到谓语上。例如：

三个问题够你想一会儿了。

累了，他们就休息一会儿。

⑤趋向补语。通常前面的谓语为语法重音，需要重读。例如：

小区门口的铁栅门会准时关上。

香蕉是如何摘下来的？

把党对群众的关怀送过去。

⑥程度补语。通常为语法重音，需要重读。例如：

听到获奖的消息，他高兴极了。

这个汉奸真是坏得要命。

下班时天都黑透了。

⑦可能补语。通常为语法重音，需要重读。例如：

让管理者"看得见、看得清、看得远"。

让青少年"想得起、找得到、靠得住"。

也有例外情况。补语为"得"或"不"，或者在谓语和趋向补语之间插入"得"或"不"后，谓语变为语法重音。

这个人还算懂道理，说服得了。

天网恢恢，到哪里都跑不了。

做了这么多饭，吃得下吗？

越着急，办法越想不出。

4.定语和中心语构成的句子。根据语法重音负载的"基本规则"和"延伸规则"，语法重音落在定语上。如果有多个定语，语法重音落在离中心语最近的定语上。例如：

各级学校要营造健康向上的校园氛围。

国家为出入境人员提供了优质高效的服务。

考古人员经过认真细致的发掘，找出了答案。

一定要打破各种有形无形的壁垒。

句中的定语"健康向上""优质高效""认真细致""有形无形"为语法重音。但也有例外，有些语句的语法重音落在中心语上。

①人称代词做定语时，语法重音在中心语上。例如：

他的领导。

我的住处离工作单位不远。

我们的队伍越来越壮大了。

②"一"构成的数量词做定语时，语法重音在中心语上。例如：

前面什么时候修了一条路？

体育赛场升起了一面五星红旗。

在公共艺术展厅中悬挂着一幅风景画。

③时间词或处所词做定语时，语法重音在中心语上。例如：

事情发生在上午九点。

科技表彰大会定在明天上午。

出差时别忘记带桌上的资料。

5.状语和中心语构成的句子。根据语法重音负载的"基本规则"和"延伸规则"，语法重音落在状语上。例如：

与会代表就《政府工作报告》进行了热烈讨论。

朝着实现中华民族复兴的目标继续前进。

促进党和国家事业的蓬勃发展。

状语和中心语构成的句子，状语重读。但也有例外的情况。有些语句的语法重音落在中心语上。

①介词结构做状语，语法重音落在中心语上。例如：

外面的夜景比以前漂亮了。

无论做什么事情，都要对人民负责。

我们要在科学发展的道路上前进。

②副词"不"作状语，语法重音落在中心语上。例如：

想要否定侵略历史，中国人民不答应。

阿尔维斯想监外候审，西班牙公共部不同意！

如果膝关节肿胀疼痛，有可能是走路方法不对。

（二）播音主持创作中强调重音的确定

在播音主持创作过程中，运用语法重音突出语义的同时还要重视强调重音作用。有时为了突出语句目的或表达某种强烈情感，播音员、主持人会着力强调某个词或短语，这些被强调的词或短语就是强调重音。在进行有声语言表达时，一定要通过强调重音这一语言外部技巧，把体现语句目的的词或短语突出出来，从而让对方准确地理解话语的意思，真切地感受到表达者的真情实感。强调重音是动态语境下突出语句目的的重要手段，只有结合上下文语境，把语句同上下句、上下段，甚至全篇联系起来，才有可能准确地把握重音的位置，并恰切地进行表达。强调重音有时和语法重音相吻合，但多数情况下语句重音的位置会随语句目的发生改变。为凸显语句目的，一些平时看似不太重要的词或短语，在具体语言环境中变成了需着力强调的部分。我们需要依据具体语境来确定强调重音的位置，可以说，上下文语境是判断语句目的的重要依据，而语句目的要显现出来，离不开强调重音的重要作用。

强调重音的位置是不固定的，通常随语句目的改变而改变。同样的语句，蕴含的意思不同，重音位置就会有差异。例如：

我国向阿尔及利亚派出第一支援外医疗队。

对于这句话，如果所处的语言环境不同，即语句目的不同时，重音的位置也就不同：

如果要回答"谁向阿尔及利亚派出第一支援外医疗队？"这个问题，答话中就要强调"我国","我国"即为强调重音；

要回答"我国向谁派出第一支援外医疗队？"这个问题，答话中就要强调"阿尔及利亚","阿尔及利亚"即为强调重音；

要回答"我国以何种方式让医疗队支援阿尔及利亚？"这个问题，答话中就要强调"派出","派出"即为强调重音；

要回答"我国派出哪个队伍支援阿尔及利亚？"这个问题，答话中就要强调"第一支援外医疗队","第一支援外医疗队"即为强调重音。

强调重音落在不同的词或短语上，语义内容就大不相同。在具体的语句中，究竟哪个词或短语为强调重音，需要联系上下文语境，细心品味、反复揣摩，这样有助于把握语句目的，进而准确地找出强调重音的位置。根据有声语言表达中安排重音的规律，我们把强调重音归纳为语义重音和修辞重音两大类，确定强调重音可以以此为依据。

第一，语义重音

根据语句中的重要词语在语言链条中的语义关系而确定的重音称为语义重音。这类重音显示了重要词语之间的相互关系，进而展现出语义的某些差异，这些差异应是人们关注的重点。语义重音包括以下几种类型。

1.并列性重音。稿件中通常会有一些存在并列关系的语段和语句，那么构成这些语段和语句的词或短语也会因之具有并列性，正是这些重要的词或短语之间的并列关系，使稿件内容得以充分完美地展现。在进行播音主持创作时，必须要通过重音展现这些词或词组之间平等、协调的并列关系，以给人平衡感、韵律感。而在那些并列的词或词组上设置的重音，便是并列性重音。并列性重音可以体现为不同角度、不同方面、不同时空，并列性重音在句中至少有两个，重音的位置、时值大致相当，同时思想感情趋向具有一致性。

例①：面对当前世界之变、时代之变、历史之变的复杂局面，中伊相互支持，团结协作，携手抗击新冠疫情，战略互信不断巩固，务实合作稳步推进，谱写了中伊友谊新篇章。（学习强国学习平台 2023 年 2 月 14 日，记者刘华：《习近平同伊朗总统莱希举行会谈》）

例句中的"世界之变""时代之变""历史之变"为一组并列性重音，展现出当前世界的复杂局面；"相互支持""团结协作"，是第二组并列性重音，展现了中国和伊朗之间深厚的友谊；"不断巩固"和"稳步推进"是又一组并列性重音，阐明了中伊相互协作的成效。三组并列性重音层层推进，对中伊关系做出了高度评价。

例②：回顾改革开放 40 多年来的壮阔征程，中国敞开胸襟、拥抱世界，打开国门搞建设、促发展，一跃成为世界第二大经济体、第一大货物贸易国、最大的旅游市场、多个国家的主要贸易伙伴。（央视网 2022 年 5 月 19 日，央视评论员：《坚持和平发展合作共赢　一起走向更加美好的未来》）

例句阐述了我国改革开放 40 多年来的巨大成就。"第二大经济体""第一大货物贸易国""最大的旅游市场""多个国家的主要贸易伙伴"是并列性重音，集中展现了中国人民的勤劳、智慧，以及迈向新征程的信心与决心。

例③：中国始终秉持构建人类命运共同体理念，既对本国人民生命健康负责，也对全球公共卫生事业尽责。面向未来，中国将继续开展援外医疗工作，向需要帮助的国家和地区提供更多物资、技术、人力支持，既派遣医疗队、援建医院诊所、赠送物资，也培养当地医务人员，继续为促进人类健康事业贡献中国力量。（央视网 2023 年 2 月 10 日，央视评论员：《为推动构建人类卫生健康共同体作出更大贡献》）

例句中的"本国人民生命健康"和"全球公共卫生事业"是并列性重音，表明中国政府不仅关注本国人民生命健康，还为全球公共卫生事业尽心尽力，体现出中国政府强烈的责任意识和大国担当。"物资""技术""人力"也是并列性重音，以突出我国对外援助涉及的各个方面。"派遣医疗队""援建医院诊所""赠送物资""培养当地医务人员"是我国对外援助的具体内容，同样是并列性重音之所在。

2. 对比性重音。对比是突出语句目的的重要手段，人们常常运用对比表明观点、烘托气氛、抒发情感。有些语句借助词语表现出一定的对比性，为了强化这种对比效果，往往需要对这些词语以重音的方式提升对比感受，强化对比色彩，此类重音即为对比性重音。对比性重音在内容上形成对立或对照，这些出现在对比句中的对比性重音至少有两个，是播音员、主持人需要着力突出的重要信息。

例①：中国重启出境团队游的利好消息传遍全球后，多国政府与旅游从业者翘首以盼、热情欢迎中国游客到来。肯尼亚旅游部门为首批中国旅行团举行欢迎仪式；阿联酋景点公园铺设红毯欢迎中国旅游团回归；瑞士在航站楼抵达通道拉起写有"日内瓦欢迎您！"的横幅。（新华网 2023 年 2 月 15 日，记者董雪、马卓言：《多国政府与旅游从业者翘首以盼、热情欢迎中国游客》）

获悉中国重启出境团队游的消息后，多国政府纷纷采取多种形式迎接中国游客的到来。语句中的"举行欢迎仪式""铺设红毯""拉起写有'日内瓦欢迎您！'的横幅"，表现了多国政府热情期盼的态度，应以对比性重音加以突出。

例②：中国科学院心理研究所发布的《中国国民心理健康发展报告（2019—2020）》显示，抑郁随着年级的升高而升高，小学阶段的抑郁检出率为一成左右，其中重度抑郁的检出率为 1.9%—3.3%，初中阶段的抑郁检出率约为三成，重度抑郁的检出率为 7.6%—8.6%，高中阶段的抑郁检出率接近四成，其中重度抑郁的检出率为 10.9%—12.5%。（新华网 2023 年 2 月 15 日，实习记者孙瑜：《开学季做好这些事，帮孩子摆脱开学焦虑》）

上述例句中，"一成""三成""四成"反映出不同学习阶段的抑郁检出率，应设置为对比性重音。"1.9%—3.3%""7.6%—8.6%""10.9%—12.5%"表明了不同学习阶段重度抑郁的检出率，这些数字应处理为对比性重音，以引起学校及家长的重视。

例③：从最初的不知所措，到后来的越来越自信从容，虽然成交量还是不大，但我们会一直坚持下去，希望用自己的知识和努力为家乡做一点力所能及的事情。（新华网 2023 年 2 月 9 日，《用实践历练成长，用青春点亮梦想》）

在例句中，"不知所措"和"越来越自信从容"相对比，体现出心理状态的改变。以对比性重音加以突出，可以很好地体现出成熟与进步，可以更好地突出语句含义。

3.呼应性重音。有些语句的词或短语间有"呼"和"应"的关系，为了突出语句间的这种内在联系，有必要以呼应性重音的方式显示呼应关系。在"呼"和"应"上确定的重音，即为呼应性重音。"呼"和"应"可以是一"呼"一"应"，也可以是一"呼"多"应"。"呼"和"应"之间语气要照应，"应"的重音更要准确、鲜明，以保证语句脉络清晰，富有韵味感。

例①："教练妈妈，你看我滑得怎么样？""滑得真好，小苹果真棒！"张杰捧住 14 岁的女孩"小苹果"的脸蛋称赞道。（人民网 2022 年 4 月 23 日，《"教练妈妈"和她的二十六个特殊孩子》）

例句里的"怎么样"是"呼"，"滑得真好，小苹果真棒！"是"应"，这是一组问答式呼应，要在"呼"和"应"的相应词语或词组上设置呼应性重音。"应"的重音要特别注意表达的方式，在语气上要注意和"呼"相照应，不要出现脱节的问题。

例②：上海将 2023 年 GDP 增长预期调至 5.5% 以上。对此，上海市市长龚正表示主要有三个方面的考虑：一是考虑了现实的可能。上海承担一系列国家重大战略任务，溢出带动效益正在加快释放。去年上海出台了一大批稳增长促发展的政策，政策效应持续显现。二是考虑到发展的需要。上海希望通过量的合理增长，为更充分的就业、更稳定的物价创造更好的条件，进一步提振市场的信心，稳定社会预期。三是考虑了远近平衡，以更好实现上海市第十二次党代会和"十四五"规划确定的发展目标。（人民网 2023 年 2

月 15 日，《31 省区市敲定 GDP 目标，稳增长如何蓄能加力？》)

例句中，"三个方面的考虑"是"呼"，"一是考虑了现实的可能""二是考虑到发展的需要""三是考虑了远近平衡"是"应"，这是一"呼"三"应"。为了突出呼应关系，让人们理解上海市政府的决策，领起句"呼"和三个并列句"应"设定为呼应性重音，这是一组分合式呼应性重音，三个并列句的重音同等重要。呼应性重音一经确定，语段的逻辑性和语句目的一目了然。

例③：撑着油纸伞

　　　像我一样，

　　　像我一样地

　　　默默彳亍着，

　　　冷漠，凄清，又惆怅。(戴望舒：《雨巷》)

这首诗表达了作者孤寂、迷惘、惆怅的情绪。诗中"像我一样"这句话反复出现，成了贯穿全篇的线索，更加烘托了孤寂的气氛。对于这种反复出现的线索式语句，应以线索式呼应性重音来表达，语气上要表现出回环、呼应感。

4. 递进性重音。语句所描写的事物，不是静止状态的，而是逐步向前推进，呈现出层层递进、步步发展的态势，这些词语可以确定为递进性重音。递进性重音要展现事物的发展趋向，让语句呈现出递进的态势。

例①：曹德旺要通过创办福耀科技大学，把自己的人生经历和经验，通过福耀科技大学反映出来，使福耀科技大学不只是一所顶尖的理工科综合性大学，更是一所人生大学，在这所大学中，可以非常清晰地看到自己的人生，看到自己的未来，看到一个个人生梦的实现。(新浪科技 2023 年 1 月 28日，《曹德旺办的不只是科技大学，更是人生大学》)

这段话讲了曹德旺对福耀科技大学的期待，他期望通过自己的努力，不仅把这所理工科综合性大学办成顶尖的大学，更要办成一所塑造人生的大学。在这所大学不仅能看到自己的人生，还能看到人生的轨迹。这两句话呈现逐步递进的态势，加点的词语可以确定为递进重音。

例②：除夕放假是真正的"以人为本"，除夕有多项传统习俗需要我们以闲适的心情来迎接。比如挂灯笼、贴春联、吃年饭，守岁。将除夕排除在春节假期之外，不仅与传统的节日习惯不相符，而且致使当日的工作成为形式。（新浪网 2007 年 2 月 8 日，《除夕是否该放假调查民意一边倒》）

例句认为，除夕不放假不仅给人们生活带来不便，而且也不利于工作。文中的"不仅——而且"是递进性重音，层层深入，有理有据，表达了"以人为本"的理念。

例③："跨省通办"扩围，还设定了明确的时间节点，其中 16 项在今年年底前完成，还有 6 项在明年 6 月前或者年底前完成，这既是承诺，更是沉甸甸的责任。（中国经济网 2022 年 10 月 8 日，《"跨省通办"扩围，是承诺更是责任》）

在例句中，"跨省通办"对扩围设定了明确的时间节点，还做出了"承诺"。后一个重音"沉甸甸的责任"比前一个重音"承诺"揭示出更深一层的含义，两个词语可以确定为递进重音。

5. 转折性重音。有些语段语义不是一直朝一个方向进展，而是行进过程中有迂回而形成曲折，通过对迂回过程中事物变化的揭示，来展现话语意图。

例①：跳河青年在河中挣扎，江水冰冷刺骨，他义无反顾，毅然跃入河中。青年救上来了，他却随流水而去。（南国今报 2023 年 1 月 19 日，通讯员韦崇结：《群众救上来了　他却随流水而去》）

上述例句中，跳河青年被救了上来，"他"却不同于跳河青年，由于救人献出了生命。两人最后的情况完全不同，这里的"他"是转折性重音，在表达时不仅要以语气展现出事态的反向发展，还要流露出伤感、遗憾的情绪。

例②：根据英国节能基金会（EST）的最新调查，在降低用电账单上，富有的家庭比任何其他家庭都要更努力，但他们消耗的能源仍然是最多的。（搜狐新闻 2006 年 11 月 24 日，《英国调查　富人最节约但能耗仍最大》）

例句中，在肯定英国富有家庭更努力的同时，指出他们消耗的能源最多。最节约但能耗仍最大，意味着两者不是一直朝一个方向进展，而是呈现出相反的方向，因此转折性重音表现在连词"但"上。

例③：鱼缸水发黄，但是很清澈。怎样才能让鱼缸水质清澈透亮，这里教大家一个妙招轻松解决水发黄的问题。（搜狐新闻 2020 年 8 月 18 日）

例句中的"发黄"是一种不好的现象，"清澈"又是一种好的表现，这句话上下句的内容相反，因而"发黄"和"清澈"属于转折性重音。

6. 判断性重音。在播音主持创作中，人们往往会对客观事物做出肯定或否定的判断，这种判定一般分为两种情况，一是要判定"是"还是"不是"，经常用到"是""不是""在""不在""有""没有"等词语；另一种是要判定"是谁""是什么"，经常要用到名词或名词性短语。这些经常用到的词或词组要作为判断性重音。

例①：这所农村幼儿园，跟城市幼儿园没有两样：宽敞明亮的教室、舒适的塑胶活动场、各式各样的玩具。（新华网 2023 年 2 月 18 日，记者丁雅诵：《我国学前教育实现基本普及》）

这一段的重音"没有"表达了"是"还是"不是"的问题，属于第一种情况，重音在判断词上，属判断性重音。

例②：预计 18 日至 19 日，西北地区中东部、华北西部和北部等地有小到中雪或雨夹雪，局地有大雪。西南地区东部和南部、江汉、江淮江南西北部等地有小雨，局地有中雨。（新华网 2023 年 2 月 18 日，《南方这波"无效"升温让你"乱穿衣"了吗？》）

这段话回答了"是什么""有什么"的问题，属于第二种情况，重音在判断词后面的词和短语上，属判断性重音。

例③：近日，全国各地中小学陆续开学。交警部门提醒广大家长和学生要注意：不满 12 周岁不能骑自行车上路，不满 16 周岁不能骑电动车上路，学生家长在骑车接送孩子时也要规范佩戴头盔。（央广网 2023 年 2 月 18 日，记者马俊玮：《开学季，这份交通安全提示请查收！》）

例句中，交警部门以"不能""也要"提醒广大学生和家长注意交通安全，为起到强烈的警示作用，这些词设定为判断性重音。这些判断性重音属于第一种情况，重音落在判断词上。

7. 反义性重音。为了把感情表达得更加淋漓尽致，有时会用正话反说或反话正说的表达方式，这样褒义贬用或贬义褒用就会把肯定的色彩表现得更加鲜明，把否定的色彩表现得更加突出。在进行有声语言表达时，要注意反义性重音的运用，让赞成或反对的态度自然而然地流露出来。

例①：一大摞红头文件、一大堆规章制度，却管不住"人民公仆"的一张嘴。到底是某些"公仆"太"执着"，还是规章制度有漏洞，治标不治本？（百度 2017 年 7 月 12 日，乔志峰：《何不取消挂羊头卖狗肉的"培训中心"？》）

例句中的"人民公仆""公仆"是指违反国家规定，在接待场所用公款大吃大喝、铺张浪费的那些官员们。名为"公仆"，实为"蛀虫"，"人民公仆""公仆"属于反义性重音。"执着"意味着有些官员不思悔改、竞相攀比，奢侈浪费等现象愈演愈烈，"执着"同样属于反义性重音。

例②：近日，萍乡市莲花县卫计委接到群众举报，莲花县高洲乡某村卫生室请来了一群"神医"义诊，他们只要在你手指头扎点血，在一款名为"一滴血检测仪"的仪器上一放便可知道得了什么病，而且不收钱，还推荐吃什么药，举报人因为吃了推荐的药而病情加重到市级医院住院去了。（今日萍乡 2017 年 6 月 10 日，《这年头神医也有假》）

例句中的"神医"实则是打着"专家义诊"旗号，骗取群众信任，随意夸大其治疗效果，诱导患者购买药品，将钱财骗到手后便逃之夭夭的人。"神医"确定为反义性重音，以展现对"神医"的否定与蔑视。

例③：几个女人有点失望，也有点伤心，个人在心里骂着自己的狠心贼。（孙犁：《荷花淀》）

例句中的"狠心贼"是反义性重音，以相应的语气表达出来，可以充分展现出女人与丈夫的恩爱之情。

第二，修辞重音

在表达内容和表达语境都很明确的情况下，为了增强语言表达效果，有些语句、语段会结合自身特点使用一些修辞手法。通常来讲，在有声语言传播中，运用这些修辞手法的重点语句或重点语段都会设置重音，这种类型的重音被称为修辞重音。修辞重音主要有以下几种类型。

1. 比喻重音。比喻可以使深奥的道理浅显化、使抽象的事物形象化，人们常用比喻这种修辞手法来提升语言传播效果。比喻往往是借助打比方的方式来描绘事物，一般来说，用来打比方的"喻体"便是比喻重音。

例①：远处的小丘上出现了一群马，马上的男女老少穿着各色的衣裳，群马疾驰，襟飘带舞，像一条彩虹向我们飞过来。（老舍：《草原》）

例句采用了比喻的修辞手法，把"各色的衣裳"比成"一条彩虹"。为激发受众的想象力，喻体"一条彩虹"应设为比喻重音。

例②：根据不同的路况，他们选择骑行的"伙伴"也不尽相同，比如走长途公路的 ADV 全路况用多功能摩托车，穿越沙漠时用更专业的 ATV 全地形四轮越野摩托车。（中国青年网 2023 年 2 月 14 日，《用对"在路上"的热爱诠释"滚烫精神"》）

例句采用了比喻的修辞手法，以喻体"伙伴"直接代替"多功能摩托车"和"ATV 全地形四轮越野摩托车"，使语句简洁、精练、生动、形象。在这个语段中，喻体"伙伴"是比喻重音。

例③：《中共中央关于党的百年奋斗重大成就和历史经验的决议》指出，理想信念是共产党人精神上的"钙"，共产党人如果没有理想信念，精神上就会"缺钙",就会得"软骨病",必然导致政治上变质、经济上贪婪、道德上堕落、生活上腐化。(求是网 2021 年 12 月 17 日,是说新语:《树理想 强组织 严纪律》)

上面的例句同样采用了比喻的修辞手法,把"理想信念"比成"钙",把"没有理想信念"比成"缺钙""软骨病"。为突出"理想信念"丧失的危害,喻体"钙""缺钙""软骨病"确定为比喻重音。

2.夸张重音。为引发受众丰富的想象,人们往往对人或事做情理之间的渲染。这些夸大或缩小的描述看似"言过其实",却很能说明事物特征。为使夸张鲜明突出,渲染的词语要安排夸张重音。

例①:党总支书记、村委会主任严洪祥带领着村干部和驻村队员严格按照"两不愁三保障"的要求,用"跑断腿、磨破嘴"的韧劲为群众办好事实事,让村子"改穷貌""换新颜"。(云南网 2020 年 7 月 1 日,《"跑断腿、磨破嘴"的韧劲办实事》)

句中的"跑断腿、磨破嘴"是夸张性重音,以突出党总支书记、村委会主任严洪祥工作的辛苦。

例②:如今"泰山压顶不弯腰"的"南堡精神"已经深深根植于桐庐大地,流淌在桐庐儿女的血脉中,成为激励桐庐人民坚定理想信念、战胜一切困难的力量源泉。(腾讯网 2021 年 10 月 17 日,《"泰山压顶不弯腰"的"南堡精神"》)

句中"泰山压顶不弯腰"是南堡人民英雄事迹的真实写照。南堡人民面对泰山压顶般的自然灾害,自力更生,重建家园,成为人们争相学习的榜样。为突出南堡人民的英雄事迹,"泰山压顶不弯腰"安排为夸张性重音。

例③:到处莺歌燕舞,更有潺潺流水,高路入云端。(毛泽东:《水调歌头·重上井冈山》)

毛泽东主席重上井冈山,以无比喜悦、轻松而舒畅的心情,描绘了一幅绚丽多彩的画面,抒发了对井冈山变化的赞美之情。宽大的盘山公路,插入白云渺渺的云端。这里的"入云端"是描写盘山公路高阔状态的夸张词语，可确定为夸张重音。

3. 拟声重音。拟声即是对人或事物发出声音的模仿，这种模仿不是对客观事物声音的简单重复，而是对声音的加工和塑造。在很多情况下，那些用来拟声的象声词要确定为拟声重音，以烘托环境、渲染气氛，给人一种如临其境的感觉。

例①：当他的身体压向一块预制板时，突然传来"哼"的一声，吓了一跳的他一下就反应过来，向洞外大声喊："有人，有活人，人还活着！"（人民网 2010 年 8 月 26 日，刘裕国：《抗洪救灾中的共产党员和基层党组织》）

例句中"哼"是对被压在预制板下的受困人声音的模拟，为展现当时紧急危险的情景，"哼"应确定为拟声重音。可以用放慢拖长的方式低声地托出，以突出受困人身体虚弱及渴望得到救助的心情。

例②：胡先生在建材市场购买了一套橱柜安装在厨房墙上，没想到的是，近日却突然掉落，不仅砸坏了厨房里锅碗瓢盆等部分厨具，也让家里人吓了一跳。胡先生称，当天午饭后他和家里人都在其他屋子休息，突然厨房就传来"轰隆"一声，把家里人全惊醒了。（网易 2019 年 1 月 17 日，《橱柜轰隆一声突然掉落》）

例句中用"轰隆"来模拟当时橱柜突然掉落时发出的巨大声响，"轰隆"应设定为拟声重音。对"轰隆"声的模拟能真实地再现当时那种惊恐的场面，从而让受众对事故的破坏性有一定的认识。

例③：船长又喊："向海里跳！！不然我就开枪了！一！二！……"刚喊出"三！"孩子往下一纵身，从横木上跳了下来，扑通一声，像颗炮弹扎进了海里。（［俄］列夫托尔斯泰：《跳水》）

在这个例句中，"扑通"用来模拟孩子纵身跳入海水发出的声响，"扑通"为拟声重音。纵身跳海，是在孩子性命攸关之时，船长即刻做出的大胆决定。"扑通"的发音要唇舌有力、气促音短，以展现事态的紧急状况。

4.顶针重音。用上一句结尾的词或词组，做下一句开头的部分，形成上下相接的结构，这种头尾蝉联语句的重音为顶针重音。顶针重音常落在首次出现的蝉联词和后面递进的词上，第二次出现的蝉联词不能设为重音。

例①：唯有全体人民共同奋斗、不懈努力，才能实现共同理想，共同理想是实现远大理想的阶梯。

例句的"共同理想"是形成上下句蝉联的词语，首次出现时为顶针重音，"远大理想"为递进词，顶针重音同时落在这两个词上。

例②：学校要加强教室等室内环境的通风，以降低师生感染风险。还要加强环境清洁，环境清洁病原体就会减少；同时还要保持环境干燥，干燥了病原体也就不长了，这样可以减少通过环境的传播。（中青网2023年2月21日，刘昶荣：《开学季叠加春季流行病高发期，师生如何顺利度过》）

这一段的"环境清洁""干燥"是连接上下句的蝉联词，位于前句末的"环境清洁""干燥"是顶针重音，下面一句的递进词"减少""不长"也是顶针重音。

例③：近年来，高价彩礼等婚俗问题饱受诟病，婚俗改革很有必要。婚俗改革要大刀阔斧，大刀阔斧更要避免矫枉过正。（华龙网2022年9月29日，郭振：《婚俗改革要大刀阔斧》）

"大刀阔斧"借助语句蝉联，层层推进，顺势推出新观点"避免矫枉过正"，说理周密严谨。"大刀阔斧"和"矫枉过正"是顶针重音。

三、播音主持创作中重音的决定因素及应用原则

重音是体现语句目的的重要节律手段，它既是语音现象，也是一种语法现象，在播音主持创作中占有十分重要的地位。播音主持稿件由一些语句构成，这些语句中的词或短语并不同等重要，而是有主有次，对于那些重要的词或短语，要特别注意利用重音加以强调，以更好地突出语句目的，

展现稿件内在的精神实质。作为有声语言表达不可或缺的韵律形式，重音的决定因素有哪些？如何认识和发挥不同性质重音的作用，这些问题需要进一步探讨。

（一）播音主持创作中形成重音的因素

语句重音是体现话语意图的重要手段。在播音主持创作实践中，重音和停连、语调、语速等节律要素结合，起到凸显重点、提醒关注、明晰语义的作用，而传递信息和表达情感无疑是形成重音的重要因素。

1. 传递信息是形成重音的重要因素。重音是重要的节律形式，也是语言表达的外部技巧之一。恰切地运用重音，能深刻地揭示语义、准确地传递信息、生动形象地传达稿件所蕴含的情感，从而使受众全面地把握稿件的精神实质。语句重音的作用体现在诸多方面，而传递信息的作用占有主导地位。传递信息的需要无疑是形成重音的关键因素。在非特殊语境条件下，信息排列通常遵循由旧到新的原则，传递的新信息出现在语句末尾，是语句的结构焦点，通常需要用语法重音的方式加以突出。

例①：我国夏季粮油生产基础好，/农资供应充足，/春耕备耕扎实推进。（央广网 2023 年 2 月 23 日，《春耕备耕扎实推进 农资供应充足》）

主谓短语"基础好""供应充足"和偏正短语"扎实推进"是各短句的谓语，是要传递的新信息。这些短语是语句的结构焦点，要以语法重音的方式来凸显。传递新信息是形成语法重音的关键因素。

例②：目前我们开通 17 条免费小学生专线，/每天投入车辆 26 部，/日运行 71 趟，日运载人次现在达到 1800 人。（央广网 2023 年 2 月 23 日，记者白杰戈：《三轮车接娃扣车、通报、学生停课引关注》）

例句中的"免费小学生专线""26 部""71 趟""1800 人"是要传递的新信息。这些句末焦点通常需要以语法重音的手段加以展现，以使新信息更加突出、鲜明，达到有效传递。

109

例③：这些天，山西河津的小麦地里已冒出了新绿，/当地利用水利工程，/引入黄河水，/加快春浇。（央广网 2023 年 2 月 23 日，《春耕备耕扎实推进 农资供应充足》）

例句中的宾语"新绿""水利工程""黄河水""春浇"是要传递的新信息。作为结构焦点，需要以语法重音的方式加以突出。

例④：乡村医疗卫生人才队伍发展壮大，/人员素质和结构明显优化，/待遇水平得到提高，/养老等社会保障问题有效解决。（新华社 2023 年 2 月 23 日，《关于进一步深化改革促进乡村医疗卫生体系健康发展的意见》）

"发展壮大"是联合短语做谓语，"明显优化""有效解决"是偏正短语作谓语，"得到提高"是述宾短语做谓语，这些谓语是语句传递的新信息。为准确有效地传递新信息，这些句末结构焦点需要凸显出来，这是语法重音形成的关键因素。

在传递信息的过程中，有时为了交际的需要，常常会强制性地改变句末结构焦点，使原本的旧信息提升为新信息，成为强调焦点。这种特殊语境条件下的强调焦点，是形成强调重音的前提。

例⑤：新征程上，要深刻把握雷锋精神的时代内涵，/更好发挥党员、干部模范带头作用，/加强志愿服务保障和支持，/不断发展壮大学雷锋志愿服务队伍。（光明网 2023 年 2 月 25 日，记者吴晶：《雷锋精神，一座永不褪色的丰碑》）

"深刻""更好""加强""发展壮大"是需要着力强调的信息。这四个要传递的信息本不是语句焦点，但为了提升其为强调焦点，就必须要在这四个词和短语上聚集较多的能量，强制性地使之变为强调焦点，强调重音无疑是重要的表达手段。

例⑥：面对新挑战，企业纷纷在科研方面寻求突破。/"我们将在未来的竞争中投入更多的资源用于产品的研发。"/罗丽芬控股总经理饶焕文说。（新华网 2023 年 2 月 24 日，杨莹莹：《科研提质 化妆品行业释放市场活力》）

"科研方面"和"更多的资源"是传递的信息，是语句的强调性焦点。为了突出这两个强调性焦点，重音由语句句末移到了"科研方面"和"更多的资源"上，形成强调重音。传递信息的需求促成了强调重音的形成。

2.表达情感是形成重音的又一要因素。在播音主持创作中，为了表达喜怒哀乐的情感，需要用到重音这一手段，人们需要提高音高、加大音强，以更好地展现相应的思想感情。正是要传递稿件中的各类情绪，进而形成了强调重音。

例①：外交部驻港公署发言人表示，美方有关行径抹黑"一国两制"成功实践，污名化香港国安法和特区选举制度，无理诋毁香港法治、民主、自由、人权状况，粗暴干预香港事务和中国内政，无理诋毁国际法原则和国际关系基本准则，我们表示强烈不满和坚决反对。（央广网 2023 年 4 月 1 日，记者朱丹：《谎言重复千遍仍是谎言　自取其辱的闹剧可以休矣》）

"抹黑""污名化""粗暴干预""无理诋毁"，痛斥美方打着"维护香港法治"的旗号，妄图以政治施压干预破坏香港司法的罪恶行径，感情是激昂的、怒不可遏的，"强烈不满"和"坚决反对"更是表现了中国政府对美方的强烈谴责和严正态度。要传达出否定、愤怒、坚决的态度与情感，这些词和短语要以重音的形式提高音高、加强音量，沉稳有力地说出。

例②：党的十八大以来，在以习近平同志为核心的党中央坚强领导下，乡村环境更美，生产方式更绿；基础设施不断完善，生活更加便利；公共服务更加健全，百姓日子更加幸福。（求是网 2023 年 3 月 22 日，求是网评论员：《建设宜居宜业和美乡村》）

党的十八大以来，以习近平同志为核心的党中央推进"三农"事业发展，一幅"三农"建设美丽画卷展现在我们面前。"更美""更绿""不断完善""更加便利""更加健全""更加幸福"以重音的形式给予加重、突出，百姓的欣喜、惬意、充满信心与期待的情感才能自然而然地流露出来。

例③：如今，白洋淀水面上荷红苇绿、百鸟翔集。白洋淀野生鸟类种群数量已达到 252 种，较雄安新区设立前增加了 46 种。（央广网 2023 年 4 月 1 日，谢宾超、杨海灵、张婉莹：《雄安新区设立 6 周年"未来之城"交出怎样的答卷？》）

雄安新区设立 6 周年，华北平原最大的淡水湖泊白洋淀跻身全国良好湖泊行列。"荷红苇绿""百鸟翔集"和数字"252""46"展现出一派生机盎然的景象，表现出人们奋发向上、努力奋进的豪情。喜悦、满足、自豪的情绪要通过赋予上述词语重音的方式来展现。"荷红苇绿""百鸟翔集"要以放慢拖长的方式来强调，数字"252""46"要以加大音强的方式来强调，欣喜自豪、乐观昂扬的情绪将会自然而然地流露出来。

例④：广东省疾病预防控制中心提醒，由于是在野外，无毒的蘑菇往往与有毒的蘑菇混生，无毒蘑菇很容易受到毒蘑菇菌丝的沾染，甚至部分附生在有毒植物上的无毒蘑菇种类也可能沾染毒性。所以，即便食用的是无毒品种的蘑菇，仍然会有中毒的危险。（央广网 2023 年 3 月 29 日，记者刘欣宇：《雨后贪鲜吃野蘑菇？》）

广东省疾控中心提醒大家，为了家人健康安全，不要随意采食野生蘑菇。这段语句情真意切，道出了不建议随意采摘野生蘑菇的原因，字里行间透露出关爱、期待之情。这种情感要以"有毒""很容易""也""中毒"附加重音的方式来呈现。

3.受众心理是形成重音的固有优势。从受众角度来讲，位于句末的词或短语往往是最容易接受的信息，正如赵元任所述"最后的最强"。冯胜利也同样提出了"重音居后"的观点，这种观点体现出受众的心理，目前此观点已经在语言学界取得广泛共识。我们认为，"重音居后"是指句末主要动词及偏正结构建立的"重音范域"的居后，句末是语句的信息焦点，往往是语句重音所在。但有时在一些具体的语境中，为了适应受众的接受心理，播音员、主持人往往会打破这种格局而把句中任一成分确定为重音。受众的心理意识是重音形成及变化的重要因素。

例①：习近平总书记高度重视雄安新区规划建设。

例句中，句末的"雄安新区规划建设"是语句传递的新信息，也是受众最关注的内容。这样很自然地，语句重音落在句末"雄安新区规划建设"上。要提高音高、加大音强，以充满亲切感、自豪感的语言展现出来。

例②：今年来最大范围雨雪明起进入最强时段。

例句中，根据语言传播规律，语句末尾的"最强时段"是播音员、主持人最想提供给受众的信息，也是受众迫切想知道的最重要的内容，所以"最强时段"是语句重音所在，要以加大音强的方式说出，以引起人们的重视。

在某些语境中，为了准确地表达某种特定的情感，以满足受众理解的需要，一些本不重要的词或短语变成了句中最重要的成分。

例③：7年前，曾德永怀揣太空育种梦保送到哈尔滨工业大学攻读硕士研究生，开启空间环境诱变机制研究之路，也开始了一名"稻田守望者"的生活。（央广网2023年4月1日，记者马俊玮：《博士生"种水稻"，种出了新天地》）

上述例句记述了曾德永怀揣梦想，走上研究之路的历程。为了顺应受众的接受心理，让受众了解曾德永的追求、研究领域和生活状态，语句重音移至"太空育种梦""空间环境诱变机制""稻田守望者"上。

例④：一个理念的风行，得益于顺应时代发展的需要。"一带一路"倡议拉近了国家之间的距离，强化了世界的"硬联通"和"软连接"。（中国网2023年4月2日，章松佳：《共建"一带一路"，为经济全球化注入不竭动力》）

"一带一路"倡议让中国与世界紧密联系，书写了全人类携手同行的新篇章。上述例句高度评价了"一带一路"倡议的重要作用，为顺应受众的接受心理，"顺应时代发展""拉近""强化"处理为重音，以加大音强的方式读出。

（二）语法重音和强调重音的应用原则

黄伯荣、廖序东认为，语句重音主要有两种："一种是按照语法结构的特点而重读的；一种是为了突出句中的主要思想或强调句中的特殊感情而重读的。"① 前者叫语法重音，后者即为强调重音。

语法重音和强调重音相比，有以下几点不同：

1. 从音量方面来看，强调重音远比语法重音的音量要大。为了把强调的内容凸显出来，强调重音往往需要较大的音量；而语法重音不具有强调功能，只需按照句法规则把某个词或短语说得重一些即可，因而语法重音的音量不需太大。

2. 从位置方面来看，语法重音的位置受句法结构的影响，表现得比较固定，而强调重音的位置受语句目的影响，变化不定。如果是以动词为中心建立的"重音范域"，语法重音就在动词上；如果是以偏正结构建立的"重音范域"，语法重音就在定语或状语上。强调重音的位置随强调内容不同而处于变化之中。

3. 从依据来看，语法重音的确定主要依据句法结构；而强调重音的确定则依据播音员、主持人对稿件的理解情况。

4. 从分布来看，语法重音存在于各类语句之中，但强调重音在语句中未必存在。例如：

大力发展经济。

"经济"是语法重音。如果不强调某种特殊的思想感情，这句话就没有强调重音。如果要强调"大力"或"发展"，这个句就有了强调重音。

大力发展经济。（意味着发展经济的力度要大一些。）

大力发展经济。（意味着要促使经济快速提升。）

---

① 黄伯荣、廖序东：《现代汉语》，高等教育出版社，1991，第126页。

设置强调重音的目的是突出某种特殊的思想感情。突出的内容不同，强调重音的位置就不同。强调重音的位置处于不断变动之中。

5. 从性质来看，语法重音作为句法结构固有的语言要素，在语言表达中是客观存在的。这种稳定的重音形式常出现在语句末尾，是语句的结构焦点。而强调重音则是表达者为了突出某种特殊的情感而有意设计的语音形式，重音位置的判定带有一定的主观性，强调重音是语句的语用焦点。

可以看到，各个语句都是包含语法重音的，但是不一定包含强调重音。强调重音是语法重音由底层上升到表层的重音形式，语法重音服从于强调重音。无论是语法重音还是强调重音，都和信息焦点相对应，利用信息焦点确定语句重音无疑是最佳选择。

四、播音主持创作中重音技巧的运用

在播音主持创作中，播音员、主持人必须要播清楚、说明白，以使受众能够快速、准确地理解信息。要"播清楚、说明白"，就要求播音员、主持人特别重视语言表达外部技巧"重音"的运用。不仅要准确地选择重音的位置，还要合理地确定重音的表达方法，以突出内在的思想感情，不断提升传播效率。

（一）语句重音表达的原则

播音主持语言要主旨清晰、观点鲜明，就要抓住重音这一关键要素。重音确定以后，接下来的工作就是如何去表达了。重音的表达是播音员、主持人的一项基本功，掌握表达技巧是做好播音主持工作的前提和基础。

1. 思想感情是选择重音表达方式的依据

重音表达技巧的运用就是为了准确地表达思想感情。确定了重音以后，如果不能以恰当方式进行表达，就不能传达出稿件的精神实质。重音的表达应该以稿件所蕴含的思想感情为依据，以内心的感受为引领，采用和传播内容相适应的样式，准确地展现出稿件应有的风貌。重音的表达不是简单地、格式化地把声音抬高或降低，而是以思想感情为支撑。思想感情的丰富性和差异性决定了重音表达方式的多样性和贴合性，避免了表达的单调化和随意性。

例：我们要向革命先烈表示崇高的敬意，我们永远怀念他们、牢记他们，传承好他们的红色基因。（央广网 2023 年 4 月 5 日，《传承精神，是对英烈最好的缅怀》）

这是 2016 年 2 月 2 日习近平总书记在瞻仰井冈山革命烈士陵园时的讲话。习近平总书记深情缅怀祭奠先烈，号召人民传承红色基因。"崇高的敬意""怀念""牢记""传承好"是上述例句的重音所在。这四个词和短语如果用同一种语言样式去表达，就会显得单调、乏味，对革命先烈的崇敬感就很难准确地体现出来。在进行表达时，我们应从语句的内在思想感情出发，不断激发内心感悟，对"崇高的敬意"要以较高、较强的音量表现出敬仰、尊重；对"怀念"要降低音高，以低虚的声音表达出思念之情；对"牢记"要以较高、较强的音量表现出敬仰；对"传承好"要气息上提，表现出决心和勇气。以思想感情为依据的多样式重音表达将对深化主题起到积极作用。

2. 选择重音要遵循"少而精"的原则

播音主持语句都存在重音，我们在播音主持创作中，切忌对语句中的词语平均用力，而是要把语句中的关键词语以重音的形式突出出来，以便能够清晰、准确地传情达意。选择与处理重音要遵循两个原则：一是"精"，即重音尽可能少。没有重音不行，重音多也不行。没有重音，语义不能凸显出来；如果重音多，也就是一个语句中有多处重音，真正的重音就会被埋没在重音群之中，多重音将会导致无重音，从而导致理解障碍，产生判断困惑。只有重音"精"，句意才能"明"，重音的作用也才能彰显出来。二是"准"，即重音的位置要准确。重音的位置不同，语义就不同，重音的变换可以形成多种语义。我们不能凭借语言的节律感来把握重音，而是要联系全篇，依据上下文语境对重音位置做出谨慎判定。如果重音准，语义就能凸显出来；一旦重音选择得不准确，错误的主持或播报将会造成受众理解的偏差，有时甚至会出现误解，必然会影响播音主持表达效果。

（二）语句重音的表达方法

重音的位置确定以后，接下来的问题就是表达了。如何把确定了的重音准确、鲜明地表达出来是非常关键的问题。如果不能恰如其分地体现重音，就很难表达出稿件的内涵。一些播音员、主持人习惯以加大音量的方式表达，但这只是表达方式中的一种，绝不是唯一。重音存在于非重音的环境之中，在非重音的环境中要把重音凸显出来，表现出情感与事物间的区别与差异，就必须要形成对比。在全面理解稿件内容的基础上，要依据内心感受确定恰当、贴切的表达方式，采取多种方法把语句、语篇的目的展现出来。

1. 加大音强

即有意识地加大重音的音强，以重读的方式突出重音。加大音强可以从唇舌力度和气息力度这两个方面来把握。较之非重音，重音词语应给予较强的唇舌力度，气息饱满、强劲有力，这样和非重音的差异就会自然而然地体现出来。这种以轻重对比表达重音的方法在播音主持活动中最为常见，但在运用中要注意，重音和非重音之间的过渡要自然而然，不能陡然变化。

例①：17 省份今年一季度 GDP 数据出炉，13 地同比增速跑赢全国。（央视网，澎湃新闻 2023 年 4 月 22 日）

例句中的"一季度"属于对比性重音。是"一季度"而不是"二季度""三季度"，重音"一季度"要以加大音量的方式来体现，字音饱满有力，起到区别的作用。

例②：从数据上看，浙江、四川、湖北、湖南、上海 5 个省份今年一季度 GDP 超过 1 万亿元。（央视网，澎湃新闻 2023 年 4 月 22 日）

例句中的"1万亿元"属于强调重音，报道5个省份一季度GDP之高，语气应是兴奋的、赞扬的。重音"1万亿元"要以加大音量的方式强调。

例③：这次冷空气是否属于倒春寒？记者就这些问题采访了中央气象台首席预报员孙军。(中国青年网2023年4月22日，邱晨辉：《多地断崖式降温，4月飘雪是否异常？专家解读来了》)

以上例句中的"是否"属于对比性重音，"是否"相对于"肯定"，也应以加大音强的方式体现，字音圆润饱满，语气间充满期待，起到区别的作用。

2. 放慢拖长

即延长重音的音程，放慢重音的语速。这种表达方式需要把重音音节形成的枣核形字音拉长，将字腹拉开立起，调值读得夸张一些，以放慢表达的语速，和非重音形成对比，进而产生凸显效果。在播音主持创作中，如果语句中有两个或两个以上的重音，那么仅用"加大音强"一种方式去表达，就会显得有些单调。放慢语速、拖长字音的重音表达方式，将有助于改善这种状况，有效地凸显重音。

例①：外卖骑手的权益保障，杭州有"法"了。(中国青年网2023年4月22日)

上述例句中，有两处需要以重音的方式加以强调。其一是"权益保障"，为强调政府对外卖骑手的重视与关爱，宜用加大音强的方式来突出重音。再一个是"法"，杭州市出台《杭州市网络餐饮外卖配送监督管理办法》，从多个方面规定了外卖配送员的权益。这两处如果都用"加大音强"的方式来处理，两个重音反而会不突出了。如果"法"以放慢拖长的方式来处理，速度放慢，音节拉长，国家的关爱和播音员肯定、欣慰的态度就会清晰展现出来。

例②：绿色使命代代传递，保护地球，需要更多年轻人来接棒！(中国青年网2023年4月22日，张艺：《保护地球，青年接力》)

例句中的"代代"要用加大音强的方式来突出，强调保护地球是我们世世代代的神圣使命；"接棒"要用放慢拖长的方式来处理，以激发年轻人的勇担重任，言辞间充满鼓励与期待。

例③：今年"五一"旅游市场需求释放得格外早，而且热度持续高涨。（央广网 2023 年 4 月 21 日，《"五一"旅游热度持续高涨　预订火爆》）

上句中的"格外"和"持续"都要用重音的方式表达。为表明今年"五一"旅游市场需求早早释放，重音"格外"要以加大音强的方式来突出；重音"持续"表现出时间的延展性，要以放慢拖长的方式表达。

3. 重音轻说

重音的表达方式不仅是以上两种，有时我们用减弱音量的方式将重音轻轻吐出，效果会更好。通讯类和文艺类稿件的一些描述可适当采用这种方式。重音轻说的方法适用于表达深沉感情和烘托意境的语句，用这种方法表现重音能发人深思、令人回味。

例①：变故发生在向文艳读小学三年级那年，家中意外欠下了 3 万元的外债。"当时，我们家卖了 3 头牛，才勉强凑出了 5000 元。"向文艳回忆。（央广网 2023 年 4 月 19 日，姚建：《从爱心中汲取养分，希望助力更多女孩"绽放"》）

例句中的重音"5000 元"展现出向文艳内心无奈与酸楚之情，应以减弱音量的方式，声音略虚，轻轻吐出。

例②：从楼群摩天的陆家嘴、溢彩流光的外滩、车流滚滚的高架桥一路至此，举步跨入园中，眼前立时别有洞天。这，便是豫园。（央广网 2023 年 4 月 23 日，颜维琦：《豫园，流淌着绵长的文化血脉……》）

例句中陆家嘴的"楼群摩天"、外滩的"溢彩流光"、高架桥的"车流滚滚"，以气韵高昂之势勾勒出一派热闹繁华的场景，句末重音"豫园"以虚声的方式轻轻送出，更能展现出豫园的风姿。

例③：我总觉得妈妈的心脏会永远地跳动着，却从来没想到，我们刚大

学毕业的时候，妈妈却突然地倒下了，而且再也没有起来。（百度文库2018年6月30日，肖复兴：《我的父亲母亲》）

例句中的重音"倒下"以低而虚的声音轻轻说出，更能够展现悲痛与伤感的心情。

4. 前后停顿法

重音通常和停顿互相配合以达到突出重音、明确语义的目的。在重音前或后安排一个顿挫式的停顿，不仅会使重音突出，给人留下深刻的印象，而且也会给播音员、主持人留下情感酝酿或缓冲的空间，更有助于满足受众对节目的心理期待。前后停顿法无疑是表达重音的又一种有效方式。

例①：世界气象组织数据显示，在强厄尔尼诺现象和气候变化的双重作用下，2016年成为有记录以来最热的一年。（央广网2023年4月23日，《预警！今年全球或迎史上最热夏天》）

此例句在重音"最热"前停顿，就会调动起受众迫切知晓天气状况的热情，然后再将"最热"以重音的形式缓缓说出，这样大家就立刻清楚了2016年的气候状况。

例②：随着居民消费需求持续释放，一季度上海全市社会消费品零售总额同比增长5.2%。上海经济呈现持续恢复、回升向好态势。（央广网2023年4月23日，《各地一季度经济运行稳健开局　实现"开门红""开门好"》）

上述例句中，应在重音"持续恢复、回升向好"前停顿，同时"持续恢复、回升向好"中的顿号处不要停，要连起来表达。这样处理，一是"持续恢复、回升向好"得到了强调，让受众了解到一季度上海经济的状况，二是能够把语句意思表达清楚。如果顿号处停顿，"呈现"的内容就不完整了。

例③：记者从工业和信息化部了解到，今年一季度，我国船舶工业运行企稳回升，多项指标居世界第一。（央广网2023年04月23日，《一季度我国船舶工业三项指标世界第一》）

这个例句应在"世界第一"前停顿，此处停顿意在形成悬念，然后再以

"加大音强"的方式说出"世界第一",自豪感就会自然从语间流露出来。

关于重音,有些问题需要明确。首先,重音与词语的轻重格式不同。词语的轻重格式反映的是音节之间音强的对比情况,音节之间轻重的差异往往是约定俗成的,在很大程度上具有稳定性,轻重关系通常不会发生改变。而重音则有很大不同,重音的位置随语句目的而发生改变。重音的确定与表达要纵览全篇,要根据稿件内容确定语句的内涵,进而根据语句的言语目的来选择重音,并用恰当的重音表达方式加以呈现。其次,重音不能理解为"加重声音"。有些人片面地理解重音的概念,认为看到重音只需加大音强即可,事实上,这种看法有失偏颇。重音表达方法多种多样,"加重声音"只是其中一种。播音员、主持人要依据稿件内容、切身感受、传播目的,正确地确定重音的位置和表达方式,准确、鲜明、生动地传达出稿件的精神实质。

本章内容对普通话水平测试中的轻重音系统、轻重音的评判标准和受试者的轻重音偏误展开讨论。旨在通过对普通话水平测试指定用词和指定朗读篇目进行有关轻重音的整理和分析，描述普通话水平测试项中词语重音、词语轻音、语句重音和语句轻音的语音特征，阐释普通话水平测试中词语轻重音和语句轻重音的分布规律及应用规范，进一步构建和完善普通话轻重音体系。

轻重音是现代汉语语音系统的一个重要特征。在普通话的理解与运用中，"它是理解句法结构、语义结构或语用结构的重要线索，也是语法意义的表达手段之一。"从语音形式上看，汉语普通话中的词语内部各个音节，在发音上有轻重之分，且部分词语通过轻重区别义和词性，由此可见，轻重音研究对学习汉语普通话具有重要意义。探讨普通话水平测试的轻重音运用状况，需要明确以下几个与汉语普通话轻重音把握得是否得当有关的基本观点。

第一，轻重音是现代汉语语言节律的重要构成要素。罗常培在《普通语言学纲要》中指出："语言中声音的高低、快慢、长短、轻重、间歇、音色构成语言的节律。"这是有关汉语语言节律较早的、较为经典的阐释。因此，在语言应用研究中，轻重音的研究是语言节律研究的重要部分，对认识汉语普通话的节律有重要作用。

第二，轻重音具有区别语义和词性的作用。言语者准确地处理轻重音，将有助于减少听者信息解码过程中的信息丢失；反之，则容易造成听者信息解码失效，产生理解上的偏差，甚至误会。

第三，轻重音是言语者表达思想感情的主要方式，是言语者增强语言艺术效果的重要手段。对于听者而言，现代汉语轻重音直接影响信息解码的质量。准确、恰当的轻重音处理易于引发听者的情感共鸣。对于言语者而言，轻重音则是达到艺术化语言表达效果的重要技巧。

第四，轻重音是普通话水平测试的重要考察点。《普通话水平测试实施纲要》详细介绍了多音节词语的音节轻重格式以及必读轻声词，这部分内容占据了很多篇幅。重次轻格式的词语则是单列一表。而在短文朗读和命题说话中，对语句重音的把握也有明确的要求。因此，精准掌握普通话轻重音的处理方法对于评估普通话标准程度至关重要，也是全国普通话水平测试所关注的关键方面。

一、普通话水平测试中的轻重音及轻重音系统

　　普通话水平测试（Putonghua Shuiping Ceshi, PSC）是一种测试对象广泛、测试参照标准明确、采用纯口试和主观性评价方法、有法律依托的国家级考试。测试的直接目的是评定应试人的普通话规范程度、熟练程度，认定其普通话水平等级，根本目的是推广普通话。

　　普通话水平测试的轻重音研究，涉及应试者对汉语普通话轻重音的概念、轻重音语音特点的认识、轻重音系统的理解、轻重音实际应用中的掌握程度、与汉语普通话轻重音的教学等方面。对于普通话水平测试中轻重音的研究，可以从以下几个方面进行再认识。

　　第一，普通话水平测试中的轻重音研究属于语言应用研究。普通话语音的轻重音应用存在听与说两方面的语言感知问题。轻到什么程度？重到什么程度？如何做到轻和重？应试者既要听得出，也要说得出轻重音。听觉感知的准确与否很大程度上影响着应试者认识、理解、习得与使用轻重音。准确的听觉感知是准确表达的前提。提高听觉感知能力需要经过大量的听辨练习，做到轻重音准确表达需要大量的口语训练素材。汉语普通话轻重音处理得好，将有助于正确把握和使用汉语普通话，进而在普通话水平测试中获得好成绩；处理得不好，则不利于表达和交流，甚至还有可能使交流受到阻碍。从推广汉语普通话的角度来看，对普通话水平测试中轻重音的再认识，是关乎于汉语普通话习得过程的反思，有助于推动汉语普通话语音体系的建设和发展，也有助于使用者更好地把握和使用汉语普通话。

　　第二，普通话水平测试的轻重音研究要致力于构建汉语普通话轻重音运用的规范体系。轻重音体系属于语言本体研究，涉及轻音和重音的语音性质、影响要素、分类方法等诸多方面。在研究轻重音性质方面，赵元任把普通话轻重音分为三级：正常重音、对比重音和弱重音，指出"在正常重音的词语

里，其实际轻重程度不是完全相同的，它们是同一音位的重音变体"。该观点强调了轻音和重音均属于汉语普通话的重音体系，认为轻音属于弱重音。这为现代汉语普通话轻重音的系统性研究提供了一个可行的研究范式——将轻音纳入重音体系之中，在对比中体现轻重变化，度量轻重变化，剖析轻重音的联系和区别，是具有辩证思维、系统科学的研究范式。

第三，普通话水平测试的轻重音研究是理论修正的过程，要注意建立统一的学术话语体系。有关汉语普通话轻重音的学术话语体系存在不统一的现象。例如，关于普通话音节的轻读现象，叫法不一，有的叫轻音，有的叫轻声。虽然叫法不同，其实在语音特征上并没有本质差别。我们的研究使用"轻音"的叫法，以便与"重音"对应统一。在以往使用"轻音"的研究中，轻重音也都是并提的。林焘一直用"轻音"来表示"轻声"，赵元任也认为轻音属于"弱重音"。反之，如果使用"轻声"这个术语很容易产生误导，容易使人们把"轻音"这一轻重音现象同声韵调现象混同起来。因此，在普通话水平测试的轻重音研究中，使用"轻音"这个术语更能反映出这一现象的本质。

《普通话水平测试大纲》明确提出："普通话水平测试测查应试人的普通话规范程度、熟练程度，认定其普通话水平等级，属于标准参照性考试。"同时，轻重音在普通话的实际使用中具有重要作用。由此看来，应该在普通话水平测试中形成更为明确、统一的轻重音使用标准，从系统上进一步减小由轻重音（尤其是轻音）带来的学习困扰，使通话水平测试更加规范化、科学化，更好地达到推广普通话的目的。

（一）普通话重音与轻音

听觉是听觉器官在声波的作用下产生的对声音特性的感觉。具有正常听觉的人在使用汉语普通话交流时，能够凭借听觉主观感知到汉语普通话中存在轻重音。比如，听者能够直观、明确地区别出"爸爸、妈妈、爷爷、奶奶……"等重叠称谓词中，第一个字重于第二个字。这是汉语普通话中轻重音存在的直接感觉证明。

尽管人的听觉能直观感受到汉语普通话中轻重音的存在，但是只依赖于听觉未必能描述清楚汉语普通话轻重音的声音特性。不可否认的是，无论人们有没有接触过语音听辨训练，都能依赖于听觉感知系统对其听到的语音进行特征描述，这种感受性的描述，我们在这里将它称为"听感"。听感是个体基于听觉感受的具体描述，因而带有具体性，或称特殊性。人们常说的"耳性很准"，指的就是听感准确。获得准确的语音听感，需要经过大量的语音听辨训练，通过感知经验形成个体对语音特征的判断。因此，在具有规范化要求的汉语普通话水平测试中，受试者需要经过大量重复性材料的训练，才能在听感上得到提升，进而在表达上达到规范。其实，广泛意义上讲，不只是汉语普通话的习得与应试需要提升听感，任何语言的学习与掌握都需要刻苦训练，提高听感。

20 世纪上半叶以来，实验语音学的兴起使得语音特征的描述科学化、数据化。语音学家可以通过语音实验仪器进行语音信号的采集、语音数据的整理与分析，进而用更为直观的、可视化的方式来描述语音特征。这在语音学上是一次巨大的进步。但实验语音并不能替代听感训练，去帮助学习者绕开大量语言材料的重复训练。熟练、规范地掌握一门语言的口语表达，仍然离不开学习者的刻苦练习，以提高听感。实验语音学产生、发展的意义在于，通过实验语音学的客观检验，结合听觉感受，发现现代汉语普遍使用过程中的语音发展趋势，把握现代汉语语音应用规律，进而针对汉语普通话的使用，形成更加科学、可行的应用规范。

《普通话水平测试大纲》是对汉语普通话运用高度凝练化的阐释，是普通话水平测试的依据。受试者在普通话水平测试的诸多方面都涉及词语和语句的轻重处理，普通话水平测试能准确测查应试者的轻重音把握程度。汉语普通话的使用者、普通话水平测试的应试者需要明确汉语普通话中轻重音的概念，准确理解和把握汉语普通话的轻重音体系。

1. 理解重音

汉语普通话中存在词语重音。词语是词和短语的合称，包括词和词组。其中，词可以分为单纯词和合成词，词组可称为短语。不论是听感带来的直接经验，还是实验语音学的研究，都已证实汉语普通话中存在词重音。学者们关于"汉语有词重音"的认识代表了大多数人的观点。此外，汉语普通话的实际应用中还存在语句重音，可以分为结构重音和强调重音两类。结构重音和强调重音形成了丰富多彩、生动活泼的语句表达，是使现代汉语普通话准确、生动地传情达意的重要方式。

（1）词语重音

词语重音是汉语普通话词语中听感上较重的音节，具有区别部分词语的词义、词性等基本功能。因而，从"音"和"义"的双重角度考虑词语重音，我们可以认为"语素"和"音节"二者都与词语重音存在某种关联。语素是指语言中最小的音义结合体。词语重音的意义表征反映于语素之中——在汉语普通话使用中，各个构词语素的轻重音差异区分了词语的意义或词性。音节是语言中单个元音音素和辅音音素组合发音的最小语音单位。词语重音的语音特征反映在音节上——词语重音的轻与重是以音节之间的听感差异来描述的。从实际应用中，我们可以找到汉语中通过重音区别意义的词语。例如，词语"地道"，当"道"字重读与非重读时，意义是有所区别的，像这样的词语还有很多。

词语重音的构成有其自身的构成规律。词语的轻重格式理论认为，在有声语言中，由于词义、词性的不同，或由于情感表达的需要，一个词的几个音节便产生了轻重差异。在双音节词语中，多数偏正、动宾、主谓式词语的后一个音节重读。轻重格式理论从词的构成角度对词语重音进行了具有应用价值的阐述，为词语重音研究提供了参考。

总之，汉语普通话中的词语重音是存在的。只要构成词，必然会有音节之间的轻重之别，也可能产生词义和词性的区别，也就产生了词语重音。

（2）语句重音

句子是语言表达的基本单位，由一系列词语组成。在口语表达过程中，组成句子的各个部分在听感上存在轻重差别，听感上较重的部分称为语句重音。请看以下例句：

A. 这是我的笔。

B. 这是我的笔。

C. 这是我的笔。

D. 这是我的笔。

A 句中，强调重音是"这"，语境为有很多笔，说明其中哪一支是属于自己的；B 句中，强调重音是"是"，意在给对方肯定的回答，"笔"的确是"我"的；C 句中，强调重音是"我"，强调"笔"的所属者是"我"，而不是别人；D 句中，强调重音是"笔"，语境为解释说明这是一支笔，而不是其他的某种东西。此外，"的"字作为虚语素，只承担语法意义，不表示实际意义。因此，无论表达何种意思，都不会把"的"设置为强调重音。

总之，汉语普通话中的语句重音是存在的。只要出口成句，句子的各个部分必然会有轻重之别，也就产生了语句重音。

2. 理解轻音

人类的发音总是遵循两大原则：省力原则和经济原则。因此，说话者以轻重交替的形式进行口语表达，在需要重点突出的位置用一些办法进行强调，而在不影响理解的情况下尽可能"省力些"。正是语流中的这种轻重调节，使发音器官有了较多的歇息机会，从而能保证人们长时间说话而不感到疲劳，语言也由此变得更富有韵味。反映在听感上，人们则将强调部分描述为重音；省力的部分有的表现为一种不轻不重的听感上"无标记"的状态，而有的则在省力原则和经济原则下，逐渐演变为轻音。轻音是相对于重音而存在的听觉感知。一个词或句子在表达中可以没有轻音，但不能没有重音。具体来说，轻重音体系是对立统一的系统，词语轻重音中，词语轻音依附于词语重音而存在，并因为轻与重之间的对比而具有意义；在语句轻重音中，语句轻重音系统属于语言强调系统，与听感上无轻重音标记的非强调系统相对应。

（1）词语轻音

汉语普通话中的轻音起到区别意义和词性的作用，但又不具备独立音位资格，可以认为是准音位。

孙子、是非

"孙子"中的"子"，如果轻读，表示儿子的孩子，"子"是个虚语素；如果不轻读，"孙子"是人名。"是非"一词的后一语素如果读阴平，是"对与错"的意思；口语中要是读轻音，则为"口舌、矛盾"的意思。这两个词中，轻音与非轻音构成对立。示例中，轻音具有区别意义的作用。

大意、地道

"大意"，如果后一语素读去声，是指"主要意思"，是名词；如果后一语素读轻音，"大意"就是"粗心、疏忽"的意思，是形容词。"地道"一词的后一语素"道"读去声，"地道"指"地下挖成的坑道"，是名词；在轻读时，指"纯粹、实在、够标准"等意思，是形容词。

音位，是语言中能够区别意义的最小语音单位。轻音与非轻音构成对立，示例中的轻音实现了辨义作用，并引起词性的变化，体现出音位的作用。但是，轻音音节具有一定程度的不稳定性。轻音的音高形式往往带有模糊性，若没有非轻音词的对立，现代汉语中的许多轻音词可以发成非轻音。此外，靠轻音分辨意义的词，在《现代汉语词典》中占不了1%。[1] 因此，现代汉语表达中，轻音音位依稀存在，但不具备独立音位的资格。

汉语普通话中的轻音，不是阴、阳、上、去四声以外的第五种调类。轻音的调值并不是独立的，而是受制于前一音节的。普通话中，一个调类对应于一种固定的调值。尽管方言中的"阴阳上去"对应的调值与普通话是不同

---

[1]　王理嘉:《音系学基础》，语文出版社，1991，第151页。

的，但通常也满足一个调类对应一个固定调值的规律。普通话阴平、阳平、上声、去声四个调类对应的调值分别是 55、35、214、51。而轻音的音高则不固定，随前一个音节的音高而变化，阴平后的轻音为 2 度，阳平后的轻音为 3 度，上声后的轻音为 4 度，去声后的轻音为 1 度。因此，轻音不属于汉语普通话的调类。

即便如此，不可否认轻音已经具备了声调的功能，起到音位的作用。因此，轻音应该在普通话音位体系中有一席之地，归为"准声调""类调位"。在汉语普通话中，可以另立一个轻音（准）音位，把轻音归入轻重音系统处理。

我们对浙江省"普通话水平测试用必读轻声词语"指定的 546 个轻声词进行梳理和归类，结果如下。

① 位于阴平音节之后读 2 度的轻音词，共 141 个。

巴掌 bāzhang	招呼 zhāohu	东西 dōngxi
班子 bānzi	窗户 chuānghu	嘟囔 dūnang
帮手 bāngshou	窗子 chuāngzi	多么 duōme
梆子 bāngzi	村子 cūnzi	风筝 fēngzheng
包袱 bāofu	奔拉 dāla	疯子 fēngzi
包涵 bāohan	答应 dāying	甘蔗 gānzhe
包子 bāozi	耽搁 dānge	杆子 gānzi
杯子 bēizi	单子 dānzi	高粱 gāoliang
鞭子 biānzi	耽误 dānwu	膏药 gāoyao
拨弄 bōnòng	刀子 dāozi	疙瘩 gēda
苍蝇 cāngying	灯笼 dēnglong	哥哥 gēge
差事 chāishi	提防 dīfang	胳膊 gēbo
车子 chēzi	钉子 dīngzi	鸽子 gēzi
称呼 chēnghu	东家 dōngjia	根子 gēnzi

跟头 gēntou	眯缝 mīfeng	思量 sīliang
工夫 gōngfu	拍子 pāizi	孙子 sūnzi
功夫 gōngfu	片子 piānzi	他们 tāmen
弓子 gōngzi	铺盖 pūgai	它们 tāmen
公公 gōnggong	欺负 qīfu	她们 tāmen
钩子 gōuzi	亲戚 qīnqi	摊子 tānzi
姑姑 gūgu	清楚 qīngchu	梯子 tīzi
姑娘 gūniang	圈子 quānzi	挑剔 tiāoti
关系 guānxi	塞子 sāizi	挑子 tiāozi
官司 guānsi	沙子 shāzi	挖苦 wāku
规矩 guīju	商量 shāngliang	屋子 wūzi
闺女 guīnü	烧饼 shāobing	稀罕 xīhan
锅子 guōzi	身子 shēnzi	瞎子 xiāzi
机灵 jīling	生意 shēngyi	先生 xiānsheng
夹子 jiāzi	牲口 shēngkou	乡下 xiāngxia
家伙 jiāhuo	师父 shīfu	箱子 xiāngzi
尖子 jiānzi	师傅 shīfu	消息 xiāoxi
将就 jiāngjiu	虱子 shīzi	心思 xīnsi
交情 jiāoqing	狮子 shīzi	星星 xīngxing
结实 jiēshi	收成 shōucheng	猩猩 xīngxing
街坊 jiēfang	收拾 shōushi	兄弟 xiōngdi
金子 jīnzi	叔叔 shūshu	休息 xiūxi
精神 jīngshen	梳子 shūzi	靴子 xuēzi
窟窿 kūlong	舒服 shūfu	丫头 yātou
妈妈 māma	舒坦 shūtan	鸭子 yāzi
溜达 liūda	疏忽 shūhu	胭脂 yānzhi

烟筒 yāntong	冤枉 yuānwang	知识 zhīshi
秧歌 yāngge	扎实 zhāshi	珠子 zhūzi
吆喝 yāohe	张罗 zhāngluo	庄稼 zhuāngjia
妖精 yāojing	招呼 zhāohu	庄子 zhuāngzi
椰子 yēzi	招牌 zhāopai	锥子 zhuīzi
衣服 yīfu	折腾 zhēteng	桌子 zhuōzi
衣裳 yīshang	芝麻 zhīma	作坊 zuōfang

② 位于阳平音节之后读 3 度的轻音词，共 131 个。

白净 báijing	房子 fángzi	胡萝卜 húluóbo
鼻子 bízi	福气 fúqi	活泼 huópo
脖子 bózi	格子 gézi	橘子 júzi
不由得 bùyóude	蛤蟆 háma	咳嗽 késou
裁缝 cáifeng	孩子 háizi	篮子 lánzi
财主 cáizhu	含糊 hánhu	累赘 léizhui
柴火 cháihuo	行当 hángdang	篱笆 líba
肠子 chángzi	合同 hétong	连累 liánlei
池子 chízi	和尚 héshang	帘子 liánzi
虫子 chóngzi	核桃 hétao	凉快 liángkuai
绸子 chóuzi	盒子 hézi	粮食 liángshi
除了 chúle	红火 hónghuo	林子 línzi
锄头 chútou	猴子 hóuzi	翎子 língzi
锤子 chuízi	狐狸 húli	聋子 lóngzi
笛子 dízi	胡琴 húqin	笼子 lóngzi
蛾子 ézi	糊涂 hútu	炉子 lúzi
儿子 érzi	皇上 huángshang	轮子 lúnzi

萝卜 luóbo	狍子 páozi	时候 shíhou
骡子 luózi	盆子 pénzi	实在 shízai
麻烦 máfan	朋友 péngyou	拾掇 shíduo
麻利 máli	棚子 péngzi	台子 táizi
麻子 mázi	脾气 píqi	坛子 tánzi
馒头 mántou	皮子 pízi	桃子 táozi
忙活 mánghuo	便宜 piányi	蹄子 tízi
眉毛 méimao	瓶子 píngzi	条子 tiáozi
媒人 méiren	婆家 pójia	亭子 tíngzi
门道 méndao	婆婆 pópo	头发 tóufa
迷糊 míhu	旗子 qízi	头子 tóuzi
苗条 miáotiao	前头 qiántou	娃娃 wáwa
苗头 miáotou	钳子 qiánzi	蚊子 wénzi
名堂 míngtang	茄子 qiézi	席子 xízi
名字 míngzi	勤快 qínkuai	媳妇 xífu
明白 míngbai	拳头 quántou	匣子 xiázi
蘑菇 mógu	裙子 qúnzi	行李 xíngli
模糊 móhu	人家 rénjia	学生 xuésheng
难为 nánwei	人们 rénmen	学问 xuéwen
能耐 néngnai	勺子 sháozi	衙门 yámen
娘家 niángjia	舌头 shétou	爷爷 yéye
奴才 núcai	什么 shénme	银子 yínzi
牌楼 páilou	绳子 shéngzi	云彩 yúncai
牌子 páizi	石匠 shíjiang	咱们 zánmen
盘算 pánsuan	石榴 shíliu	宅子 zháizi
盘子 pánzi	石头 shítou	侄子 zhízi

竹子 zhúzi　　　　　　琢磨 zuómo

③ 位于上声音节之后读 4 度的轻音词，共 102 个。

把子 bǎzi	斧子 fǔzi	老实 lǎoshi
板子 bǎnzi	杆子 gǎnzi	老太太 lǎotàitai
膀子 bǎngzi	稿子 gǎozi	老头子 lǎotóuzi
本事 běnshi	谷子 gǔzi	老爷 lǎoye
本子 běnzi	骨头 gǔtou	老子 lǎozi
比方 bǐfang	寡妇 guǎfu	姥姥 lǎolao
扁担 biǎndan	鬼子 guǐzi	里头 lǐtou
饼子 bǐngzi	果子 guǒzi	两口子 liǎngkǒuzi
补丁 bǔding	幌子 huǎngzi	领子 lǐngzi
场子 chǎngzi	火候 huǒhou	马虎 mǎhu
厂子 chǎngzi	伙计 huǒji	码头 mǎtou
尺子 chǐzi	脊梁 jǐliáng	买卖 mǎimai
打扮 dǎban	茧子 jiǎnzi	奶奶 nǎinai
打点 dǎdian	剪子 jiǎnzi	脑袋 nǎodai
打发 dǎfa	饺子 jiǎozi	脑子 nǎozi
打量 dǎliang	姐夫 jiěfu	你们 nǐmen
打算 dǎsuan	姐姐 jiějie	女婿 nǚxu
打听 dǎting	口袋 kǒudai	暖和 nuǎnhuo
胆子 dǎnzi	口子 kǒuzi	痞子 pǐzi
底子 dǐzi	喇叭 lǎba	曲子 qǔzi
点心 diǎnxin	喇嘛 lǎma	嗓子 sǎngzi
肚子 dǔzi	懒得 lǎnde	嫂子 sǎozi
耳朵 ěrduo	老婆 lǎopo	傻子 shǎzi

婶子 shěnzi	我们 wǒmen	怎么 zěnme
使唤 shǐhuan	喜欢 xǐhuan	眨巴 zhǎba
首饰 shǒushi	小伙子 xiǎohuǒzi	枕头 zhěntou
爽快 shuǎngkuai	小气 xiǎoqi	指甲 zhǐjia（zhíjia）
毯子 tǎnzi	小子 xiǎozi	指头 zhǐtou（zhítou）
铁匠 tiějiang	哑巴 yǎba	种子 zhǒngzi
妥当 tuǒdang	眼睛 yǎnjing	主意 zhǔyi（zhúyi）
晚上 wǎnshang	养活 yǎnghuo	主子 zhǔzi
尾巴 wěiba	椅子 yǐzi	爪子 zhuǎzi
委屈 wěiqu	影子 yǐngzi	祖宗 zǔzong
稳当 wěndang	早上 zǎoshang	嘴巴 zuǐba

④ 位于去声音节之后读 1 度的轻音词，共 172 个。

爱人 àiren	部分 bùfen	地方 dìfang
案子 ànzi	畜生 chùsheng	弟弟 dìdi
把子 bàzi	刺猬 cìwei	弟兄 dìxiong
爸爸 bàba	凑合 còuhe	调子 diàozi
棒槌 bàngchui	大方 dàfang	动静 dòngjing
棒子 bàngzi	大爷 dàye	动弹 dòngtan
豹子 bàozi	大夫 dàifu	豆腐 dòufu
被子 bèizi	带子 dàizi	豆子 dòuzi
辫子 biànzi	袋子 dàizi	肚子 dùzi
别扭 bièniu	担子 dànzi	缎子 duànzi
簸箕 bòji	道士 dàoshi	对付 duìfu
不在乎 bùzàihu	稻子 dàozi	对头 duìtou
步子 bùzi	地道 dìdao	队伍 duìwu

贩子 fànzi	轿子 jiàozi	麦子 màizi
份子 fènzi	戒指 jièzhi	冒失 màoshi
盖子 gàizi	镜子 jìngzi	帽子 màozi
干事 gànshi	舅舅 jiùjiu	妹妹 mèimei
杠子 gàngzi	句子 jùzi	面子 miànzi
告诉 gàosu	卷子 juànzi	木匠 mùjiang
个子 gèzi	客气 kèqi	木头 mùtou
故事 gùshi	空子 kòngzi	那么 nàme
褂子 guàzi	扣子 kòuzi	念叨 niàndao
怪物 guàiwu	裤子 kùzi	念头 niàntou
罐头 guàntou	快活 kuàihuo	镊子 nièzi
罐子 guànzi	筷子 kuàizi	疟疾 nüèji
柜子 guìzi	框子 kuàngzi	胖子 pàngzi
棍子 gùnzi	困难 kùnnan	屁股 pìgu
汉子 hànzi	阔气 kuòqi	骗子 piànzi
后头 hòutou	浪头 làngtou	票子 piàozi
厚道 hòudao	力气 lìqi	漂亮 piàoliang
护士 hùshi	厉害 lìhai	亲家 qìngjia
记号 jìhao	利落 lìluo	热闹 rènao
记性 jìxing	利索 lìsuo	认识 rènshi
架势 jiàshi	例子 lìzi	日子 rìzi
架子 jiàzi	栗子 lìzi	褥子 rùzi
嫁妆 jiàzhuang	痢疾 lìji	扫帚 sàozhou
见识 jiànshi	料子 liàozi	扇子 shànzi
毽子 jiànzi	路子 lùzi	上司 shàngsi
叫唤 jiàohuan	骆驼 luòtuo	上头 shàngtou

少爷 shàoye	相声 xiàngsheng	在乎 zàihu
哨子 shàozi	笑话 xiàohua	栅栏 zhàlan
世故 shìgu	谢谢 xièxie	寨子 zhàizi
似的 shìde	性子 xìngzi	丈夫 zhàngfu
事情 shìqing	秀才 xiùcai	帐篷 zhàngpeng
柿子 shìzi	秀气 xiùqi	丈人 zhàngren
算计 suànji	袖子 xiùzi	帐子 zhàngzi
岁数 suìshu	燕子 yànzi	这个 zhège
太太 tàitai	样子 yàngzi	这么 zhème
特务 tèwu	钥匙 yàoshi	镇子 zhènzi
跳蚤 tiàozao	叶子 yèzi	柱子 zhùzi
兔子 tùzi	一辈子 yībèizi	转悠 zhuànyou
唾沫 tuòmo	意思 yìsi	壮实 zhuàngshi
袜子 wàzi	应酬 yìngchou	状元 zhuàngyuan
为了 wèile	柚子 yòuzi	字号 zìhao
位置 wèizhi	院子 yuànzi	自在 zìzai
位子 wèizi	月饼 yuèbing	粽子 zòngzi
下巴 xiàba	月亮 yuèliang	
吓唬 xiàhu	运气 yùnqi	

"普通话水平测试用必读轻声词语"共有 546 个，去声后读 1 度的最多，有 172 个；阴平后读 2 度的次之，有 141 个；阳平后读 3 度的再次，有 131 个；上声后读 4 度的最少，共 102 个。将必读轻声词语分成以上四类之后，应试者在学习过程中可以通过同类轻声词练习感受轻读音节在同一调型后面的调值，以确保轻声调值的准确性和稳定性；也可以通过不同类型轻声词对比练习，区分轻音音节在不同调型后面的调值变化。

（2）语句轻音

语句轻音指的是在语句表达中，体现出轻音语音特征的词语，是同一个句子的词语之间轻重对比而形成的听感。语句轻音在语流中呈现，存在于一句话内所要特殊处理的词语上，是一种特殊表达形式，具有强调的作用，在听感上可能被描述为"放慢、拖长、减弱、轻轻说出"等。

语句轻音相对应的不是语句重音，而是说话者的言语中非强调的部分。实际语言运用中，人一定是处于某个说话语境中的。只要存在语境条件，就会存在句子的轻重波动，有的部分需要强调，有的部分不需要强调。从这个角度来讲，语句轻音和语句重音属于同类项，作为语句的强调部分，目的是表达说话者特殊的思想感情。

（二）普通话轻重音体系

1. 普通话轻重音体系的概念

轻重音体系是汉语普通话的一套规范运用体系。在这个体系中，轻音和重音在对比中呈现，轻音依赖于重音而存在。轻重音既依照一定的规律在词语和句子中出现，又随说话者的主观意志、思想感情而改变，也是汉语普通话使用规范化的体现。

汉语普通话的轻重音体系应包含词语轻重音体系和语句轻重音体系。词语是具有意义的文字组合，现代汉语词语由单音节词、双音节词、多音节词等构成。词语轻重音体系阐释的是构成词语的各个部分之间的轻重音对比。语句由词和短语构成，语句轻重音是语言运用的重要手段。语句轻重音体系阐释的是语句表达中的轻重音运用。词语构成句子，二者处于言语的不同层面。词语轻重音体系和语句轻重音体系分属于语言的两个层面。

汉语普通话的轻重音体系需要在实践中总结规律。横向上，应该立足于当下词语和句子的普遍使用方式、典型使用方式，进行归纳总结；纵向上，应该着眼于较长历史时间段内的词语和句子使用方式的变化趋势。只有那些普遍使用的、具有典型性的、符合历史发展趋势的轻重音处理方式才能成为轻重音体系的规律性总结。

汉语普通话的轻重音体系以语言规范研究为目的。不是所有现存的轻重音使用现象都应该纳入汉语普通话规范的轻重音体系中。建立汉语普通话轻重音体系的目的是进一步规范汉语普通话的使用。因此，特殊的方言词语和地方话，极具个人风格的特殊表达形式，尚未形成共识的流行语、外来词、音译词的读法等，严格意义上不属于普通话轻重音体系的规律研究范畴，但也应对其作规范化规定。

2. 词语轻重音体系

在词语的实际使用中，语音是有轻重之分的。凭借听感，人们能主观地觉察到语音有的轻，有的重，有的介于轻与重之间。这说明，在听感上，轻重音至少需要分为"轻音""不轻不重音""重音"三个等级。但是显然，这种分法是较为草率的。在普通话语音的实际运用中，的确会出现介于"重音"与"轻音"之间的听感。譬如，在普通话语流音变的理论当中，上声和去声在句中会发生音变现象，导致调值不完整。在听感上，这一现象被描述为发生语流音变的字比正常的字要轻，但又没有轻到可以称为轻音的程度；同时，又会存在比正常的字更重的听感。再如，在词语轻重格式理论中，存在次轻格，语音上表现为调型不完整，发音较轻，但它同时又可以发原调；有的次轻格在其他理论中，又被归入了轻声范畴。此类现象也造成了普通话学习和推广上的困惑、困难和障碍。因此，为了准确描述词语轻重音对比特征，必须对词语轻重音的听感做规范化规定，以准确表达词语轻重音的使用规律。

（1）词语轻重音的规范化

对词语轻重音的读法做规范化规定：

第一，将普通话中，自然音色、自如声区、适度音量、适中语速发出的语音清晰、声调完整的单音节字词对应的听感命名为词语重音；

第二，由重音弱化、变调（包括不带声调、声调脱落或残缺等现象）、音质改变、时长变短而来的听感，视对比情况分为次重音、次轻音和轻音三个等级。

词语轻重音体系，按重音变化程度和对比特征，分为重音、次重音、次轻音、轻音四级听感。重音、次重音、次轻音、轻音在对比中呈现，次重音、次轻音、轻音依附于重音而存在。

（2）词语轻重音的规律性

在词语轻重音的规范化基础上，词语轻重音的分布规律可以做如下描述：

第一，词语中有且只有一个重音；

第二，词语首字无轻音和次轻音；

第三，词语尾字无次重音。

轻重格式理论基本纳入了词语轻重音体系，但是并不能囊括所有的词语轻重音现象。词语轻重音体系包括轻重音格式所规定的语音现象，二者是互不相斥的。同样地，普通话水平测试中的轻声词也囊括于轻重音体系之中，二者互不相斥。普通话语音的儿化现象中，儿化的音节要先考虑词轻重音体系，再考虑儿化。这一点将在后文展开阐述。

词语轻重音体系在口语表达中具有重要作用。相较于书面语，口语表达的特点之一是瞬时性。语言稍纵即逝，无法追溯。说话双方都要力求在说话当下建立意义交流。说话者力求在当下表达清楚其所想要表达的意思，听话者力求在当下就能理解言语表达的内容。而口语表达又遵循省力原则。在力求准确表达实际意义和遵循省力原则前提下，词语轻重音体系呈现出以下使用规律。

第一，词语重音以表达实际意义为首要目的。现代汉语构词中，实语素具有实际意义。因此在表达中，说话者倾向于让听者重点听清楚具有实际意义的实语素。而虚语素表示语法意义。语法是说话双方存在的共同的意义空间，是相互都知晓、掌握的一套规则。因此，相较于实语素，在表达过程中，虚语素是说话者不必强调也能发挥遣词造句等语法作用的。在词语重音体系中，表达实际意义的实语素重于表达语法意义的虚语素。词语是具有意义的文字组合，目的是表达意义。每一个词语内部都具有轻重音的对比。词语中的实语素是词语表达意义的核心，在口语表达上体现为词语重音。由于词语中有且只有一个重音的规范化要求，实语素组合而成的双音节词和三音节词，尽管每个音节都有实际意义，但在词语层面同虚语素一样体现出了听感上的轻重关系。这一类词语，根据词语尾字无次重音的规律，可以将尾字前的音节处理得比重音稍弱，但倾向于重音的方式。我们可以把这一类读法归类为次重音，进而形成词语重音的"次重音—重音""次重音—次重音—重音"的读法。

第二，词语轻音与虚语素紧密相关。口语表达中，往往遵循发音的省力原则。虚语素只承担语法功能，不具有实际意义。语言表达是以表明实际意义为首要目的的，因此口语表达中不必强调虚语素。现代汉语的构词中，多音节词可以分为由单音节语素组合而成的合成词，以及多音节语素单独成词。合成词中，由实语素和虚语素构成的合成词，如"车子、房子、他们"等，词结尾虚语素不具有实际意义，仅作为词的尾缀，读作轻音。虚语素轻读与表达实际意义的实语素重读形成对比，更凸显了实语素的实际意义，即更凸显表达者希望传达的意义，符合口语表达的规律和目的。

第三，词语轻音与实语素虚化紧密相关。裴培的汉语语法研究指出，所有被认作"词缀"或"类词缀"的成分都是实词虚化的结果，只是虚化的时间有先后、虚化的程度有高低而已。词缀虚化的动因，在初始阶段是在双音节韵律单元中实现的，前一成分虚化的结果叫"前缀"，后一成分虚化的结果叫"后缀"，而"类词缀"是词根向词缀虚化过程中的中间状态。由实语素和实语素构成的合成词，如"窗户、帮手、事情"等，首字实语素作为词根。尾字单独用时具有实际意义，组成合成词后虽然具有一定的实际意义，但是这个意义虚化了。如"窗户"的"户"，单独用时，表示"人家、门"等意思，而在构成"窗户"这一合成词时，"户"的意义变得较为抽象，词的实际意义更偏向于"窗"。因此，窗户的"户"轻读了。普通话语音中所谓的习惯性读轻音的词语，或多或少都存在实语素意义虚化的现象。如"风筝、灯笼、铺盖"等，和"窗户"一样，尾字的意义都产生了虚化。有的词语尾字产生了实际意义虚化的倾向，但是尚未大量作为词缀使用。这类词的实际使用过程中，在不影响语义表达的情况下，产生了读法介于轻和重之间的听感。听感更贴近于轻音，而未完全轻读时，可以归类为次轻音读法。

第四，词语轻音与类词缀尾缀紧密相关。现代汉语中，合成词占绝大多数。因此，词尾实语素虚化的现象在汉语构词中大量存在。许多词尾实语素虚化后，已经被用作了构词的尾缀，如：情（事情、矫情、交情）、事（本事、差事、干事）。许多实语素在一些论著中被归为类词缀。在词语轻重音体系中，类词缀的概念为轻音的规范提供了依据——意义虚化的类词缀尾缀读作轻音。这样通过对类词缀尾缀的整理，可以形成统一的类词缀尾缀轻读规范。此外，由于现代汉语虚语素的构词能力极强，汉语构词中大量使用虚语素。因此，实语素虚化过程，实际上是该语素构词能力增强的过程。构词能力增强，反过来又意味着意义虚化加速，该语素逐渐成为类词缀，甚至词缀——这是汉语语素发展的规律。因此，对应语音现象，便成为词语轻音的形成规律。可以说，实语素虚化产生词语轻音。当我们意识到词尾实语素高度虚化了，就可以处理为轻音了。

第五，轻音词语与发音省力原则有关联，较多出现在具有重复意义或相反意义的语素构词中。重义、反义语素构词，尾字轻读。这些词的轻读，与发音省力原则有关联。如叠化称谓词，其实两字表达同一实际意义，又属于相同读音。在发音省力原则下，同义同音的词相连，词尾自然处理为轻读了。此类构词的特点是重义语素在发音省力原则下轻读，不影响实际意义。

3. 语句轻重音体系

语句重音和语句轻音指的是在句子表达中，体现出重音语音特征或轻音语音特征的词语。语句轻重音不是句子之间的轻重对比，也不是词语重音体系中音节层面的轻音或重音；而是组成语句的词或短语由于所承载信息量的差别而形成的轻重对比鲜明的听感。按照信息焦点理论，语句轻重音在语流中呈现，存在于一句话内部的新旧信息对比和说话者的强调信息上。

（1）语句轻重音的规范化

对汉语普通话句子中的轻重音做规范化规定：

在句法结构层面，将听感上无标记的结构焦点命为结构重音。句子运用中存在信息焦点。信息焦点是说话者所要表达的较新的信息内容。在非语境条件下，现代汉语句子的信息编排通常遵循从旧到新的原则，因此句末的信息内容往往是最新的。旧信息是听者知晓的信息，新信息是听者不知晓的信息。非语境条件下，句子的信息焦点称为结构焦点。结构焦点与句子语法结构密切相关，听感上是无标记的。结构焦点通常以结构重音来显现。由于现代汉语结构焦点通常出现在句尾，结构重音一般落在了信息单位最后的实词上。结构重音存在于句法结构中，听感上无标记，而非说话者刻意强调，也并非为了表达特殊感情而存在。

在表达层面，将听感上有标记的强调部分，按听感的对比区别，称为强调重音和强调轻音。句子存在强调重音和强调轻音来体现说话者刻意强调突出的内容，承载某种特殊的思想感情。强调的部分可能是句子编排中说话者假定听者未知的新信息，也可能是刻意强调了说话者假定听者已知的旧信息。强调重音和强调轻音的位置由语言使用时的具体因素决定。与结构重音不同，强调重音和强调轻音是根据表达内容和语境的需要而灵活变化的，不是固定的。同一句话，表达内容不同，强调的位置就不同。强调重音和强调轻音在人的听感上是有标记的。这种有标记重音或轻音的出现，意味着存在特殊的表达需要或语用价值。

基于轻重音在语言运用中呈现出的基本特征，我们将语句轻重音体系做如下规范化规定和规律性总结。

（2）语句轻重音的规律性

语句轻重音分为结构重音、强调重音和强调轻音三类。

①结构重音

结构重音是在非语境条件下呈现出规律性的自然重音。它出现在短语和句子两个语言结构层级中。结构重音的位置与语言单位的语法结构类型密切相关，而不是为了表达特殊感情。换言之，结构重音是静态结构中的重音，是形式化了的、带有规律性的重音。这种重音是语言形式系统的自然构成成分，某个语句在这个位置出现重音，人们会感觉是正常的、无标记的。请看以下例句：

A.他中午吃的是牛肉面。

B.妈妈送给小明一件新衣服。

C.我们去了川菜馆。

在对话语境下，A句中"他中午吃的是"是被说话者假定为听者知晓的旧信息，"牛肉面"是说话者假定听者不知晓的新信息，"牛肉面"是信息单位最后的实词，是结构焦点，也称末尾焦点。结构焦点在语音上形成结构重音，听者的听感是正常的、无标记的。

同样的道理，B句中结构重音是"新衣服"，C句中结构重音是"川菜馆"，听者的听感是正常的、无标记的。

②强调重音

强调重音是有标记的重音。在句子中，说话者根据自己的意愿、态度、情感突破原本句子的信息焦点，形成有标记的信息焦点，进而形成强调重音。

强调重音又可以分成对比式和强调式两类。句中某一成分出于同另一成分对比的需要而形成对比焦点，为表达对比焦点而突破常规重音形成的非常规重音就是对比式强调重音。为表达某种特殊的思想感情（强调焦点）而突破常规重音形成的非常规重音叫强调式强调重音。请看以下例句：

类型一：对比式强调重音

妈妈送给小明一件新衣服，送给小红一件旧衣服。

例句中，"小明"和"小红"都收到了妈妈送的衣服，形成人物对比；衣服的"新"和"旧"是反义词，用来形容衣服的样子，形成了对比，同时表达出了妈妈在特定语境下的思想感情。这句话有两组对比焦点"小明"和"小红"、"新"和"旧",因此说话者需要使用对比式重音强调"小明"和"小红"、"新"和"旧"。

类型二:强调式强调重音

A.他错过了报名时间?
· ·

B.他错过了报名时间!
· ·

例句中,"报名时间"是句末焦点,在 A 的疑问句中,讲话人按结构重音处理,即可以表达清楚疑问语气。而 B 将"过"刻意强调,以表达感叹、惊讶甚至指责等较为强烈的语气或情感。因而 B 句中,为了表达特殊的思想感情,句末焦点丢失,形成了听感上异常的、有标记的重音位置,即强调焦点。这种处理即为强调式强调重音。

强调重音是指没有出现在常规重音位置上的重音,重音的位置由语言使用时的具体因素决定。在此位置出现重音,人们感觉是异常的、有标记的。这种异常的、有标记重音的出现,意味着存在特殊的表达需要或语用价值。下表将不同类别的重音做对比展示,使语句重音系统的阐释更加清晰。

	重音		
分类	结构重音	强调重音	
		对比式强调重音	强调式强调重音
语境	非语境条件,不因思想、情感、态度、心理而改变	有语境条件,随思想、情感、态度、心理而改变	
信息焦点	结构焦点:与语法结构相关,出现在短语和句子两级语言结构中,通常位于句子或短语的末尾	对比焦点:表达句中某一成分同另一成分的对比	强调焦点:表达某种特殊的思想感情
重音位置	静态的、形式化的、有规律的	动态的,由语言使用时的具体因素决定	
听感	正常的、无标记的	异常的、有标记的	
语用	无特殊表达需要	有特殊表达需要	

③强调轻音

在句子中，轻音可以作为一种特殊的表达形式，即为"以轻音形式表示的强调"。在口语交际过程中，为了达到突出语句目的的需要，说话者除了使用强调重音，也可以采用放慢拖长的方式，还可以轻轻说出。轻音也就成了一种特殊的表达形式，具有了强调作用。

突然，狗放慢脚步，蹑足前行，好像嗅到了前边有什么野物。

（选自"普通话水平测试用朗读作品"［俄］屠格涅夫：《麻雀》，巴金译）

这一句中，"慢"和"蹑足前行"都是形容猎狗的异常反应，给读者营造出神秘色彩，吸引读者继续读下去。在转化为口语时，通过放慢速度、带入虚声、压缩调域、减弱响度等轻读的处理方式，能够有效烘托出氛围，引起听众的注意，吸引听众继续了解后文即将发生的事。这种"四两拨千斤"的方式，以轻音表达信息焦点，同样达到了强调作用。

（三）普通话轻重音的语音特征

汉语普通话轻重音的对比变化表现在韵母和调型变化上，具体表现为音长、音高、音强、音质等语音特征的改变。事实上，音长、音高、音强甚至音色等因素都对轻重音的听感产生影响。汉语普通话轻重音的语音特征尤其突出表现在音长和音高变化上。

1. 重音的语音特征

语句重音与音长有很密切的关系。几乎所有语句中的重音都比同句中的非重音成分时长要长。普通话重音与音高也有着密切的关系。重音的音高变化首先表现在它的调域大多超过正常范围。在大多数正常语调中，重音与音强并没有明显关系。但在强调重音里，音强自然加强，具有突出表现。

（1）音长

时长是重音的重要标志。一般来讲，句子中的重音时长比非重音要长。

爸不懂得怎样表达爱，使我们一家人融洽相处的是我妈。他只是每天上

147

班下班，而妈则把我们做过的错事开列清单，然后由他来责骂我们。

（选自"普通话水平测试用朗读作品"［美］艾尔玛·邦贝克：《父亲的爱》）

在这一段中，"爸"和"妈"分工明确，各有不同，共同维系着家庭生活，形成了对比焦点，因此在朗读中要处理为对比式强调重音。同样地，"上班下班"和"开列清单"形成了对比焦点，处理为对比式强调重音；而"责骂"则是承接"开列清单"发生的动作，二者形成呼应，可以处理为强调式强调重音。这里"他"指代"爸"，与"妈"形成对比式强调重音。纵观全文，不论是"责骂"，还是"融洽相处"，都是家人表达"爱"的方式，因此，首句"爱"和"融洽相处"作为提纲挈领的词，需要强调出来。同时，从语言结构上分析，"爱"作为结构重音需要被强调。

在朗读表达过程中，重音部分时长略长于非重音部分，因而突出了重音部分。非重音部分时长较短，语速较快，与重音形成"一长一短"节奏鲜明、富于变化的听感。重音与非重音在时长上的错落分布，有助于说话者的语言表达，也有助于听话者理解作品含义。

（2）音高

普通话重音与音高有着密切的关系。声学实验表明，重音的音高变化首先表现在它的调值都大大超过正常范围①。句子中的重音词表现在调域的扩大，即重音词相较于正常调域明显扩大。

"船在动，星也在动，它们是这样低，真是摇摇欲坠呢！渐渐地我的眼睛模糊了，我好像看见无数的萤火虫在我的周围飞舞。"

（选自"普通话水平测试用朗读作品"巴金：《繁星》）

在这一示例的表达中，"船"和"星"是对比式强调重音，二者是呼应关系，我们也可以称之为呼应性重音；"低"和"摇摇欲坠"两个重音，具

---

① 郭锦桴：《汉语声调语调阐要与探索》，北京语言学院出版社，1993，第282页。

有呼应性，表达时需要强调出来；"模糊"和"无数的萤火虫"是两个先后承接的状态，是强调式强调重音。其中"船""摇""模""无""萤"几个重音的声调都是阳平。而"周围"的"围"是非重音，声调也是阳平。对比之下可以看出，在朗读表达过程中，前者重音阳平的结尾往往比后者非重音阳平的结尾高，即重音阳平的音域要比非重音阳平的音域要宽。此外，重音阴平调"星""低"，相较于非重音阴平调"它""真""睛""飞"，则更高一些；重音去声"欲""坠""数"相较于非重音"在""动""样"等，开头的音调更高一些。反之，如果我们生硬地按照读词语的方式进行文章的表达，把所有的阴平、阳平、上声和去声的调域处理得宽窄一致、高低固定，听起来就会机械枯燥，了无生趣了。

其次，重音的音高变化还表现为调型较为完整。我们以下面的对话为例，感受重音调值的完整性体现。

"哦，"小孩儿低下了头，接着又说，"爸，可以借我十美金吗？"

父亲发怒了："如果你只是要借钱去买无意义的玩具的话，给我回到你的房间睡觉去。好好想想为什么你会那么自私。"

（选自"普通话水平测试用朗读作品"《二十美金的价值》，唐继柳编）

以上示例中，"发怒"的"怒"是去声，发音时声带从最紧放至最松，调值标记为51。但在语流当中，受到后面轻音音节"了"的影响，假如处于非强调位置，"怒"的调值往往会发生变化，调值从51调变为53调，即声带没有放至最松，而是为了语流的通顺流畅，声带从最紧到稍有放松，紧接着就到下一个"了"字。再如，示例中的"要借钱"三个字，"要"和"借"都是去声，但是由于属于非重音词，语速较快，字词连接紧密，两个去声受到末尾音节"钱"的影响，调值趋向于53调。而在前一个例句中，"发怒"由于是强调重音，尽管"怒"字后面还有字要说，调值仍倾向于完整的51调。同样的道理，在处理其他重音的调值时，也倾向于将调值发完整，以表达出强调语气，突出强调重音。

（3）音强

语音的强弱取决于发音时用力的程度和气流量的大小。如果用力程度大，气流量大，声波振幅就会增大，从而产生较强的音强；相反，如果用力程度较小，气流量较小，声波振幅就会减小，音强则较弱。在大多数正常语调中，重音与音强并没有明显关系。即重音的音强并不一定强于非重音。但在强调重音里，音强自然加强，具有突出表现。

以下，我们举例说明语句表达中，重音的音强加强特征。需要注意的是，例句中的重音属于强调重音。

世界杯怎么会有如此巨大的吸引力？除去足球本身的魅力之外，还有什么超乎其上而更伟大的东西？

近来观看世界杯，忽然从中得到了答案：是由于一种无上崇高的精神情感——国家荣誉感！

（选自"普通话水平测试用朗读作品"冯骥才：《国家荣誉感》）

示例中，作者通过观察、感受和思考，终于得出了答案。其中，重音"如此""本身""超乎其上""更伟大"本身具有承接和递进的关系，在表达处理的时候，可以加大音强，层层递进，从而表现出强调。而"答案""崇高""国家荣誉感"三个重音，可以音强最强，以突出茅塞顿开、终于寻得结果的感觉。

普通话重音的语音特征是在音长、音高、音强共同影响下体现出来的语音特质。在汉语普通话的实际使用中，应该灵活地进行处理和应用，逐渐培养自然、流畅的重音表达，形成汉语普通话的语感。

需要注意的是，轻音也是表达重音的一种特殊方式。因此，在表达中不能忽视轻音和重音的灵活搭配。有的理论把轻音和重音的搭配解释为声音的虚实结合，这是十分具有应用价值的。但虚实大部分情况下还需要介入气息、用声等要素，是另一套系统的语言应用理论。就轻重音体系而言，从语音表征层面看，将特定情况下的轻音表达视为一种强调重音，是听者、语言学习者的听觉直接可感知的，有助于语言的学习、应用与推广。

2. 轻音的语音特征

人们往往把感知上的轻重与声学上振幅的大小对应起来，认为"重"就是振幅大，"轻"就是振幅小。实验语音学（林茂，1980；林焘，1985；曹剑芬，1980）的研究表明，轻音涉及音长、音高、音强、音质四个方面，而绝不是单纯的音高及音强的变化。

（1）音长

从音长的角度来看，轻音音节通常比正常重读音节短。在词语中，轻读音节可以出现在词尾，也可以出现在词中。双音节词，轻音在后一个字；三音节词，轻音可以是第二个字，也可以是最后一个字。

我的　他们　去处　照顾　大不了　了不起　不见得　使不得

以上词语中，加点音节应当轻读。轻读的音节在音长上明显短于相邻的非轻读音节。这是从听感上可以直接辨析的语音规律。

人们通常认为轻音词前字的音长要长于正常重读词，但实验表明并非如此。林茂灿、颜景助等实验语音学的研究表明，轻音词前一音节的音长长于正常重读音节的情况占少数，多数等于或短于正常重读音节。[1]

---

[1]　林茂灿、颜景助的声学实验表明，某男子发双重词的后字平均音长约为302ms，而重轻词的后字平均音长约为159ms，差不多短了53%，这和人们听感上的印象是一致的。人们通常认为轻音词前字的音长要长于正常重读词，但实验表明并非如此。林茂灿、颜景助选了29对两字词，A类为双重词，B类为重轻词，由两位发音人（男性记作 m，女性记作 f）发音，得到如下结果：1.B 类词前字长度比 A 类词前字长度缩短。m 有 9 个，占总数的 31% 以上；f 有 19 个，占总数的 65%以上。2.B 类词前字长度和 A 类词前字长度相同。m 有 8 个，占总数的 27%；f 有 1 个，占总数的 3% 以上。3.B 类词前字长度比 A 类词前字长度加长。m 有 12 个，差不多占总数的 42%；f 有 9 个，占总数的 31% 以上。详见李静：《现代汉语的轻重音研究》，硕士学位论文，上海师范大学，2008，第 22 页。

（2）音高

轻音音节的音高变化和前一音节的声调有密切关系。轻音音节原有声调脱落，音高随前一音节声调的不同而改变。

如前文所示，以546个浙江省"普通话水平测试用必读轻声词语"为例，声调脱落现象可以归类为位于阴平音节之后读2度；位于阳平音节之后读3度；位于上声音节之后读4度；位于去声音节之后读1度四类。此外，"普通话水平测试用重次轻格式词语"中，次轻格式同样显示出音高在语境、习惯等因素的影响下发生变化。

从推广普通话，降低方言区、外国人学习普通话难度的角度出发，许多学者赞同尽量规范轻读规则，强调轻读词的规律性总结；保留区别词义和词性的轻音；对"类词缀"轻音与非轻音进行归类，增强其类推性；将注音不一致的词语视为非轻音词语①；尊重语言实际，减少轻音的数量等。

（3）音质

从音质上看，轻音不仅是韵律上的弱化，有时音质也会因弱化而发生相应的变化。这一语音特征是区别于重音语音特征的。其中声母的音质变化主要表现为清声母浊化和送气音倾向于不送气，韵母的音质变化主要表现为元音趋央、复韵母单元音化和元音脱落。

清声母指清辅音声母。现代汉语普通话语音体系中，21个辅音声母中只有m、n、l、r这4个是浊音声母，其余都是清音声母。清声母浊化是指原本声带不振动的清辅音在发轻音时，会自然地转变成声带振动的浊辅音现象。

---

① 《现代汉语词典》和《普通话水平测试大纲》存在着轻音与非轻音注音不一致的情况。如《现代汉语词典》标注"教训、露水、眉目、名气"为轻音，而《普通话水平测试大纲》标为非轻音。《现代汉语词典》标注"掂量、翻腾、反正、风水"为一般轻读、间或重读，而《普通话水平测试大纲》标为轻音。这些词语没有辨义作用，有些人主张读轻音而有些人主张读非轻音，让人无所适从。详见李静：《现代汉语的轻重音研究》，硕士学位论文，上海师范大学，2008，第31—33页。

我们从浙江省"普通话水平测试用必读轻声词语"中选择词语举例说明。

A 组：妹妹 mèimei　困难 kùnnan　打量 dǎliang　媒人 méiren

以上 A 组四个词语中，加点字为轻音音节。轻音音节的声母为 m、n、l、r 四个浊音声母。我们可以通过手指轻触喉头的方法，感受到发这四个音时，从声母发音开始，声带明显振动。

B 组：塞音

喇叭 lǎba［pa-ba］　念叨 niàndao［tau-dau］　耽搁 dānge［kə-gə］

C 组：塞擦音

舅舅 jiùjiu［tɕiou-dʑiou］　位置 wèizhi［tʂʅ-dʐʅ］　狮子 shīzi［tsɿ-dzɿ］

以上 B 组三个词语中，加点字为轻音音节，声母为塞音 b、d、g，是不送气清辅音；C 组三个词语中，加点字同样为轻音音节，声母为塞擦音 j、zh、z，也是不送气清辅音。在实际发音时，不送气塞音和塞擦音轻读发生了清声母浊化现象，塞音 b、d、g 和塞擦音 j、zh、z 的发音，声带产生明显振动。

送气音发音倾向于不送气。汉语普通话中送气音有塞音 p、t、k，塞擦音 q、ch、c。六个辅音均属于送气清辅音。送气清辅音轻读时，有变为不送气音的倾向。

A 组：塞音

活泼 huópo［pʰo-po］　糊涂 hútu［tʰu—tu］　牲口 shēngkou［kʰou—kou］

B 组：塞擦音

亲戚 qīnqi［tɕʰi-tɕi］　应酬 yìngchou［tʂʰou—tʂou］

秀才 xiùcai［tsʰai-tsai］

以上 A 组和 B 组加点的字为轻音，声母分别是塞音 p、t、k 和塞擦音 q、ch、c。六个送气清辅音在实际发音中，由于是轻读音节，呈现出不送气的倾向。

元音趋央现象是轻音发音时遵循省力原则，在发音时舌位向中央位置靠拢。现代汉语普通话的单元音有 10 个，分别是 a、o、e、ê、i、u、ü、–i

（前）、-i（后）、er。对应的国际音标是：[a]、[o]、[ɤ]、[ε]、[i]、[u]、
[y]、[ɿ]、[ʅ]、[ɚ]。如下图所示，以上 10 个单元音发音中，在舌位图中处
于居中位置的是 e [ə]。在单元音轻音发音中，会出现元音倾向于 [ə] 音的
现象。

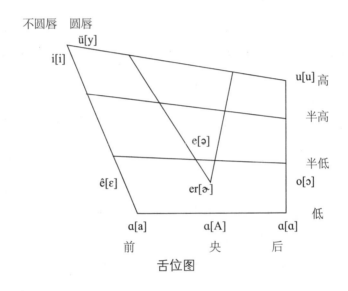

舌位图

（4）音强

音强指的是声音的强弱程度，又称为音量或响度。声音由声源振动而产
生。声学上，发声物体振动幅度的大小表示声音的强弱程度。人体是一个复
杂的发声系统，人说话时的音强是由人体的各个发声器官组成的发声系统的
振动而决定的。

单凭人的主观想象，有人可能会认为轻音的音强是相对较弱的。然而，
从近年的语音实验（林茂灿、颜景助，1980；林焘，1982）来看，轻音音节
的音强并不比正常重读音节弱。换言之，人耳分辨轻音与重音，并不是单纯
地认为音量大就是重音，音量小就是轻音。相反，说话者用很大的音量说话
时，人耳依旧能明显地感知出语言中轻音的存在。另外，在处理轻音的时

候，如果将其音强减弱，听者仍能明确感知到轻音的存在。可见轻音在实际应用中，可以通过音强的减弱来体现，但处理中也未必会全都弱于重读音节；同时，也不是所有音强减弱的地方都是轻音音节。

在普通话水平测试中，受试者大声朗读以下段落，依旧要体现出汉语普通话的轻重音现象。

他为了找金子，已把所有的钱都押在这块土地上。他埋头苦干了几个月，直到土地全变成了坑坑洼洼，他失望了——他翻遍了整块土地，但连一丁点儿金子都没看见。

（选自"普通话水平测试用朗读作品"《金子》，陶猛译）

以上示例中，加点处需要处理为轻音。其中，"了""子""的""个"是必读轻声结构；"上""见"属于轻重格式中的轻读处理；"坑坑洼洼"属于AABB式重叠形容词，第二个字"坑"由于语流音变要轻读。在大声朗读时，所有轻音都能让听者听得清晰、明确。但在清晰、明确的基础上，朗读者可以通过轻读音节音强的减弱，体现出语流中的轻重关系。

音长、音高、音质、音强四个方面的表现构成了轻音的语音特征。轻音是音长、音高、音质、音强四个要素的综合效应，是四个要素的变化导致了语音的弱化。从中我们还可以体会到，轻音与声调属于不同的韵律层面，轻音位于声调的上一层面，和声调实现着不同的功能。轻音能引起声调的改变，而声调的变化又往往会成为音节轻重的重要表现形式。

以上基于普通话水平测试指定用词和指定篇目的整理与分析，提出普通话水平测试中，在把握普通话轻重音规律的基础上，普通话轻重音体系的规范化建议。认为词语轻重音"重音、次重音、次轻音、轻音"四级听感的划分，以及语句轻重音划分为结构重音和强调重音两类的方式，符合普通话轻重音的语音特征，也符合普通话的运用规律。明确普通话轻重音体系，有利于普通话轻重音的教学和评价，有助于统一规范普通话水平测试中的轻重音评析标准，有利于进一步推广普通话。

二、普通话水平测试的内容及评判标准

轻重音作为普通话水平测试的一项重要测试内容，在词汇朗读、指定篇目朗读、命题讲述中都有体现。轻重音在普通话水平测试中，具体体现为"轻音"、"轻重格式"、结构重音、强调重音的表达。

用轻重音理论指导朗读，能够提高语言的表现力，增强语言的感染力，表达出作品的思想感情。轻重音是重要的节律因素，用以指导口语表达，将有助于语句的畅达，从而能有效地避免生涩拗口的现象。

本研究针对普通话水平测试的轻重音体系和评判标准进行分析，研究内容选自《浙江省普通话水平测试教程》（浙江省语言文字工作委员会、浙江省语言文字工作者协会编著，浙江大学出版社，2012 年 3 月第 1 版）。普通话水平测试是一项全国性测试，其测试内容已经相对稳定，并在全国范围内具有一定的统一性。《浙江省普通话水平测试教程》自出版以来，一直是浙江省普通话水平测试的指导教程。因此以《浙江省普通话水平测试教程》为案例分析来源，可以客观地反映普通话水平测试的全貌，以供读者参考。

（一）普通话水平测试中涉及轻重音的内容

普通话水平测试中，对轻重音的考察分布在多音节词语朗读、短文朗读和命题说话三个部分。多音节词语朗读中考察受试者轻重格式、必读轻声词的词语的掌握情况。短文朗读和命题说话中，除了词语轻重格式和轻声词，轻重音的考察还体现在语句的结构重音和强调重音上。

我们对普通话水平测试中的轻重音考察做系统性归纳，将轻重格式、必读轻声词统一归为词语轻重音体系；将短文朗读和命题说话中的结构重音和强调重音归为语句轻重音体系。

1. 普通话水平测试中的词语轻重音体系

普通话使用中，轻与重是相对关系。普通话的词语轻重音体系中，分为重音、次重音、次轻音、轻音四个等级。发音时，要注意词语轻重格式表达的自然流畅，以体现词语的完整性。在普通话表达中，带完整声调的单音节字词处理为重音；不带声调的音节为轻音（包括轻音音节和成词后声调脱落的音节）；由重音弱化、变调、音质改变、时长变短而来的音素或音节，视情况分为次重音和次轻音两个等级。

词语中轻重音的分布规律为：（1）词语中必有重音；（2）词语首字无轻音；（3）重音三字以内不相连。

词语轻重音体系的归纳总结强调规律性原则，尽可能地以"类"为单位，以增强词语内在的规律性。词语轻重音体系的归纳总结中，需要明确语素相关的几个概念。

语素是指语言中最小的音义结合体，是构成词语的要素，是比词语低一级的单位。词语是词和短语的合称，包括词（含单纯词、合成词）和词组（又称短语）。语素按是否有词汇意义分类，分为实语素、虚语素两类。

《大辞海》对实语素、虚语素的概念做了明确的界定。实语素是具有实在意义的语素。例如"人们"中的"人"是具有实在意义的，因此"人"是实语素。虚语素是指意义不太实在的语素，它只表示某种语法意义，又叫作词缀语素，有前缀、后缀、中缀。如汉语"老虎"的"老"属于前缀；"桌子"的"子"、"突然"的"然"属于后缀；虚词"的""着""吗"等都是虚语素。虚语素可以跟实语素组成合成词，但是虚语素不能与虚语素结合。汉语的虚语素大多是从实词和实语素发展而来的。如：子——儿子、孩子，老——老板、老师。区分实语素和虚语素，对于现代汉语的口语表达，尤其是轻重音处理，具有应用价值。

现代汉语中，表示语法意义的虚语素和具有实际意义的实语素在轻重音上表现出明显的区别——在词语轻重音体系中，实语素要重于虚语素。如短语"跑得快"中的"得",展现出"跑"和"快"在语法上的关系是程度关系,具备表示句子结构的功能。实语素"跑"和"快"都是实际意义。因此,在轻重音处理上,"跑"和"快"都比"得"要重。而考虑到句子的结构重音,"快"又比"跑"重。因此,一些论著中,将"得"视为轻声;另一些论著中,将"得"视为轻重格式中的轻格。但不论哪一种表述,实际上都是在表达语音上的轻重对比关系。在普通话的使用中,表达者首先要考虑的是表达清楚实际意义,因此需要体现出实语素重于虚语素。故此处"得"应当为相对次重音"跑"更轻的次轻音或轻音。

那么虚语素都需要处理成为轻音或次轻音吗?不尽然。以下探讨虚语素作为前缀、中缀、后缀时的轻重音规律。

汉语里的前缀指在词根前面的构词成分。虚语素作为前缀时,读次重音。如:

老师、老虎、阿姨、阿妹、第一、第二组

中缀是指附加在词根之间的词缀。虚语素作为中缀时,读轻音。如:

胡里胡涂、对得起、对不起

后缀是一种后置于其他语素的词缀。现代汉语中存在大量活跃的后缀。现代汉语的后缀词大多由实语素演化而来,如:

性(现代性、复杂性)、化(自动化、火化)、员(播音员、炊事员)

在实语素虚化的过程中,有的词缀在使用时仍然具有较为实际的意义。这样的词缀,介于实语素和虚语素之间,我们称为类词缀。而口语表达的最终目的是表意。在词语轻重音体系中,词语重音以表达实际意义为首要目的。类词缀既然保留了实际意义,在表达中就应该处理为重音。因此类词缀做后缀构成的词,后缀读重音比较合适;而意义已经趋向于虚化的后缀,更接近于虚语素的音节,在口语表达中应该处理为次轻音;意义彻底虚化的音节,仅以语法意义参与构词的,应该直接处理为轻音。

由于汉语实语素虚化是一个漫长的过程,也就不难理解在轻重格式理论与声调理论中的矛盾——一些词在有的论著中被界定为轻格，而另一些论著界定为次轻格。这种矛盾，可以理解为实语素虚化过程中，实际意义保留程度存在争议而导致的认知差别。因此，汉语普通话的规范化研究在这一方面应该发挥重要作用，以规律性的理论建立规范，用更加典型性的示例推广规范。

现代汉语中，存在较多的"一词多义"和"一字多音"现象。通常多义和多音是分不开的。同一个字的不同读音代表着不同的句法结构和指代意义。这表明，在某一句子的对应读法中，该字是虚语素；而在另一个句子的对应读法中，该字则是实语素。如"得"的读音可标记为三种，分别是 de、dé、děi。三个不同的读音代表了不同的意义功能和句法结构功能。"得"字注音为 de 时，是虚语素，是助词，用于动词、形容词之后，需要轻读，如"跑得快""干得好"；"得"字注音为 dé 时，是实语素，在表达中具有意义功能，意为"完成、适用、得意、许可、结果"等，如"得到""得了病"；此外，"得"字也可读 děi，作为助动词，表示"需要、满意、应该、必须"等意，也是表意义的实语素，如"得快点儿""我得走了"。"得"作为实语素时，无论哪一个读音，都需按原调重读。

"普通话水平测试用常用词语"包括"普通话水平测试用常用单音节字词"表一、表二和"普通话水平测试用常用多音节词语"表一、表二。通过对"普通话水平测试用常用词语"的梳理，我们从语素的角度可以建立现代汉语普通话的词语轻重音体系，归纳出普通话水平测试中词语的轻重音处理方式。

（1）单音节字词

"普通话水平测试用常用单音节字词"均可作为实语素，读作重音。

在普通话水平测试中，读单音节字词的测试目的是"测查应试人声母、韵母、声调读音的准确程度"。"普通话水平测试用常用单音节字词"中的词，大多数只能作为实语素，如："矮、拆、晋、折"等，这一类毫无疑问应该重读。而有的既可以做实语素，也可以做虚语素，如："得（跑得 de 快）、个（一个 ge 人）、夫（懦夫 fu、丈夫 fu）"等。但是，轻音因为不具备独立音位资格，往往会根据前一个字的调值而发生改变。因此，如果理解为虚语素，轻读的话，则失去了测查声调读音准确程度的意义。此外，在现代汉语普通话的轻重音体系中，轻和重是在词或句中由对比而体现出来的；而单音节字词无法在词内部或句子中形成对比。因此，在单音节词中轻读不具有测查意义。

故在普通话水平测试中，朗读单音节字词时，尽管没有测试规定的轻重音处理方式，我们认为按实语素的表意功能，处理为按原调重读更为合适。事实上，"普通话水平测试用常用单音节字词"表中所有的字词都是标注了完整声调的，没有一个是轻音。

（2）多音节词语

"普通话水平测试用常用多音节词语"表一和表二中的词，尾字都是具有实际意义的实语素，在轻重音体系中应处理为重音。根据词语轻重音体系中首字无轻音的规范化规定，实语素结尾的双音节词，应该全部处理为"次重音—重音"。"普通话水平测试用常用多音节词语"表一和表二中的双音节词全都属于"次重音—重音"的情况。

根据首字无轻音的规定和虚语素轻读的规律，三音节词中间音节是虚语素时，应处理为"次重音—轻音—重音"；根据实语素虚化倾向轻读的规律，倾向于发展为词语中缀时，应处理为"次重音—次轻音—重音"；根据词语中有且只有一个重音的规定，三音节词中间音节是实语素时，应处理为"次重音—次重音—重音"。在"普通话水平测试用重次轻格式词语"中，三音节词"差不多""大不了""对不起""机器人""看不起""靠不住""了不起""了不得""冷不防""舍不得"等，应处理为"次重音—次轻音—重音"；另外，入选"普通话水平测试用重次轻格式词语"的三音节词，如"葡萄糖""葡萄酒"，其构词双音节词"葡萄"的"萄"轻读，可遵循该读法在"葡萄糖""葡萄酒"中继续轻读，不必单列为"重次轻格式"。

四音节词语在现代汉语中的构成具有特殊性和复杂性。有的四音节词语是古代汉语流传下来的成语，如："家喻户晓、海市蜃楼、精益求精"等。

成语是古代汉语词汇中特有的一种长期沿用的固定短语，来自古代经典或著作、历史故事、人们的口头故事。成语比词的含义更丰富，语法功能又相当于词的语言单位，而且富有深刻的思想内涵，简短精辟易记易用。成语的各个构成部分往往需要作为一个整体来进行理解，才能准确地传达成语包含的实际意义和感情色彩。而有的四音节词语是现代汉语的合成词，不是严格意义上的成语。不是所有的四音节词语都是成语，如"新陈代谢""百家争鸣"两个四音节词成词都在近现代。"新陈代谢"有两个出处，一是毛泽东的《矛盾论》（1937年）："世界上总是这样以新的代替旧的，总是这样新陈代谢、除旧布新或推陈出新。"二是郭沫若的《少年时代·黑猫》（1973年）："辛亥革命以后，因宦海中起了新陈代谢的宏波，于是政法风更成了狂风。""百家争鸣"虽然出自《汉书·艺文志》"凡诸子百八十九家……蜂出并作，各引一端，崇其所说，以此弛说，取舍诸侯。"但也只出现了"百家争鸣"之意，并没有成词。严格来讲，这类词更适合归入四音节合成词，而不是古代汉语词汇长期沿用至今的成语。因此，对四音节词语的轻重音体系应该更谨慎地处理语音问题的规范化，以更加适应现代汉语的表达规律，符合现代汉语的口语交流习惯。

根据词语轻重音体系中词语有且只有一个重音和尾字无次重音的规范化规定，尾字是实语素的都处理为重音。根据词语中有且只有一个重音与首字无轻音的规定，首字处理为次重音。根据实语素虚化的规律，中间音节分为三种情况：若有明显虚化现象，处理为次轻音；若无虚化现象，处理为次重音；若已经完全虚化成为构成词语的词缀，则处理为轻音。

"普通话水平测试用常用多音节词语"表一四音节词共3个：千方百计、新陈代谢、因地制宜。三个词都没有中间音节明显虚化或属于虚语素的情况，因此，都可以归入"次重音—次重音—次轻音—重音"的处理方式。

"普通话水平测试用常用多音节词语"表二四音节词，共108个（加～线的音节是虚语素）：

百花齐放、百家争鸣、百科全书、包罗万象、背道而驰、标新立异、别出心裁、别具一格、别开生面、别有用心、冰天雪地、不动声色、不计其数、不胫而走、不可思议、不可一世、不速之客、不言而喻、不以为然、不约而同、持之以恒、赤手空拳、出类拔萃、出其不意、出人意料、触目惊心、川流不息、错综复杂、大公无私、大惊小怪、大同小异、大显身手、大相径庭、得天独厚、得心应手、独一无二、方兴未艾、非同小可、奋不顾身、风驰电掣、风起云涌、根深蒂固、顾名思义、海市蜃楼、汗流浃背、后顾之忧、焕然一新、急中生智、家喻户晓、矫揉造作、精益求精、鞠躬尽瘁、举足轻重、刻不容缓、脍炙人口、来龙去脉、理直气壮、了如指掌、淋漓尽致、琳琅满目、屡见不鲜、漫不经心、慢条斯理、毛骨悚然、眉飞色舞、眉开眼笑、梦寐以求、名副其实、名列前茅、目不转睛、目瞪口呆、弄虚作假、排忧解难、迫不及待、岂有此理、千钧一发、前仆后继、潜移默化、轻而易举、轻描淡写、情不自禁、如释重负、若无其事、司空见惯、似是而非、肆无忌惮、随心所欲、啼笑皆非、天经地义、万紫千红、忘恩负义、相得益彰、心不在焉、心旷神怡、兴高采烈、胸有成竹、一筹莫展、一帆风顺、一目了然、一丝不苟、抑扬顿挫、有的放矢、与日俱增、语重心长、周而复始、诸如此类、自始至终、自以为是。

这些词语中，"背道而驰、不胫而走、不速之客、不言而喻、不以为然、不约而同、持之以恒、后顾之忧、梦寐以求、轻而易举、似是而非、随心所欲、周而复始、自以为是"14个四音节中，存在虚语素，可以处理为次轻音或轻音。其他四音节词中，语义发生了变化，有的指代范围扩大，有的是省略语言成分，大多并没有虚化，而且含义丰富、寓意深刻、内容生动。因此，在词语轻重音体系中，可以规范为"次重音—次重音—次重音—重音"的处理方式。

在"普通话水平测试用常用多音节词语"的四音节词语之外，还有一些四音节的词语轻重音处理方式需要根据语素的实际意义虚化情况来处理。如四音节重叠词，表实际意义的程度往往比非重叠词要轻。"请教"和"请教请教"、"研究"和"研究研究"、"考虑"和"考虑考虑",前者表达实际意义的程度更深,重叠部分第二个字轻读;"舒服"和"舒舒服服"、"踏实"和"踏踏实实"、"风火"和"风风火火"、"高兴"和"高高兴兴"等,前者表达实际意义的程度更深。重叠词的第二个音节轻读,第三和第四个音节在口语表达中经常读为阴平调。

若四音节词中后两个字可单独成词,并且最后一个字在单独成词时读作轻音,则处理为"次重音—次轻音—重音—轻音",例如:"如意算盘、外甥媳妇"等。但这类词没有选入"普通话水平测试指定多音节词语表"。此外,在短文朗读和命题说话中,类似的情况也可以通过拆分词的办法,对词的轻重音进行正确判断。因此,从应用角度出发,不必单列。

(3)词语轻音规范

① 双音节语素、多音节语素按习惯性读法

双音节语素是由两个音节组成的语素,主要包括联绵字和外来词。多音节语素是由三个或更多音节组成的语素,主要包括拟声词、专用名词和音译外来词。在双音节语素和多音节语素中,只有将两个或更多音节合起来才能产生与该语素相关的意义,分开来则没有独立的语义意义。

有的词语中词尾习惯性轻读,如"葡萄"读作"重音—轻音"格式;有的词尾习惯性重读,如"氨基酸"为"次重音—次重音—重音"格式。"普通话水平测试用字必读轻声词语"中,双音节语素习惯性轻读的词语有:

蛤蟆 háma	疙瘩 gēda	东西 dōngxi
芝麻 zhīma	骆驼 luòtuo	便宜 piányi
喇嘛 lǎma	刺猬 cìwei	相声 xiàngsheng
喇叭 lǎba	和尚 héshang	
高粱 gāoliang	核桃 hétao	

② 虚语素后缀读作轻音

虚语素轻读包括:动态助词"的、地、得、着、了、过"等;语气词"呀、呢、吧、吗、啊"等；后缀"子、们、乎、头、上、下、么、卜、巴"等。

"普通话水平测试用字必读轻声词语"中虚语素后缀词语有以下几类。

◎ "子"作为后缀的轻音入选最多，单列如下：

班子 bānzi	鬼子 guǐzi	拍子 pāizi
场子 chǎngzi	疯子 fēngzi	痞子 pǐzi
梆子 bāngzi	果子 guǒzi	片子 piānzi
厂子 chǎngzi	杆子 gānzi	曲子 qǔzi
包子 bāozi	幌子 huǎngzi	圈子 quānzi
尺子 chǐzi	鸽子 gēzi	嗓子 sǎngzi
杯子 bēizi	茧子 jiǎnzi	塞子 sāizi
胆子 dǎnzi	根子 gēnzi	嫂子 sǎozi
鞭子 biānzi	剪子 jiǎnzi	沙子 shāzi
底子 dǐzi	弓子 gōngzi	傻子 shǎzi
车子 chēzi	饺子 jiǎozi	身子 shēnzi
肚子 dǔzi	钩子 gōuzi	婶子 shěnzi
窗子 chuāngzi	口子 kǒuzi	虱子 shīzi
斧子 fǔzi	夹子 jiāzi	毯子 tǎnzi
村子 cūnzi	老头子 lǎotóuzi	狮子 shīzi
杆子 gǎnzi	尖子 jiānzi	脑子 nǎozi
单子 dānzi	老子 lǎozi	梳子 shūzi
稿子 gǎozi	锅子 guōzi	小伙子 xiǎohuǒzi
刀子 dāozi	两口子 liǎngkǒuzi	孙子 sūnzi
谷子 gǔzi	金子 jīnzi	小子 xiǎozi
钉子 dīngzi	领子 lǐngzi	摊子 tānzi

椅子 yǐzi	袋子 dàizi	罐子 guànzi
梯子 tīzi	脖子 bózi	盒子 hézi
影子 yǐngzi	担子 dànzi	柜子 guìzi
挑子 tiāozi	肠子 chángzi	猴子 hóuzi
种子 zhǒngzi	稻子 dàozi	棍子 gùnzi
屋子 wūzi	池子 chízi	橘子 júzi
主子 zhǔzi	调子 diàozi	汉子 hànzi
瞎子 xiāzi	虫子 chóngzi	篮子 lánzi
爪子 zhuǎzi	豆子 dòuzi	架子 jiàzi
箱子 xiāngzi	绸子 chóuzi	帘子 liánzi
案子 ànzi	肚子 dùzi	毽子 jiànzi
靴子 xuēzi	除了 chúle	林子 línzi
把子 bàzi	缎子 duànzi	轿子 jiàozi
鸭子 yāzi	锤子 chuízi	翎子 língzi
棒子 bàngzi	贩子 fànzi	镜子 jìngzi
椰子 yēzi	笛子 dízi	聋子 lóngzi
豹子 bàozi	份子 fènzi	句子 jùzi
珠子 zhūzi	蛾子 ézi	笼子 lóngzi
被子 bèizi	盖子 gàizi	卷子 juànzi
庄子 zhuāngzi	儿子 érzi	炉子 lúzi
辫子 biànzi	杠子 gàngzi	空子 kòngzi
锥子 zhuīzi	房子 fángzi	轮子 lúnzi
步子 bùzi	个子 gèzi	扣子 kòuzi
桌子 zhuōzi	格子 gézi	骡子 luózi
带子 dàizi	褂子 guàzi	裤子 kùzi
鼻子 bízi	孩子 háizi	麻子 mázi

筷子 kuàizi	勺子 sháozi	燕子 yànzi
牌子 páizi	票子 piàozi	银子 yínzi
框子 kuàngzi	绳子 shéngzi	样子 yàngzi
盘子 pánzi	日子 rìzi	宅子 zháizi
例子 lìzi	台子 táizi	叶子 yèzi
狍子 páozi	褥子 rùzi	侄子 zhízi
栗子 lìzi	坛子 tánzi	一辈子 yībèizi
盆子 pénzi	扇子 shànzi	竹子 zhúzi
料子 liàozi	桃子 táozi	柚子 yòuzi
棚子 péngzi	哨子 shàozi	把子 bǎzi
路子 lùzi	蹄子 tízi	院子 yuànzi
皮子 pízi	柿子 shìzi	板子 bǎnzi
麦子 màizi	条子 tiáozi	寨子 zhàizi
瓶子 píngzi	兔子 tùzi	膀子 bǎngzi
帽子 màozi	亭子 tíngzi	帐子 zhàngzi
旗子 qízi	袜子 wàzi	本子 běnzi
面子 miànzi	头子 tóuzi	镇子 zhènzi
钳子 qiánzi	位子 wèizi	饼子 bǐngzi
镊子 nièzi	蚊子 wénzi	柱子 zhùzi
茄子 qiézi	性子 xìngzi	补丁 bǔding
胖子 pàngzi	席子 xízi	粽子 zòngzi
裙子 qúnzi	袖子 xiùzi	
骗子 piànzi	匣子 xiázi	

◎ "们、乎、头、上、下、么、卜、巴" 作为后缀：

他们 tāmen	它们 tāmen	她们 tāmen

人们 rénmen	骨头 gǔtou	乡下 xiāngxia
你们 nǐmen	里头 lǐtou	多么 duōme
我们 wǒmen	码头 mǎtou	什么 shénme
咱们 zánmen	枕头 zhěntou	怎么 zěnme
不在乎 bùzàihu	指头 zhǐtou（zhítou）	那么 nàme
在乎 zàihu	对头 duìtou	这么 zhème
跟头 gēntou	罐头 guàntou	胡萝卜 húluóbo
丫头 yātou	后头 hòutou	萝卜 luóbo
锄头 chútou	浪头 làngtou	尾巴 wěiba
馒头 mántou	木头 mùtou	哑巴 yǎba
苗头 miáotou	念头 niàntou	眨巴 zhǎba
前头 qiántou	上头 shàngtou	嘴巴 zuǐba
拳头 quántou	皇上 huángshang	下巴 xiàba
舌头 shétou	晚上 wǎnshang	
石头 shítou	早上 zǎoshang	

◎动态助词"的、地、得、着、了、过"作为后缀：

为了 wèile   懒得 lǎnde

不由得 bùyóude   似的 shìde

"地、着、过"在现代汉语中用于助词后缀时应该轻读，但是"普通话水平测试用必读轻声词语"中没有这类词语，在短文朗读中会涉及此类词语的轻读。

③ 实际意义虚化明显的实语素类词缀轻读

类词缀是词汇学术语，亦称"准词缀"。是在构词上起有词缀作用，词汇意义有所虚化而尚未完全虚化的语素。实际意义虚化多出现在词尾字，也

167

可能出现在词首字。尾字虚化倾向于成为尾缀的可以称为类尾缀；首字虚化倾向于成为前缀的可以称为类前缀。现代汉语表达中，类词缀与词语轻读存在紧密关联。

◎实际意义虚化倾向于类词缀尾缀的轻读规范

实际意义呈现虚化倾向的类词缀尾缀，视虚化程度读轻音或次轻音。虚化程度高处理为轻音，虚化程度低处理为次轻音。类词缀构词在读音上经历了非轻读到轻读的变化。在现代汉语中仍有一些词，在实际使用中尾字非轻读和轻读都广泛存在。这是十分常见的语言应用现象。因为语言的本质属性是社会性，约定俗成和使用习惯是在较为漫长的时间里形成的。只有把时间线拉到足够长，才能洞察语言应用，特别是语音变化的规律。尾字实际意义虚化的词，常常伴随着衍生意义、比喻意义、象征意义等抽象化趋势。因此，可以从是否存在普遍使用的衍生意义、比喻意义、象征意义等来分析有尾字意义虚化倾向的词是否轻读，是否有发展为类词缀的趋势。如：

处（住处、去处），气（秀气、小气），匠（鞋匠、木匠），家（行家、亲家、老人家），人（工人、夫人、老人家），手（把手、帮手），得（了不得），起（看不起）

"普通话水平测试用字必读轻声词语"中，一部分类词缀词尾音虚化程度较高，直接处理为轻音。在词语轻重音体系中，处理为轻音的词语有：

白净 báijing	心思 xīnsi	快活 kuàihuo
拨弄 bōnong	意思 yìsi	忙活 mánghuo
帮手 bāngshou	消息 xiāoxi	媒人 méiren
窗户 chuānghu	休息 xiūxi	爱人 àiren
巴掌 bāzhang	柴火 cháihuo	丈人 zhàngren
交情 jiāoqing	红火 hónghuo	生意 shēngyi
事情 shìqing	养活 yǎnghuo	主意 zhǔyi（zhúyi）

门道 méndao	怪物 guàiwu	运气 yùnqi
地道 dìdao	火候 huǒhou	老实 lǎoshi
厚道 hòudao	时候 shíhou	壮实 zhuàngshi
迷糊 míhu	使唤 shǐhuan	扎实 zhāshi
模糊 móhu	叫唤 jiàohuan	状元 zhuàngyuan
含糊 hánhu	官司 guānsi	称呼 chēnghu
东家 dōngjia	上司 shàngsi	实在 shízai
娘家 niángjia	差事 chāishi	自在 zìzai
婆家 pójia	本事 běnshi	寡妇 guǎfu
人家 rénjia	干事 gànshi	媳妇 xífu
亲家 qìngjia	故事 gùshi	妥当 tuǒdang
耳朵 ěrduo	结实 jiēshi	稳当 wěndang
石匠 shíjiang	先生 xiānsheng	行当 hángdang
铁匠 tiějiang	学生 xuésheng	道士 dàoshi
木匠 mùjiang	畜生 chùsheng	护士 hùshi
口袋 kǒudai	伙计 huǒji	作坊 zuōfang
脑袋 nǎodai	算计 suànji	街坊 jiēfang
工夫 gōngfu	奴才 núcai	记性 jìxing
功夫 gōngfu	秀才 xiùcai	架势 jiàshi
姐夫 jiěfu	福气 fúqi	知识 zhīshi
大夫 dàifu	脾气 píqi	见识 jiànshi
丈夫 zhàngfu	小气 xiǎoqi	认识 rènshi
老婆 lǎopo	客气 kèqi	家伙 jiāhuo
老爷 lǎoye	阔气 kuòqi	财主 cáizhu
大爷 dàye	力气 lìqi	庄稼 zhuāngjia
少爷 shàoye	秀气 xiùqi	记号 jìhao

字号 zìhao	帐篷 zhàngpeng	师父 shīfu
商量 shāngliang	唾沫 tuòmo	师傅 shīfu
思量 sīliang	世故 shìgu	招牌 zhāopai
衙门 yámen	扫帚 sàozhou	脊梁 jǐliang
牌楼 páilou	屁股 pìgu	眯缝 mīfeng
月饼 yuèbing	疟疾 nüèji	溜达 liūda
烧饼 shāobing	痢疾 lìji	欺负 qīfu
应酬 yìngchou	关系 guānxi	将就 jiāngjiu
笑话 xiàohua	嫁妆 jiàzhuang	收拾 shōushi
跳蚤 tiàozao	部分 bùfen	挖苦 wāku
特务 tèwu	衣裳 yīshang	张罗 zhāngluo
位置 wèizhi	合同 hétong	折腾 zhēteng
地方 dìfang	名堂 míngtang	琢磨 zuómo
大方 dàfang	学问 xuéwen	动弹 dòngtan
比方 bǐfang	行李 xíngli	对付 duìfu
戒指 jièzhi	云彩 yúncai	活泼 huópo
队伍 duìwu	点心 diǎnxin	凉快 liángkuai
豆腐 dòufu	首饰 shǒushi	爽快 shuǎngkuai
岁数 suìshu	指甲 zhǐjia（zhǐjia）	勤快 qínkuai
包袱 bāofu	风筝 fēngzheng	明白 míngbai
月亮 yuèliang	膏药 gāoyao	难为 nánwei
漂亮 piàoliang	舒服 shūfu	能耐 néngnai
裁缝 cáifeng	衣服 yīfu	暖和 nuǎnhuo
棒槌 bàngchui	收成 shōucheng	委屈 wěiqu
苗条 miáotiao	铺盖 pūgai	别扭 bièniu
马虎 mǎhu	牲口 shēngkou	凑合 còuhe

厉害 lìhai	糊涂 hútu	灯笼 dēnglong
利落 lìluo	脊梁 jǐliang	胡琴 húqin
冒失 màoshi	秧歌 yāngge	闺女 guīnü
利索 lìsuo	烟筒 yāntong	扁担 biǎndan

◎实际意义虚化倾向于类词缀前缀的轻读规范

现代汉语构词中，有一些双音节词首字出现实际意义虚化，倾向于成为类前缀。与类后缀一样，类前缀可以视为类词缀的一种。但是由于词语首字无轻音的规律，这种构词尽管尾字实际意义明显，仍被普遍处理为轻音。如"苍蝇 cāngying"一词，其实际意义倾向于"蝇"。"蝇"本身就能代表"苍蝇"的全部实际意义；"苍"原意指"天空、青色、灰白色"等，在这个构词中，接近于"天空"或"天上飞"的意思。实际上在构词过程中，"苍"的实际意义已经不影响词语的理解，即发生了实际意义虚化现象。"苍"便成为类似于前缀的构词语素，可以称为类前缀。如果历史时间拉得够长，我们就能认识到"实语素——类前缀——前缀"的构词发展趋势。以现代汉语中常常使用的前缀"打"为例，既可以做实语素表示一个动作，如"打人"，语法意义为表示动词，实际意义为动手打别人。而随着社会发展，新的词语必须产生，"打"字的意义发生了虚化，如"打车"中，"打"只保留了表示动词的语法功能，失去了原来"打"的动作（即实际意义）；以"打"为前缀的词还有"打扮、打点、打量"等。这个例子中，构词的两个语素都具有表示动词的语法意义，但实际意义偏向于词尾。如"打量"，"打"和"量"在语法意义上都是表示动词，但是"打量"的实际意义是"对人的衣着、相貌等加以观察，认为，估计"。尽管更接近于"量"的实际意义，但是"量"在实际使用中被处理为轻音了。这也许同词语兼具实际意义虚化和语法意义相同的双重特征有关。但是，这一论断是否具有现代汉语使用的规律性，是否能够成为汉语普通话的规范条件，有待更广泛的统计和讨论。

"普通话水平测试用字必读轻声词语"中，首字虚化倾向于类前缀的词有：

女婿 nǚxu	打扮 dǎban	打量 dǎliang
甘蔗 gānzhe	打点 dǎdian	麻烦 máfan
高粱 gāoliang	打发 dǎfa	麻利 máli
石榴 shíliu	打算 dǎsuan	
苍蝇 cāngying	打听 dǎting	

◎助动词轻读规范

用在动词、形容词前面表示客观的可能性、必要性和人的主观意愿，有评议作用的双音节能愿动词（助动词）可读"重音—次轻音"，也可读"次重音—重音"；三音节能愿动词（助动词），第二字读次轻音，如：

表示可能：能够、可能、可以、得以、冷不防

表示意愿：愿意、乐意、情愿、想要、要想、敢于、乐于、看一看、玩一玩、走一走、舍不得

表示必要：应该、应当、须得、犯得着、犯不着、理当

表示估价：值得、便于、难于、难以、易于、差不多、了不得、了不起、大不了

◎量词轻读规范

量词构词后读次轻音，如：

个（一个）、些（这些）

"普通话水平测试用字必读轻声词语"中，只选入了一个词：这个 zhège。我们认为，在普通话水平测试中调整为"重次轻格式"为佳。

④重义、反义语素构词轻读规范

汉语普通话中，重义语素、反义语素构词后，有时具有新的实际意义。重义语素构成名词，如"簸箕 bòji、篱笆 líba、累赘 léizhui"等；重义语素构成动词，如"答应 dāying、耽搁 dānge、耽误 dānwu"等；重义语素构成

形容词，如"机灵 jīling、清楚 qīngchu、舒坦 shūtan"等。重义语素构词的音节，实际意义上存在重复。同样的情况，包括同义语素构成重叠名词和重叠动词，如表示称谓的名词："哥哥 gēge、姑姑 gūgu、公公 gōnggong"等；表示动作程度的重叠动词："谢谢 xièxie、看看 kànkan"等。反义语素构成名词，如"兄弟 xiōngdi、动静 dòngjing、买卖 mǎimai"等。词语"东西 dōngxi"不是反义语素构词，而是双音节语素，构词的各部分不可单独拆分理解，而是双音节形成的最小的音义结合体。构词的各部分单独做语素时的实际意义与该词的实际意义无关。

　　由于构词语素实际意义重复，这一类词语在实际使用中遵循发音省力原则，则可以处理为轻音。重义、反义语素构词表示特定的指代意义、情感色彩、动作程度。在言语中要表达特定意义，就必须形成语音标记。如，反义语素构词，形成语音标记最省力的方式就是轻读处理。再如，重义语素构词不必重复强调，在发音省力原则下自然处理为轻音。

　　需要指出的是，这一类词在教学中往往被笼统地解释为习惯性轻读。因为，不是所有的重义、反义语素词尾意义虚化后都被处理为轻音。在实际使用中，有的重义、反义语素构词词尾普遍存在轻读和不轻读并存的问题。这种现象，在语音应用中是常见的，也是正常的。语音变化是一个历史性的过程，呈现出一种大趋势和大方向。但是在学术研究中不建议用"习惯"对其进行笼统的解释。词语轻重音体系研究需要做的是，从语言本体研究的角度探究这种"习惯性轻读"的成因，并予以规律性的解释。只有在较为宏观的纬度发现语音应用的规律，才能制作出合理的规范化要求。实语素虚化和发音省力原则，为探寻现代汉语词语轻重音的规律及汉语普通话应用规范，提供了应用依据。

　　"普通话水平测试用字必读轻声词语"中，重义、反义语素构词轻读的词语有：

A. 同义语素构词轻读（主要是重叠称谓词和重叠动词）

哥哥 gēge	姐姐 jiějie	太太 tàitai
姑姑 gūgu	姥姥 lǎolao	老太太 lǎotàitai
公公 gōnggong	奶奶 nǎinai	娃娃 wáwa
妈妈 māma	爸爸 bàba	星星 xīngxing
叔叔 shūshu	弟弟 dìdi	猩猩 xīngxing
婆婆 pópo	舅舅 jiùjiu	谢谢 xièxie
爷爷 yéye	妹妹 mèimei	

B. 重义语素构成名词轻读

簸箕 bòji	朋友 péngyou	亲戚 qīnqi
钥匙 yàoshi	名字 míngzi	胭脂 yānzhi
栅栏 zhàlan	眼睛 yǎnjing	妖精 yāojing
篱笆 líba	祖宗 zǔzong	困难 kùnnan
累赘 léizhui	胳膊 gēbo	狐狸 húli
粮食 liángshi	姑娘 gūniang	头发 tóufa
眉毛 méimao	规矩 guīju	
蘑菇 mógu	窟窿 kūlong	

C. 重义语素构成动词轻读

答应 dāying	吆喝 yāohe	告诉 gàosu
耽搁 dānge	冤枉 yuānwang	念叨 niàndao
耽误 dānwu	咳嗽 késou	吓唬 xiàhu
提防 dīfang	连累 liánlei	转悠 zhuànyou
嘟囔 dūnang	拾掇 shíduo	盘算 pánsuan
稀罕 xīhan	喜欢 xǐhuan	包涵 bāohan

耷拉 dāla　　　　　　　　疏忽 shūhu

D. 重义语素构成形容词轻读

机灵 jīling　　　　　　舒坦 shūtan　　　　　　热闹 rènao

清楚 qīngchu　　　　　挑剔 tiāoti　　　　　　精神 jīngshen

E. 反义语素构词轻读

买卖 mǎimai　　　　　　弟兄 dìxiong

兄弟 xiōngdi　　　　　　动静 dòngjing

此外，还有一些习惯性的轻音，需要使用者在实际应用中培养语感和加强记忆。在普通话水平测试中，这些词均已收录于"普通话水平测试用必读轻声词语"表和"普通话水平测试用重次轻格式词语"表。在以上规律指导下，普通话水平测试指定的"普通话水平测试用必读轻声词语"中，读轻声的音节可以全部归为轻音；"普通话水平测试用重次轻格式词语"中，读次轻格的音节全部归为次轻音。

2. 普通话水平测试中的语句轻重音体系

语句轻重音体系分为结构重音和强调重音两类。强调重音分为对比式强调重音和强调式强调重音两种。从语法结构上看，结构重音表现为以下情况：动词重读、宾语重读、修饰语重读、疑问代词重读、程度补语重读。以下示例，从语法结构上分析"普通话水平测试用朗读作品"的语句重音体系。

（1）谓语重音

水手撵它它不走，抓它，它乖乖地落在掌心。可爱的小鸟和善良的水手结成了朋友。

（选自"普通话水平测试用朗读作品"王文杰：《可爱的小鸟》）

示例中，"撵"和"抓"是水手的两个动作，在句中做谓语，与小鸟"不

175

走""落在掌心"的反应相对应，形成了句子的信息焦点，因此，"攥"和"抓"也就是句子的结构重音，朗读时处理为重音。

（2）主语重读

它的干呢，通常是丈把高，像是加以人工似的，一丈以内，绝无旁枝；它所有的丫枝呢，一律向上，而且紧紧靠拢，也像是加以人工似的，成为一束，绝无横斜逸出；它的宽大的叶子也是片片向上，几乎没有斜生的，更不用说倒垂了；它的皮，光滑而有银色的晕圈，微微泛出淡青色。

（选自"普通话水平测试用朗读作品"茅盾：《白杨礼赞》）

示例中，"干""丫枝""叶子""皮"作为句子的主语，后面的内容都是形容主语的。"干""丫枝""叶子""皮"及其形容成分构成西北白杨树"树中的伟丈夫"的整体形象。先后出现的主语形象，作为语句中逐渐出现的结构信息焦点，组合形成白杨树的整体形象。因此，此处的几个主语，形成了语句的结构重音，需要重读。

（3）修饰语重读

因为它是活动的，每当一排排波浪涌起的时候，那映照在浪峰上的霞光，又红又亮，简直就像一片片霍霍燃烧着的火焰，闪烁着，消失了。

（选自"普通话水平测试用朗读作品"峻青：《海滨仲夏夜》）

示例中的形容成分"又红又亮""霍霍燃烧"等都是修饰"浪锋上的霞光"用的。这些修饰成分在"霞光"之后，作为逐渐出现的新信息，一步一步勾勒出"霞光"的样子。因此，修饰成分作为句子的信息焦点，形成了结构重音。

（4）疑问代词重读

一个大问题一直盘踞在我脑袋里：

世界杯怎么会有如此巨大的吸引力？除去足球本身的魅力之外，还有什么超乎其上而更伟大的东西？

（节选自冯骥才：《国家荣誉感》）

　　疑问代词在句中表达疑问含义，引发读者或听者的思考，串联前后文内容。因此，疑问代词本身意味着新的信息内容出现。疑问代词本身就成为句子结构的信息焦点，成为结构重音。

　　可以看到，各个语句都有语法重音，但不一定有强调重音。强调重音是语法重音由底层上升到表层的重音形式，语法重音服从于强调重音。无论是语法重音还是强调重音，都和信息焦点相对应，利用信息焦点确定语句重音无疑是最佳选择。从信息焦点的角度分析朗读作品语句重音，符合朗诵表达意义的功能，也对应着交流双方所处的表达语境，并且有构成简单、规律性强的优点。

　　因此，在汉语普通话语句重音的学习与运用中，更实用的方式是，从信息焦点的分析入手，先考虑句子的结构重音。在此基础上，考虑是否需要使用强调重音突出句意。这样的规律性路径有利于学习掌握，也便于汉语普通话的推广。

　　（5）强调重音和强调轻音

　　从表达功能和表达形式两个方面可以对重音进行分析。从语言手段的表达功能上来说，语流中的重音应该是语句表达中需要突出或强调的部分，这个突出或强调的部分可以是词也可以是词组。

　　它不像汉白玉那样的细腻，可以刻字雕花，也不像大青石那样的光滑，可以供来浣纱捶布。

　　（选自"普通话水平测试用朗读作品"贾平凹：《丑石》）

　　"细腻"和词组"刻字雕花"作为重音有突出强调的作用。"细腻"突出了"汉白玉"的质地，"刻字雕花"强调了"汉白玉"的用处。同样地，"光滑"和词组"浣沙捶布"作为重音也具有突出强调的作用。"光滑"突出了"大青石"的质地，"浣纱捶布"强调了"大青石"的用处。而"汉白玉"和"大青石"都与"它（丑石）"形成对比，需要突出强调。

　　从重音的表达形式上来说，重音一般比其他词语念得重。

老麻雀是猛扑下来救护幼雀的。它用身体掩护着自己的幼儿……

（选自"普通话水平测试用朗读作品"［俄］屠格涅夫：《麻雀》，巴金译）

"猛"字强调了老麻雀救护幼雀时的坚决、果断，以及面对强敌不畏牺牲的样子，在表达时，念得比较重。"身体"意在强调老麻雀宁可牺牲自己的性命，也要以弱敌强，放手一搏的伟大母爱。因此，尽管老麻雀的身体是弱小的，但它的精神是伟大的。在表达时，"身体"可以念得重一些。

但有时，重音也可以表现为比其他词语念得轻，还可以表现为比其他词语念得慢，或者表现为在要突出强调的词语前面加一个短促的停顿。

这一圈小山在冬天特别可爱，好像是把济南放在一个小摇篮里，它们安静不动地低声地说："你们放心吧，这儿准保暖和。"

（选自"普通话水平测试用朗读作品"老舍：《济南的冬天》）

文中"低声地"一词用拟人化的口吻，将济南这座城市、小山怀抱的地形，以及济南人安心、踏实、舒适的生活状态描述了出来。"低声地"是一种母亲对婴儿关爱的口吻，需要用轻柔的语调慢慢地说出，以表现母亲对婴儿般安抚、爱护的感情色彩。如果前后速度一致，一语带过，则意境全失，索然无味了。

（二）普通话水平测试的评判标准

普通话水平测试的评判依据是《普通话水平测试大纲》。《普通话水平测试大纲》明确指出了普通话水平测试的试卷编制和评分办法。普通话水平测试是一项严格的评价测试，轻重音在普通话水平测试中涉及较广。在普通话水平测试的评判标准中，多项评判标准已经涵盖、涉及轻重音体系。

单音节字词测试要求是，"读单音节字词（100 个音节），不含轻声和儿化，限时 3.5 分钟，共 10 分"。这一项测试的目的是，"测查应试人声母、韵母、声调读音的标准程度"。在轻重处理上，单音节词尽量理解为实语素，重读。因此，掌握重读在音长、音高、音强上的语音特征，是应试的关键方面。

多音节词语测试要求是，"读多音节词语（100 个音节），限时 2.5 分钟，共 20 分"。这一项测试的目的是，"测查应试人声母、韵母、声调和变调、轻声、儿化读音的标准程度"。其中变调和轻声是对词语轻重音体系的直接考察，轻声在轻重音体系中就是轻音。而声调则是表现轻音、次轻音、次重音和重音的重要方面。在词语轻重音体系中，调域的宽窄、调位的高低都与词语内部各音节的轻重有关。变调在语流音变理论中，表现为一些字的调型随后一字调型而产生的规律性变化；变调在轻重格式理论中，表现为一些字在构成词语时发生的规律性和约定俗成的变化。无论是语流音变，还是轻重格式，都与词语和句子的轻重音体系相关联。因此，掌握词语和句子的轻重音体系是掌握普通话水平测试中的轻重格式和语流音变的重要方面。

朗读短文的测试中，要求应试者"朗读指定短文的前 400 个音节，限时 4 分钟，共 30 分"。测试目的是，"测查应试人使用普通话朗读书面作品的水平。在测查声母、韵母、声调的准确程度的同时，重点测查连读音变、停连、语调以及流畅程度"。其中，音变和语调往往可以体现在音的轻重上。同时，由于语言节律的关系，朗读的流畅程度同语言节律中的轻重变化也有着紧密的关联。

命题说话的测试中，应试人需要限时 3 分钟讲话，共 40 分。《普通话水平测试大纲》指出，普通话有口语和书面语两种形式。测试也必须采取有文字凭借和没有文字凭借两种方式进行。朗读单音节字词、多音节字词和短文，属于有文字凭借方式的考察。命题说话这一项属于无文字凭借方式的考察。命题说话的测试目的是，测查应试人在无文字凭借的情况下说普通话的水平，重点测查语音标准程度、词汇语法规范程度和自然流畅程度。命题说话属于综合应用测试，其中既涉及词语轻重音体系，也涉及语句轻重音体系。掌握普通话的轻重音体系能够达到清晰、流畅、重点突出、悦耳动听的效果。

总之，通过对普通话水平测试评判标准的剖析，可以十分确定的是词语和句子的轻重音体系是贯穿考试全过程的内容。使用者要灵活、自然、自如，甚至巧妙地应用普通话，必须培养良好的语感和语言习惯，熟练掌握普通话的轻重音体系。

（三）普通话水平测试项的轻重音正误界定

《普通话水平测试大纲》（1994）评分标准中，将朗读项扣分标准设定为：字音错误、漏读；方言语调；停顿、断句不当；语速过快、过慢；超过 4 分 35 秒以上等。基于大纲，浙江省语委明确提出了，普通话水平测试四个部分的评分依据。

1.读单音节字词的评分依据是："每错 1 个字的声母、韵母或声调扣 0.1 分；读音有缺陷每个字扣 0.05 分；超时 1 分钟以内，扣 0.5 分；超时 1 分钟以上（含 1 分钟）扣 1 分。"

单音节字词的评分中，词语轻重音体系关系到词语读音缺陷的判定，而普通话重音与音高有着密切的关系。在单音节字词的评分中，声调的完整性实际上就是重读音节中音域处理的一致性和合理性。朗读者的重读音节处理，较日常对话而言调域扩宽，音长较长。在单音节字词的朗读中，维持稳定的重音处理方式。那么，听者的听觉感受上就是规范的，调值稳定的。如果应试者存在轻重音处理不稳定，就有可能会被判定为读音缺陷，每个字扣 0.05 分，总体扣分数是比较多的。

2.读多音节词语的评分依据是："每错 1 个字的声母、韵母或声调扣 0.2 分；读音有缺陷每个字扣 0.1 分；超时 1 分钟以内，扣 0.5 分；超时 1 分钟以上（含 1 分钟）扣 1 分。"

读多音节词语的评分中，词语轻重音体系同样关系到词语读音缺陷的判定。普通话水平测试中读多音节词语项有双音节词语、三音节词语、四音节词语。按照词语轻重音体系，表一和表二的双音节词语处理均为"次重音—重音"；"普通话水平测试用必读轻声词语"处理为"重音—轻音"；"普通话水平测试用重次轻格式词语"处理为"重音—次轻音"。出现轻重音处理不当时，往往会被判定为读音缺陷，每个字扣 0.1 分，总体扣分数也是比较多的。

3.朗读短文的评分依据是："每错 1 个音节、漏读或增读 1 个音节，扣 0.1 分；声母或韵母的系统性语音缺陷，视程度扣 0.5 分、1 分；语调偏误、停连不当或朗读不流畅（包括回读），视程度各扣 0.5 分。"

朗读短文的评分中，词语轻重音体系关系到系统性语音缺陷；而语句轻重音体系主要关系到语调偏误。朗读短文中的词语轻重音应该按照多音节词语的规定进行处理。如果词语轻重音体系出现错误，按照判定规则视程度扣 0.5 分或 1 分。而句子的语调偏误可能出现两类问题：一是由于语句结构理解失误导致结构重音没有找准，出现了语调偏误，二是由于语义理解失误导致强调重音不准确，出现语调偏误。例如：

星光在我们的肉眼里虽然微小，然而它使我们觉得光明无处不在。

（选自"普通话水平测试用朗读作品"巴金：《繁星》）

以上加点词标记了正确的结构重音，"微小"和"无处不在"重读。如果语句结构重音没有找准，可能出现以下处理方式：

星光在我们的肉眼里虽然微小，然而它使我们觉得光明无处不在。

"星光"和"它"在前文中都已经提到过，因此在表达中不属于听者未知的新信息，不应形成结构焦点，而是说话者假设听者应知的背景信息（旧信息），所以不是结构重音。如果强调"星光"和"它"，则使听者感知到重音是有标记的，甚至暗含有"星光"以外的别的什么光存在的错觉，导致语义理解出现混乱。或：

星光在我们的肉眼里虽然微小，然而它使我们觉得光明无处不在。

同样的道理，将"肉眼里"重读，是有标记的，话语中含有"在别的情况下是不一样的"意味，因此不是结构重音；将"觉得"重读，也是有标记的，话语中含有"主观感觉与客观事实矛盾"的意味。这两种重音标记都导致了语义理解上的混乱。在普通话水平测试中，则被归为句子的语调偏误，导致了表达语义不清晰。

如果语义理解出现偏差，则会误用强调重音，导致句子语调偏误。

星光在我们的肉眼里虽然微小，然而它使我们觉得光明无处不在。

关联词"虽然……然而"表示前后文存在转折关系，如果着重强调了，则属于有标记的强调式重音，强调了前后的"转折关系"，而非星光的微小程度和遍布的程度。结合前后文的语境理解可知，原文真正想表达的意思是"程度"，而非"转折关系"本身。

此外，在命题说话的考察中，词语轻重音体系和语句轻重音体系的整体把握程度十分重要。命题说话的评分依据中，"语音标准程度""方音明显""语言连贯性""语调是否生硬"等相关问题，和词语、语句轻重音体系紧密相关。其中，口语表达中，轻音的运用是非常广泛的。在命题说话中，要做到流畅、自然地使用普通话，就应该熟练地掌握轻音词、句的运用。轻音词要使用得准确、恰当、生动；句子非重读部分，要遵循现代汉语节律变化规律，使语音表达准确、清晰。

以上分析，明确了普通话水平测试中涉及轻重音的评判标准，证明普通话水平测试中对词语轻重音和语句轻重音的把握是至关重要的。根据词语轻重音体系的规范化，受试者需要理解普通话轻重音，熟练掌握普通话轻重音体系，并且在运用过程中体现普通话轻重音的语音特征。结合实际调查，明确了普通话水平测试项的轻重音正误界定，分析了受试者的轻重音偏误，可以为普通话轻重音教学提供参考。调查分析可知，受试者需要长期的听感训练和语音训练才能准确掌握普通话轻重音体系，进一步证明了普通话词语轻重音可以统一为"重音、次重音、次轻音、轻音"四级听感；而以信息焦点为标志，则可以从结构重音和强调重音两个维度准确把握普通话语句重音。

第七章　泰安方言的轻重音研究

一、泰安方言语音分析

　　泰安，山东省中部城市，北面临靠山东省省会济南；南面接壤儒学圣地曲阜；东面连接"小上海"临沂；西面濒临中国的第二大河黄河。泰安是山东省地级市，截至 2020 年 9 月 11 日，全市下辖 6 个县市区、4 个功能区。泰安市属于温带大陆性半湿润季风气候区，四季分明，寒暑适宜，光温同步，雨热同季。

　　泰安是中国热门旅游城市和国家历史文化名城，是山东旅游名片"一山一水一圣人"中"山"的所在地。境内的泰山为"五岳之首""天下第一山"，是国家 5A 级旅游景区，拥有"五岳独尊"的称誉。

　　本研究记录的是泰安市岱岳区一代泰安人的新派方言。自本章开始撰写至定稿前，笔者对泰安市岱岳区的新派方言进行了若干次调查。主要发音合作人有：

　　李东奇，男，时龄 58 岁，中专文化程度，泰安市国电石横发电厂工人，今住泰安市岱岳区。

　　王建辉，女，时龄 58 岁，中专文化程度，泰安市瑞达公司员工，今住泰安市岱岳区。

　　冯睿琪，女，时龄 23 岁，研究生文化程度，中央财经大学学生，今住泰安市岱岳区。

　　张旻雯，女，时龄 23 岁，研究生文化程度，山东农业大学学生，今住泰安市岱岳区。

　　王伟纲，男，时龄 35 岁，高中文化程度，泰安市港华燃气工人，今住泰安市岱岳区。

　　以上发音合作人均自幼生活在泰安，且直系亲属同为泰安人，至今都保留着讲泰安方言的习惯，发音纯正可靠。

秦宵，男，时龄 29 岁，研究生文化程度，浙江传媒学院播音与主持艺术专业学生，获得普通话一级乙等证书。

赵心睿，男，时龄 24 岁，研究生文化程度，浙江传媒学院播音与主持艺术专业学生，获得普通话一级乙等证书。

申怡，女，时龄 24 岁，研究生文化程度，浙江传媒学院播音与主持艺术专业学生，获得普通话一级乙等证书。

以上普通话发音合作者均为播音与主持专业硕士研究生，均获得普通话一级乙等证书，普通话发音规范可靠。

（一）声母

泰安方言的声母包括零声母在内，共有 22 个：

p	白遍	p'	批判	m	嘛目	f	佛发
	报比		乒乓		米灭		放风
t	逗度	t'	疼痛	n	南内	l	拉乐
	地戴		题图		你奴		烂路
ts	自在	ts'	此粗	s	思赛		
	租作		错菜		琐碎		
tʂ	捉至	tʂ'	吃柴	ʂ	是说	ʐ	人然
	窄中		冲戳		山水		融绕
tɕ	见解	tɕ'	请求	ɕ	虾细		
	积极		恰切		虚心		
k	巩固	k'	开垦	x	航海	Ø	按二
	故个		宽阔		缓和		雨羊

双唇音［p p' m］的发音比北京音僵硬，气流爆破度更明显。

唇齿音［f］比北京音摩擦轻。

舌尖中音〔t t'n l〕与北京音并无明显差别。

舌尖后音〔tʂ tʂ' ʂʐ〕的发音部位比北京音靠前，舌头与硬腭前端轻触。

舌尖前音〔ts ts' s〕的发音部位比北京音靠前，舌尖抵住上门齿背或轻触上下齿中缝。

舌面前音〔tɕ〕的发音部位比北京音靠前，与〔ts〕接近，尖音问题明显。

在与齐齿呼韵母相拼时，零声母发音时间较长，韵母较短，存在元音浊化现象。

（二）韵母

泰安方言有基本韵母 39 个：

ɿ	自字	i	比批	u	普副	y	女率
	思次		七迷		路度		区域
ʅ	直至						
	十日						
a	怕霸	ia	佳夏	ua	刷抓		
	法拿		恰卡		画耍		
o	魔佛	uo	堕落	yo	捣药		
	泼墨		国货		套闹		
ɤ	克色						
	扯喝						
ie	且介	yɛ	绝学				
	斜切		约略				
ai	派白	uai	快坏				
	还拍		崴坏				
ei	配贼	uei	归推				
	黑雷		违规				

au	报道	iau	缥缈				
	套保		叫嚣				
ou	都走	iou	缪求				
	剖否		刘秀				
an	斑斓	ian	片面	uan	短算	yan	全选
	盘三		闲钱		灌完		援隽
ən	愤恨	in	贫民	uən	纯瞬	yn	菌群
	闷笨		濒临		混问		熏晕
ɑŋ	旁帮	iɑŋ	抢粮	uɑŋ	双装		
	钢杭		奖项		黄光		
əŋ	鹏腾	iŋ	评定	uəŋ	嗡瓮		
	恒丰		领英				
yŋ	鸿通	yʊŋ	囧熊				
	东宋		用穷				
ɚ	而二						
	尔耳						

［a ia］的［a］实际发音都为［A］；［ua］里的［u］发音不完整，较为急促，［a］在发音种实质音值为［A］。

［y］的实际发音在部分情况下为［i］，如“去”有时发音为［qi］。

［o uo yo］里的［o］发音时，双唇不如北京音圆润，唇形较扁，嘴角外咧，发音偏［ɤ］。

［an ian uan yan］里的［a］发音较为短促，与北京音相比时间不够长，动程不够完整，通常是直接归音到［n］，［a］发音不明显。

［au］的实际发音与北京音相同，［iau］的实际发音近似［au］，通常［i］较为短促。且［au iau］发音时，口腔较扁，不如北京音饱满。

［uən yn］发音时，归音不够到位，通常［n］被省略。

［aŋ iaŋ uaŋ］的实际发音都偏向［aŋ］，［i］与［u］的实际发音被省略。

［iŋ］的实际发音偏［in］，舌位偏前。

［uəŋ］可与［w］或［y］相拼，即只能跟在零声母后出现，［yŋ］只出现在其他声母后，形成互补。

［ɚ］发音时，卷舌比北京音程度轻。

（三）单字调

泰安方言有单字调 4 个（不包括轻声）：

调类	调值	例字
阴平	35	当星期家
阳平	341	联人重门
上声	55	北马米海
去声	412	不墨造烈

注：此外，连读时将会有轻声。

（四）声韵的配合关系

笔者将韵母分为开齐合撮四类，声母分成九组，以此来考察泰安方言的声韵配合关系。其中，空格表示声韵不相拼合，*表示某组声母只拼某组韵母。

	开口呼	齐齿呼	合口呼	撮口呼
p p' m	摆跑忙	表撇民	不普目*	
f	风		副*	
t t'	得头	丢婷	栋托	
n l	讷狼	宁两	暖落	虐率
ts ts' s	藏菜撒		作卒酸	

tʂ tʂ' ʂ ʐ	周沉沙然		赚创选融	
tɕ tɕ' ɕ		姐卡修		均权兄
k k' x	噶开横		龟夸胡	
Ø	岸	亿	物	跃

由表可以总结出如下规律：

1. ［p p' m］可拼开口呼、齐齿呼，合口呼中只与［u］韵母可拼。

2. ［f］与开口呼可拼，同样合口呼只与［u］韵母可拼。

3. ［t t'］与开口呼、齐齿呼、合口呼可拼

4. ［n l］与开口呼、齐齿呼、合口呼与撮口呼均可拼。

5. ［ts ts' s］及［tʂtʂ'ʂʐ］［k k' x］都是与开口呼、合口呼可拼。

6. ［tɕ tɕ' ɕ］与齐齿呼、撮口呼可拼。

7. 零声母在开齐合撮中都有体现。

二、重音的作用及分类

（一）重音及其作用

在广播电视播音与口语传播的过程中，重音都扮演着至关重要的角色。重音的得当运用不仅能使得整体语句抑扬顿挫，提升受众的听觉感受，更重要的是能够起到准确传情达意的作用，有助于促进交流双方相互理解。例如在新闻联播中，主播准确、恰切的重音表达就是帮助观众理解事件重点、感受相应感情色彩的有效方式。在日常生活中，人们以重音形式强调的词语不同，语义就不同。如"你吃饭了吗"（强调"你"），与"你吃饭了吗"（强调吃饭），显然询问的是不同内容。因此，合理运用重音也是准确传达思想感情，避免表达产生歧义的方式之一。

不同学者对重音的定义不同。黄伯荣与廖序东认为，在语句中，读音较重的且在听感上与其他词或词语形成明显对比的音即语句重音。张斌认为，交流者以吸引听众的注意力为目的，以加重音量为处理方式，由此呈现出自身想着重表达意义或突出强调的词和词语即为重音。徐青认为，句子中发力较强的音就是重音。除此之外，还有学者认为，重音是指在交流过程中，某些词或词语读得比较重的现象，一般用增加音强的方式来表现。[①]重音的选择与交流者的交流目的和思想感情息息相关，最能体现谈话目的或传情达意的词或词组即为重音。[②]综上所述，多数学者是从语音角度出发，将音量较重的词或词组等同于重音看待。

此类概括归纳突出了重音的部分表达特征，且将重音的概念具象化使人较容易理解。但此类定义也有以偏概全之嫌。重音的表达方式多种多样，如轻读、重读等都是其表现形式，不能将重读等同于重音。因此笔者认为，重音应是语句或段落中需要被强调的音节，其表现手段可以是重读，也可以是轻读、慢读等。

（二）重音的分类

重音可分为词重音与句重音。词重音是指在词语中发音较为突出的音节，句重音是指在语句中发音较为突出的词或词组。纵观全球语言，侯一青将词重音划分为固定重音和自由重音。顾名思义，固定重音是指重音总落在词的固定音节上，如法语。相比较而言，自由重音是指重音无固定落脚点，像英语、俄语、汉语等都包含在内。如 forget/fə'get/，重音落在第二个音节上，adumbrate/ˈædəmbreɪt/ 的英式发音重音落在第一音节，而美式发音（/əˈdʌmbreɪt/）则落在第二音节。关于句重音，各类语言体系的划分均有不

[①]　胡裕树:《现代汉语（重订本）》，上海教育出版社，1995，第 57 页。

[②]　何江、张驰:《现代汉语研究》,《广西语言研究》2008 年第 2 期。

同。以下就汉语的词重音、句重音划分展开具体讨论。

1. 词重音

在汉语体系中，为方便对词重音进行归类，可先将词语划分为非轻音词语与轻音词语。对于非轻音词语，词重音通常无辨别意思的功能，只是一个表达形式。非轻音的双音节词语多为"中重"形式，如"生长、变心、金殿、良性、领养、传闻"等，后一音节比前一音节读得更重。除此之外，还有"重次轻"形式，如"把手、白天、摆布、工人、回去、会计"等。非轻音的三音节词语多为"中中重"形式，如"石拱桥、自行车、圆白菜、土豆泥、秦皇岛"等。四音节词语的音节与音节间轻重区别不大，多为匀读。总而言之，词重音在非轻音词语中没有释义功能，多为自然重读。对于轻音词语，词重音的作用较为关键，起到辨义作用。在对重音进行定义时，笔者提到，重音的表现形式可以为轻读，也正是因为轻读，其他音节才较之成为重读。在轻音词语中重读是交流者主动选择轻读后的结果。因此，本节将把轻读的音节作为词语重音进行探讨。

对于轻音的分类有许多，如有学者按照轻声读音是否有迹可循，将轻音分为有规则的轻声词与无规则的轻声词两类。根据本章重点，笔者将轻音词分为无辨义功能的轻音词、有辨义功能的轻音词、既有辨义功能又有区别词性功能的轻音词三类。

无辨义功能的轻音词		有辨义功能的轻音词		既有辨义功能又有区别词性功能的轻音词	
案子	白净	忙活	大爷	上头	干事
杯子	本事	对头	地方	东西	女人
别扭	补丁	先生	困难	裁缝	眉目
嘟囔	皇上	人家	老子	精神	德行
什么	骆驼	妻子	运气	地道	地方
樱桃	胖子	大家	孙子	买卖	多少

无辨义功能的轻声词较多。有辨义功能的轻音词轻读与非轻读意思不同。如"老子"的"子"轻读代表意思为父亲或常指骄傲自大的人，非轻读则代表古代道家主要代表人物李耳。既有辨义功能又有区别词性功能的轻音词轻读与非轻读不仅会意思不同，词性也会改变。如"东西"的"西"轻读时，泛指各类事物，为名词；非轻读时则指代方位。

2. 句重音

不同学者对于句重音的划分方式不同。部分学者将句重音分为两类：语法重音与逻辑重音，[1] 或是与语义相关的语势重音及与节奏单元相关的节奏重音。[2] 还有学者将句重音分为三类：正常重音、对比重音、弱重音，[3] 或词重音、对比重音、偶发重音[4] 等。不同学者对句重音的划分都有可取之处，但也存有欠妥当的地方。如正常重音、对比重音与弱重音的划分规则还是从读音轻重入手，将正常重音又分为强、重、次中重音，将弱重音等同于轻声。这首先从概念上就将重音与重音的表达方式混淆了，认为两者是同一意思。其次，重音的表达方式并非仅以读音轻重来表示，慢读、连读等也应包含在内。因此，以读音轻重划分句重音的类别可再作考量。再如语势重音与节奏重音的划分，学者沈炯将语势重音解释为，与逻辑重音、对比重音相似，却不同。语势重音只是略微重读，以相邻音节为参考，衬托出其着重的程度，从而在听感上使语句错落有致。该解释比较含糊抽象，不易让人理解其意义。经文献梳理，在结合前人研究成果基础之上，笔者将句重音划分为语法重音与强调重音两大类。但与前人研究不同，笔者在对有关概念进行反思总结后，拓宽了强调重音的包含向度。

---

① 胡裕树：《现代汉语（重订本）》，上海教育出版社，1995，第 60 页。

② 沈炯：《汉语语势重音的音理（简要报告）》，《语文研究》1994 年第 3 期。

③ 林茂灿、严景助：《北京话轻声的声学性质》，《方言》1980 年第 2 期。

④ 厉为民：《试论轻声和重音》，《中国语文》1981 年第 1 期。

现代汉语的轻重音研究

语法重音的运用具有重要作用。语法重音是结构焦点的表现形式。[①]何为结构焦点？当母语非汉语的人在刚学习汉语时，其对一句话中的重音判断往往是靠语法结构得来的。比如其会认为主语重要，便突出表达主语，或认为谓语重要，便突出表达谓语。由此可知，当对语言体系还未熟悉时，依靠语法来判断重音是普遍存在的现象。语法重音所能探究的意义空间较小，在对其进行界定时无太多争议。语法重音即不受交流者主观意愿影响，只按照语法结构规则进行重音强调的方式。

重音规律	案例
谓语动词为重音	他奉献了自己的青春。小鸟盘旋了几圈儿。
宾语为重音	我爱月夜，但我也爱星天。苏州园林里都有假山和池沼。
定语为重音	这是虽在北方的风雪的压迫下却保持着倔强挺立的一种树！ 在这叫喊声里，充满着对暴风雨的渴望。
表程度的状语或补语 常常为重音	这个班的纪律十分松懈，老师应加强管理。 玻璃的种类越来越多，用途越来越广。
形容词有时做重音	她是一个漂亮的女孩儿。 忙碌了一天的人们，三三两两的来到了这软绵绵的沙滩上。
代词和疑问代词 常常为重音	谁在那儿？ 望着父亲生气的神情，他低下头，默默不语。
"把"字句中的"把" 常常为重音	他们把桌子上的饭菜吃得一干二净。 他们把小鸟放生了。
比喻中的喻体 常常为重音	那雪，好似鹅毛，沾满了大地，让你感觉来到了天堂。 弯弯的月亮像一条小船挂在夜空中。
"吧""呀""呢""哟"等 语气助词常轻读或重读	这件事有什么好让你伤心的呢？ 哟！这是哪位兄弟呀？
人名、地名、数字等 常常为重音	在达瑞八岁的时候，有一天，他想去看电影。 一百多年前，一个小男孩出生在纽约的一所教堂里，他就是莱特。

---

① 李静：《现代汉语的轻重音研究》，硕士学位论文，上海师范大学语言学及应用语言学系，2008，第32页。

　　强调重音又名逻辑重音，是对语句中需要强调的词或词组做重音处理。与其他部分学者笼统地将强调重音等同于除语法重音外其他所有无规律可循的重音相区别，笔者总结归纳了以下三种类型。

　　首先是技巧性重音。技巧性重音指的是依托朗诵或播音技巧，对语句中的词或词组进行的重音选择。包括对比性重音、递进性重音、节奏性重音。对比性重音指的是在有对比词或相关类别词的语句中，为提醒人们关注该类词语所进行的重音处理。表达形式一般为重读。如：

　　与蚂蚁相比，人类是硕大无比的，而与一望无际的海洋相比，人类却只是缥缈一粟。（选自人教版小学语文四年级《语文园地》）

　　冬天的时候，我的一颗牙齿掉了。春天来了，我的牙齿又发了芽。（选自诗歌《换牙》）

　　我的眼睛很大很大，装得下高山，装得下大海，装得下蓝天，装得下整个世界。我的眼睛很小很小，有时遇到心事，就连两行泪，也装不下。（选自诗歌《眼睛》）

　　递进性重音是指对文中或语句中逻辑或情感层层递进的语句或词组进行的重音处理。表达形式一般为音量渐大、语速渐慢、语速加快等。如：

　　终其一生，采石，捕鱼，坐井观天，与星辰攀谈，依赖于劳苦之乐。（曲连＋语速渐快）（选自诗歌《我所能相信的》）

　　满树的彩叶，紫的，黄的，绿的，红的，好似含情脉脉的少女，向人们频频点头。（语速渐快）（选自人教版小学五年级语文课文《彩色的非洲》）

　　那时我们有梦，关于文学，关于爱情，关于穿越世界的旅行。（语速渐慢）（选自诗歌《波兰来客》）

　　节奏性重音不起表意作用，只是为增强作品的节奏感，或突出语义对比的需要而产生的，节奏性重音的运用使得作品在听感上更具美感，多出现在诗词歌赋中。① 如：

> 客路青山外，行舟绿水前。潮平两岸阔，风正一帆悬。
>
> 海日生残夜，江春入旧年。乡书何处达，归雁洛阳边。
>
> （选自〔唐〕王湾《次北固山下》）

其次为强调性重音。强调性重音与技巧性重音在具体实践中有相重合的地方，即语句的重音强调可能既符合对比性重音的归类也符合强调性重音的归类。强调性重音与对比性重音相区别，其不刻意强调诵读或播读技巧，在意的是交流者最想传达的信息内容。同一语句想传达的内容不同则重音的选择也可能不同。一般表现形式为重读。如：

> 我没有在背后说你的坏话。（强调的是"我"没有说，可能是其他人说的）
>
> 我没有在背后说你的坏话。（强调的是否定态度）
>
> 我没有在背后说你的坏话。（强调的是"说"这个动作，可能我没有说，但我做了）
>
> 我没有在背后说你的坏话。（强调的是对象，我可能没说你的坏话，但说了其他人的）
>
> 我没有在背后说你的坏话。（强调的是说的内容，我没说坏话，我可能还夸奖了你）

最后为感情性重音。与以上两种重音形式不同，感情性重音的选择多是随意的，多是在情绪驱使下自然化处理。多出现在情绪激昂的演讲或生活场景，目的是感染人，引起观众共鸣或抒发自身情绪。其表现形式多样且无规律可言，有可能出现整句都为重读的情况。如：

> 为世界进文明，为人类造幸福。（整句重读）（选自李大钊《青春》）
>
> 且视他人之疑目如盏盏鬼火，大胆地去走你的夜路。（整句重读）（选自史铁生《病隙随笔》）

---

① 潘超：《语句初探》，《湖北师范学院学报》2011 年第 4 期。

全世界的无产阶级联合起来。（整句重读）（选自［德］马克思、恩格斯
《共产党宣言》）

综上，技巧性重音多运用在朗诵、播音等正式场景中，其他类型的重音
更贴近日常生活，尤其是感情性重音在正式场合中并不多见。且需要注意的
是，语法重音与强调重音的运用及强调重音下各小类别的运用都不是泾渭
分明的，一般情况下语法重音是更为基础的重音选择方式。任何重音的选择
与处理都离不开交流语境。根据语境选择合适的表达方式才能有效地传情达
意，表明思想。

三、泰安方言的轻重音分布状况

中国分为七大方言区：北方方言、吴方言、闽方言、粤方言、客家方
言、赣方言、湘方言。泰安方言为山东方言的一部分，属于北方方言。然
而，山东方言并不是在山东各地区通用，各个地方的方言渗透着各个地方的
风土人情，不尽相同，语音也存在一定的差异。除此之外，经文献梳理可发
现，前人对泰安方言的研究多集中在民俗词及与英语的差异对比上，对泰安
方言本身的表现手法与形式关注较少。因此，本章以轻重音研究为维度，对
泰安方言的轻重音表现进行进一步的考察与探究。以下将采用听辨实验的方
法，先将泰安方言与普通话进行对比，从整体上介绍泰安方言的基本情况。

实验的语料来源于贾毅、钟妍、叔翼健的《普通话语音与科学发声训练
教程》，林鸿的《普通话语音与发声》及《浙江省普通话水平测试教程》等。
语料来源权威且运用广泛。本次实验共选择 15 组词语与 5 句语句。语料
如下：

菜汤、安然、展览、征程、根本、身份、荞麦、芍药、海藻、防范、白
菜、自私、才识、柔软、南宁。（语料来源于《浙江省普通话水平测试教程》）

这两个建议很关键。（语料来源于林鸿《普通话语音与发声》）

"我刚才可能对你太凶了，"父亲说，"我不应该发那么大的火儿。"（选自〔德〕博多·舍费尔《达瑞的故事》）

学问不深，恐怕很难担任这个工作，不能服从安排。（语料来源于林鸿《普通话语音与发声》）

我去爬山的那天，正赶上个难得的好天，万里长空，云彩丝儿都不见。（选自杨朔《泰山极顶》）

假如我说"夏天"，写下"蜂鸟"这个词，装在信封里，带下山去，投进邮筒。（选自〔美〕雷蒙德·卡佛《蜂鸟》）

发音人共6名。3名为浙江传媒学院播音与主持艺术专业研究生学生，均获得普通话一级乙等证书。3名为泰安市本地居民，均会讲泰安方言。

经多次听辨实验，笔者发现，泰安方言与普通话在发音时长、音强、音高等方面均有不同。发音时长的长短与音强无规则可言，音高通常比普通话要高。如"……很难担任这个工作……"中的"担"较之于普通话发音时间长、音高略高。综上，泰安方言与普通话的区别较多，以下将以6位发音者的实验为基础，对泰安方言的轻重音情况进行具体阐述。

（一）泰安方言词重音的分布情况

词重音可分为非轻音词与轻音词。非轻音词的重音格式为：双音节词大多数为"中重"，如：过头、歌词、骨盆、富强、复活、繁忙。三音节词大多数为"中中重"，如：白兰地、播音员、东方红。除此之外，从听感上来说，还包含部分重音不明显的词组。因此，非轻音词非本节考察重点。泰安方言的轻音词与普通话相比有相似之处，但也有一定的差异。

1. 双音节词

为方便读者理解，笔者按照结构差异，将双音节词分为双音节单纯词与双音节合成词分开考察。

（1）双音节单纯词

在汉语中，语素是最小的语法单位。单纯词即由一个语素单独构成的词，其只能表示一个意思，不能拆开，如"人""马"等。双音节单纯词的后一个音节往往存在读轻音的情况。具体可分为以下几种类型。

①联绵词。联绵词是指由两个音节接连成义而不能拆开来解释的词，它的特点是一词多形、一词多义。泰安方言中存在联绵词为轻音词的情况，举例如下：

仿佛	茉莉	伙伴	荸荠	芍药	茼蒿	鹌鹑
哆嗦	石榴	葫芦	枇杷	牡丹	蛤蟆	萝卜

②音译词。音译词指的是从民族或国外语言翻译过来的词汇，其中也包含着部分轻音词。如：

葡萄	喇嘛	吉他	琵琶

③叠音词。叠音词由单字叠音而成。泰安方言中存有的轻音情况举例如下：

猩猩	饽饽

除此之外，双音节单纯词还包含象声词，即是对事物声响的形容或模仿，如"布谷、扑通、嘎吱"等。由于此类词语的读法具有"模仿"性，所以泰安方言中此类词语的发音与普通话保持一致，基本无轻音词汇。泰安方言中音译词与叠音词的轻音发声情况与普通话同样保持基本一致，差别较大的为联绵词。经考察，联绵词中后一音节的声调为阳平与去声的词组在泰安

方言中更易读为轻音。如普通话中"茉莉"的"莉"可读轻声也可读去声，泰安方言中基本读轻声；普通话中"伙伴"的"伴"读去声，泰安方言中读轻声；普通话中"茼蒿"的"蒿"读阴平，泰安方言中读轻音；普通话中"鹌鹑"的"鹑"可读轻声可读阳平，泰安方言中基本读轻声。

（2）双音节合成词

双音节合成词是由两个或两个以上语素构成的，包括附加式、复合式、重叠式三种类型。[①]

① 附加式合成词。附加式合成词的组成部分为词根和词缀，主要可以分为前加式与后加式。前加式如"大 –"，大姐、大妈、大娘、大哥；"小 –"，小王、小李、小爷等。前加式词语通常为非轻音词组。后加式词语中的轻音语素较多，举例如下：

– 子	桌子	凳子	椅子	儿子	胖子	瘦子	瓶子
– 头	甜头	想头	石头	苦头	念头	木头	馒头
– 性	弹性	硬性	黏性	药性	油性	天性	个性
– 于	勇于	善于	敢于	急于	出于	用于	至于
– 们	咱们	你们	他们	我们	姨们	爷们	姐们
– 么	要么	怎么	什么	那么	是么	多么	也么
– 着	穿着	挨着	顺着	逆着	坐着	跑着	跳着
– 巴	嘴巴	哑巴	泥巴	锅巴	下巴	哈巴	尾巴
– 得	记得	认得	值得	赢得	自得	舍得	使得

② 复合式合成词。复合式合成词由两个不同的词根结合在一起构成，可

---

① 李静：《现代汉语的轻重音研究》，硕士学位论文，上海师范大学，2008，第37页。

分为联合型、偏正型、补充型、动宾型、主谓型。部分复合式合成词的第二个语素也读轻音。

联合型又称并列型，由两个意义相近或相反的词根组合而成。如：

同义并列型	矛盾	口舌	答应	眉目	喜欢
反义并列型	反正	上下	动静	买卖	名字

偏正型指前一词根对后一词根起修饰限制作用。泰安方言中的轻音词组举例如下：

笑话	黑板	火红

补充型是指后一词根补充说明前一词根。泰安方言中的轻音词组举例如下：

穿上	看见	牲口

动宾型也称支配型，前一词根表示动作、行为，后一词根表示动作行为所支配的对象。泰安方言中的轻音词组举例如下：

造假	恶心	扳手

主谓型也称陈述型，前一词根表示被陈述的事物，后一词根对前一词根进行陈述。泰安方言中的轻音词组举例如下：

牙碜	葱末	锅盖

③ 重叠式合成词

重叠式合成词由相同的语素组成，后一音节的词往往读轻声。如：

爸爸	妈妈	姥姥	爷爷	奶奶	哥哥	姐姐
星星	谢谢	妹妹	红红	乐乐	框框	叔叔

在附加式合成词中，泰安方言与普通话的轻音发声稍有不同。如"–性""弹性""硬性""黏性"等词在普通话中后一音节应读去声。在复合式合成词中，泰安方言与普通话的轻音发声也稍有差异。如"矛盾"的后一音节应为去声，"口舌"与"火红"的后一音节应为阳平，"黑板"的后一音节应为上声等。在重叠式合成词中，泰安方言的轻音发声规律与普通话基本一致。

2. 三音节词

在泰安方言中，带有轻音的三音节词重音格式可分为两种类型："中重轻"与"中轻重"。

"中重轻"格式举例如下：

过日子	吊嗓子	胡萝卜	明摆着	背地里	好意思	老头子
大烟囱	活靶子	烟火气	硬骨头	拿架子	找活路	两口子
洋鬼子	两口子	命根子	牛脾气	枪杆子	讲义气	吃饭哩

"中重轻"轻音词的最后一音节多为虚语素，与普通话相比读法大致相同。但也有个别例外情况，如"找活路"的"路"在普通话中应读去声，在泰安方言中为轻音。

"中轻重"格式举例如下：

备不住	保不齐	数不着	管不着	豆腐渣	吃不消	机灵鬼
大不了	冷不丁	精气神	生意经	认识论	裁缝铺	芝麻官
幼儿园	交响乐	交谊舞	联合国	交易法	喇叭花	芝麻丸

与普通话相比，泰安方言中的"中轻重"格式较多。如"精气神""生意经""交谊舞""交易法"中的第二音节在普通话中均读去声，"交响乐"的第二音节读上声，"联合国"的第二音节"合"读阳平。笔者认为出现此类现象的原因是相较于发音饱满、调值到位、常用于正规场合的普通话来说，方言自身便带有浓重的生活气息，在运用时交流者常处于私人沟通状态。因此，在不影响词语本身语义的情况下，会出现说话慵懒，调值变轻音的情况。

3. 四音节词

普通话中的四音节词发声规律大多为"中次轻中重"，而在泰安方言中，发音规律为"中中中重"的四音节词较多，具体举例如下：

语重心长	狐假虎威	无可奈何	七上八下	亡羊补牢	一马当先	鲜为人知
人潮汹涌	毛骨悚然	心心相印	知无不言	言无不尽	不三不四	想入非非
五光十色	海阔天空	三心二意	五颜六色	为国为民	尽力而为	非诚勿扰

（二）泰安方言句重音的分布情况

按照前文分类，泰安方言也可分为语法重音与强调重音。语法重音占比较少，多出现在课程教学等多需要规范性表达的场景中。强调重音多出现在朗读播音及日常生活的表达中。为明晰泰安方言句重音的分布情况，笔者在泰安市岱岳区与讲泰安方言的泰安当地人共同生活了60天，从他们的言语中得出以下结论。

1. 语法重音的分布情况

汉语语句成分主要有主语、谓语、宾语、补语、定语、状语。据观察，在泰安方言中主语为重音的情况较为少见；当句子结构为"主+谓+宾"的时候，谓语通常为重音；当语句中存在动宾短语时，宾语通常为重音；当语句中存在述补短语时，补语通常为重音；当程度副词为状语时，状语基本都为重音；定语为形容词时通常都为重音。举例如下：

谓语为重音	宾语为重音	补语为重音	状语为重音	定语为重音
我爱你。（主谓宾句型）	我给了你很多钱。	所有的材料都预备好了。	我真觉着她太好看了。	钱袋子沉甸甸滴啊。
树叶黄了。（主谓宾句型）	我在洗衣服。	你这学期的课学得咋样啊？	我非常欣赏你。	真是个听话的好孩子。
学生看书。（主谓宾句型）	今天中午吃红烧肉。	跳得这么好看。	你怎么考得这么烂。	这水式（方言词，表非常）烫了。
你瞅谁。（主谓宾句型）	我让你看书。	你别哭了，都哭了俩小时了。	我巧（方言词，表非常）烦得慌。	那个又高又瘦的女孩儿。
放狗咬你。（主谓宾句型）	起来回答问题的是小红。	我在这住个一星期再走。	我很难受。	中国的文化博大精深。

由于汉语词类和句法成分不是一一对应的关系，如名词与谓语都可充当补语，所以笔者在这里按照成分划分的方式进行语法重音的阐述。通过表格可知，除主语不常做重音外，其余六个成分均有被强调的可能。这也就表示，泰安方言的句重音位置较为灵活，具体分布情况还需结合语境共同判断。

2. 强调重音的分布情况

经文献梳理与前期预调研，本文最终将强调重音划分为技巧性重音、逻辑性重音、感情性重音三类。经过 60 天的参与式观察，笔者发现泰安方言中强调重音的表达存在如下规律：（1）在泰安方言中，技巧性重音多用于文章诵读，逻辑性重音与感情性重音在生活中较为常见。（2）泰安人在进行朗诵、播报或较为正式的场合中进行发言与交流时，泰安方言体系会自动切换为普通话，用泰安方言进行诵读的情形基本只出现在以营利为目的的音频类 App 中。经比对，用泰安方言讲故事与用普通话讲故事时，其技巧性重音的选择与处理大致相同。（3）泰安方言的书面语言与普通话相同，为汉字，因此其特殊性在口头传播上。而口头传播天然地与人的说话腔调、说话习惯、交流语境等因素分不开，这些都影响着个人对语句重音的选择与处理。因此，在探究泰安方言的强调重音时，研究者应深入研究环境，将被测者的说话语境纳入进来，综合考虑被测者强调重音的选择缘由。（4）与普通话相比，泰安方言中逻辑性重音与感情性重音的处理方式虽更为"随意"，往往可以随交流者思想感情的变化选择重音，但泰安方言中强调重音的规律实则与普通话大致相同。

综上所述，泰安方言语句重音的规律与普通话大致相当，且词重音与语法重音的分布情况也较为清晰，这为之后的学术研究与探讨提供了参考资料。在研究泰安方言强调重音的同时，笔者对泰安方言特点的总结与反思，也为方言研究提供了新的讨论思路。

四、泰安方言的重音与语音

在汉语中，重音可通过读法轻重分为重音、中音、轻音。在对泰安方言的重音进行考察时，笔者也沿袭此种划分方式，分别就词重音与句重音进行阐述。

（一）词重音与语音

在词组中，重音与中音的出现会使声调发生较多改变，出现连续变调的情况。而轻音读法的改变不仅会使得前一音节声调发生变化，轻音音节的语音也可能会存在一定发声嬗变。因此，本节将先就轻音词语进行探讨，然后全面阐述非轻音词语的声调变化规律。

1. 轻音的调值

在泰安方言中，普通话轻音音节的调值分三种情况：当前一音节的声调为阴平、阳平、去声时，后一音节多由轻音变为短促的低声调 31；当前一音节为上声时，后一音节多由轻音变为高平调 44；除此之外，还存在轻音变为 51 的特殊状况，这与前一音节的调值关联性不大，出现情况较为随机。举例如下：

31	没介（注：泰安方言词，表"没有"的意思）	孩子	空气	爱人	做么
44	老实	嘱咐	等等	口袋	
51	奏么（51）（注：泰安方言词，表"干什么"的意思）	媒人	胡琴	朋友	

2. 轻音对音节的影响

轻读会引起一系列的语音变化，包括声母浊化、韵母弱化或脱落、声调改变。

（1）声母浊化

声母浊化的意思为，声母本为轻读，不发实声，遇轻音后，轻音音节的声母发实声，被浊化。泰安方言中的塞擦音 ［p t k ts］常因轻读引起浊化，变成同部位的浊声母 ［b d g zh］。举例如下：

老八	柳笛	帅哥	同志
laopa-ba	liuti-di	shuaike-ger	tongtsi-zhi

（2）韵母弱化或脱落

读轻音时，音节的弱化明显反映在韵腹上。发音器官较为松弛，口腔状态较为随意放松，舌位不偏前也不偏后，高元音不再高，低元音不再低，口型不再圆润，舌位都趋于中央，向央元音 ［ə］靠拢。弱化严重的还会造成韵母脱落现象。举例如下：

爸爸	打扮	打发	口袋	耷拉
baba-babə	daban-dabən	dafa-dafə	koudai-koudəi	dala-dalə
行当	包含	东家	蛤蟆	喇叭
hangdang-hangdəng	baohan-baohən	dongjia-dongjiə	hama-hamə	laba-labə

韵母脱落现象常发生在单韵母中，复韵母中也存在韵尾脱落，复韵母变单韵母的现象。举例如下：

	杠子	结实	姐夫	戒指
单韵母脱落	gangzi-gangz	jieshi-jiesh	jiefu-jief	jiezhi-jiezh
	认识	梳子	为了	瞎子
	renshi-rensh	shuzi-shuz	weile-weil	xiazi-xiaz
复韵母脱落	牌楼	上头	扫帚	回来
	pailou-pailo	shangtou-shangto	saozhou-saozho	huilai-huilə
	舌头	铺盖	明白	宝贝
	shetou-sheto	pugai-pugə	mingbai-mingbə	baobei-baobe

除此之外，还存在三音节轻音词语中，位于中间的轻音字韵腹脱落的特殊情况。举例如下：

三音节字词	冰淇淋	跷跷板	猕猴桃
	bingqiling-bingqling	qiaoqiaoban-qiaoqiaban	mihoutao-mihotao

综上可知，泰安方言中轻音对音节的影响与普通话中轻音对音节的影响较为相似，都包含声母浊化与韵母弱化或脱落两方面。

（3）声调改变

在对泰安方言轻音词语声调变化进行考察时，笔者采用听辨实验法，选取《浙江省普通话水平测试教程》中列举出的常见轻音词552组，及网络收集来的15组泰安方言中的专有轻音词组为材料，同时聘请3名泰安本地人用方言朗读这567组轻音词，且进行录音。经分析得出如下变调结论：

A."阴平（55）+轻声"变为"'半上'（313）+轻声"。举例如下：

巴掌	杯子	鞭子	耽误	多么	跟头	工夫
梆子	包子	耷拉	钉子	疯子	疙瘩	姑娘
帮手	包袱	耽搁	刀子	甘蔗	高粱	官司

特殊情况："阴平（55）+轻声"变为"阳平（35）+阳平（35）"。如：包涵、东家。"阴平（55）+轻声"变为"阳平（35）+'半上'（313）"。如：将就。

经实验可知，"阴平（55）+轻声"在泰安方言中声调变为"'半上'（313）+轻声"的居多，除此之外，还存在着轻声变调为非轻声的特殊情况。

B."阳平（35）+轻声"变为"阴平（55）+轻声"。举例如下：

鼻子	肠子	池子	胡琴	橘子	馒头
脖子	柴火	锄头	福气	咳嗽	麻利
裁缝	财主	除了	笛子	篱笆	林子

C."上声（214）+轻声（非上声变来的轻声）"变为"'半上'（313）+轻声"。举例如下：

本事	喇嘛	老婆	脑袋	稳当	我们
比方	火候	老实	使唤	喜欢	尾巴
扁担	补丁	姥姥	首饰	爽快	妥当

"上声（214）+ 轻声（由上声变来的轻声）"变为"阳平（35）+ 轻声"。
举例如下：

痞子	膀子	剪子	嫂子
婶子	耳朵	茧子	老子
嗓子	曲子	姐姐	口子

除此之外，还存在特殊情况，即"上声（214）+ 轻声（非上声变来的轻
声）"变为"阳平（35）+ 轻声"。如：里头、马虎。

"上声（214）+ 轻声（上声变来的轻声）"变为"'半上'（313）+ 阴平
（55）"。如：老鼠。

经实验可知，"上声（214）+ 轻声（非上声变来的轻声）"变为"'半上'
（313）+ 轻声"的情况居多，"上声（214）+ 轻声（由上声变来的轻声）"变
为"阳平（35）+ 轻声"的情况较少，且多为"子"后缀。除此之外，还存在
部分特殊情况，如在普通话中"里头"为"上声 + 非上声变来的轻声"，在
泰安方言中读阳平与轻声，不符合普遍规律。

D. "去声（51）+ 轻声"，通常去声不发生改变，泰安方言中依然为"去
声（51）+ 轻声"。举例如下：

豹子	谢谢	栗子	哨子	特务	吓唬
畜生	胖子	骆驼	浪头	跳蚤	位置
汉子	叫唤	嫁妆	护士	见识	戒指

综上可知，无论是阴平、阳平、"上声 + 轻音"，泰安方言的声调变化都
与普通话相区别。但"去声 + 轻音"的词组声调几乎无变化，且存在轻音变
成非轻音的现象。以上种种也在提醒着我们，方言体系值得学者与读者进行

共同探讨，各地的方言有各自的特色，不可混为一谈。

3. 非轻音词的重音格式对声调的影响

在泰安方言中，非轻音词语可大致分为"中重"格式与"重次轻"格式两类。需要注意的是，泰安方言中的许多非轻音词与普通话发音调值不同，但并非都是受重音格式的影响。其中，泰安方言中"重次轻"格式的词语受轻重音影响较大，后一音节常变为轻音，前一音节声调变化多遵循上述轻音对音节改变的规律：阴平（51）变为半上（313），阳平（35）变为阴平（55），上声（214）变为"半上"（313），去声（51）保持不变。举例如下：

摸（51–313）索	家（51–313）具	免（214–313）得	神（35–55）气
考（214–313）究	忌（51–51）讳	魄（51–51）力	气（51–51）氛
进（51–51）去	回（35–55）去	上（51–51）去	情（35–55）绪
应（51–51）付	别（35–55）致	志（51–51）气	父（51–51）亲

（二）句重音与语音

句重音与词重音相区别。在词语中，轻重音格式是必然存在的，发声规律较易总结，且词语可以被孤立看待。然而在语句中，不能孤立地对语句轻重音进行确定，不能忽略讲话人与讲话环境。因为语句的发声天然地与说话人的思想感情相联系。无论是一句话、一段话还是一篇文章，其重音的确定必须围绕传情达意的目的来进行，必须放置在说话者的交流环境与交流背景下进行考虑。这是词重音与句重音的差异所在。

方言的运用虽不似普通话那样普及，多受地理区域限制，但其句重音的确定与表达同样极为重要。首先，在日常生活中，方言与普通话一样，其发声的节奏、轻重音都是有逻辑的，都是说话者表达自身意图的一种语言手段。只要是有逻辑、有表达意图的话语，就必定会有轻重音的显现。其次，随着互联网发展，音频类 App 层出不穷。虽然在新闻联播类的面向全国人民的正式播读节目中无方言参与，但在音频类 App 如喜马拉雅中已有用方言读小说、用方言讲评书等各种产品，广受读者喜爱。由此可见，以句重音为考察对象，探寻方言中句重音的选择规律，具有学术价值与现实指导意义。

需要进一步强调的是，本章所探究的句重音概念为抽象概念，与上述笔者对重音的定义一脉相承，重音的意思为在该语句或文章中需要被强调的部分，可能是词、词组，也可能是整句话。重音的表达方式诸多，音强音高的加重或减弱、语速语调的变化等都囊括在内。

经文献梳理发现，大部分学者在对句重音进行考察时，遵循以下两种方式：其一是先将重音分为语法重音、逻辑重音、感情重音，后对三类重音的表达方式分别进行阐述。其二是摒弃传统分法，创新分类方式，如赵秀霞就将重音分为 18 种类型，包含比喻重音、借代重音、双关重音等。以上两种分法各有各的优势与不足。第一种分法较为简洁，容易使读者理解。但在语句中重音的归类并不是泾渭分明的，一个语句很有可能在遵循语法重音表达方式的同时也符合逻辑重音的表达方式。第二种分法看到了前一种分法的不足之处，意识到了语句类型的交叉性，从而进行了全面的归纳总结。但由于分类较多，按此类别进行实操较为麻烦，因此现实借鉴意义较弱。结合前人研究，笔者综合了泰安方言的特点与个人现实经验，创新性提出以下分类方式：

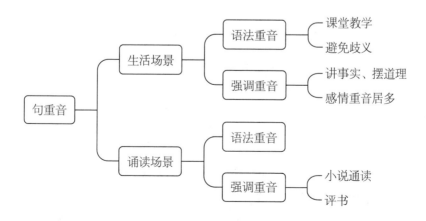

如图所示，由于话语的运用天然地跟交流场景分不开，所以笔者以"场景"为线索，串联起各种重音类型。根据现实情境，泰安方言的运用分为较为随意的生活场景与较为正式的诵读场景。其中在生活场景中，语法重音与强调重音的应用并重。如在课堂教学或说话者为了避免造成歧义时，基本都以语法重音为准。生活场景中也包含强调重音的运用，其中在讲事实、摆道理时运用较多，且感情重音的运用也居多。这是因为方言本身就具备质朴的特征，外加生活环境的轻松氛围，就决定了生活场景中更多是以感性的谈话方式为主。在诵读场景中，语法重音的运用大多被包含在强调重音内，即强调重音为主，语法重音为辅。泰安方言在诵读场景中的运用主要包括小说诵读与评书两种方式。由于语法重音与强调重音的具体类别在前文已详细讲述，在此就不再一一展开。下文主要就句重音的表达方式进行具体探讨。

需要说明的是，笔者之所以按"场景"划分的方式对句重音进行模糊分类，不仅是因为话语与情境无法分割，还因为分类本身这件事对读者理解句重音，且将技巧运用到现实生活中，并无大益。语句本身的输出就包含了个人浓烈的情感倾向、思维倾向、环境氛围，它并不是一个简单的行为，而是人类智慧的复杂产物。因此，任何分类都不可能完全囊括所有语句，也不可能使所有说话者满意。既然如此，太过于苛刻的分类反而会成为一个费力不讨好的工作，笔者认为，将研究重心放于重音的表达手法上会更具学术价值与现实指导意义。

在对泰安方言的重音表达手法进行考察时，笔者采用观察法，深入泰安人的生活进行考察，并在喜马拉雅中选取"枭雄末路｜萨达姆与伊拉克战争（泰安方言版）"音频作品进行重音表达方式的研究。观察时间从 2022 年 9 月开始，直至 2023 年 2 月，共计 6 个月。得出以下结论。

1. 重读重音法

无论是在生活场景中还是诵读场景中，重读重音法是最为常见的重音处理方式。表现手法为加强音高或音强，使得重音饱满有力。如：

我真的没在跟你开玩笑！（同时加强音高与音强）（语料来源于泰安居民发音合作人的生活表达）

同学们，翻到课本的第 52 页。（加强音强）（语料来源于泰安居民发音合作人的生活表达）

我跟你说了很多遍了，不要在孩子面前抽烟。（同时加强音高与音强）（语料来源于泰安居民发音合作人的生活表达）

赶紧过来吃饭了！（加强音高）（语料来源于泰安居民发音合作人的生活表达）

我没跟别人说你坏话啊。（加强音高）（语料来源于泰安居民发音合作人的生活表达）

上世纪七十年代（加强音高），伊拉克是苏联在中东地区的主要盟国。（加强音强）［语料来源于喜马拉雅“枭雄末路 | 萨达姆与伊拉克战争（泰安方言版）”音频作品］

但是，两伊战争期间，美国与伊拉克的关系却得到异乎寻常的改善。（同时加强音高与音强）［语料来源于喜马拉雅“枭雄末路 | 萨达姆与伊拉克战争（泰安方言版）”音频作品］

为了防止伊朗获胜（加强音强），从而输出其意识形态到其他阿拉伯国家。（加强音高）［语料来源于喜马拉雅“枭雄末路 | 萨达姆与伊拉克战争（泰安方言版）”音频作品］

美国开始对伊拉克进行援助。（加强音强）［语料来源于喜马拉雅“枭雄末路 | 萨达姆与伊拉克战争（泰安方言版）”音频作品］

并销售武器给伊拉克。（同时加强音强与音高）［语料来源于喜马拉雅“枭雄末路 | 萨达姆与伊拉克战争（泰安方言版）”音频作品］

如上可知，重读重音法为最基本、最基础的重音处理方式，可起到加强态度、避免歧义的作用。如“我真的没在跟你开玩笑！”重音在“真的”，表示说话者的感情色彩浓厚。“我没跟别人说你坏话啊。”重音在“没跟”，表示的重点为我没有说你的坏话，而不是"他没有说"或"我说了谁的坏话"。
数字、名词、转折词、程度副词、形容词等常使用该方法进行表示。

2. 重音轻读法

除了对句重音加重读音，轻读重音也是方式之一。轻读时声音较为柔
和，有时会用到嘘声。此类方式常出现在生活场景的感情重音表达与诵读场
景中。如：

我到底该怎么说你才能明白呢？（轻读）（语料来源于泰安居民发音合作
人的生活表达）

算了，我不想再跟你争执下去了，没用。（轻读）（语料来源于泰安居民
发音合作人的生活表达）

你们能不能给老师争点气啊。（虚实结合）（语料来源于泰安居民发音合
作人的生活表达）

大雪整整下了一夜。（嘘声）［语料来源于喜马拉雅"枭雄末路｜萨达姆
与伊拉克战争（泰安方言版）"音频作品］

伊拉克的人民饱受苦难，他们吃不饱也穿不暖。（虚实结合）［语料来源
于喜马拉雅"枭雄末路｜萨达姆与伊拉克战争（泰安方言版）"音频作品］

我准备捐赠点物资给他们，以此慰藉战士们的心灵。（轻读）［语料来源
于喜马拉雅"枭雄末路｜萨达姆与伊拉克战争（泰安方言版）"音频作品］

做父母的看见孩子们在战争中颠沛流离，心都碎了。（轻读）［语料来源
于喜马拉雅"枭雄末路｜萨达姆与伊拉克战争（泰安方言版）"音频作品］

在生活场景中，重音轻读的出现往往需要感情的衬托，如上述例句，都
是说话者感情到位后的真情流露，是自然的轻读处理方式。在诵读场景中，
重音轻读法往往被运用在较为柔和的文章，或表达悲伤情绪时。

3. 调整语速法

通过语速渐快或渐慢的调整，突出重音位置，引起听众的注意，这是重
音的处理方式之一。该方式刻意性较强，生活场景中不常出现，多出现在有

排比句、对比词的诵读文章中。如：

站在坟墓前，他哭了他又哭了。（递进表达，情感急促，语速渐快）［语料来源于喜马拉雅"枭雄末路｜萨达姆与伊拉克战争（泰安方言版）"音频作品］

祖国，我爱你！（抒发情感，语速渐慢）［语料来源于喜马拉雅"枭雄末路｜萨达姆与伊拉克战争（泰安方言版）"音频作品］

在那片打过仗的土地上，花堆成了山，人汇成了海。（递进表达＋抒发情感，语速渐慢）［语料来源于喜马拉雅"枭雄末路｜萨达姆与伊拉克战争（泰安方言版）"音频作品］

4. 停连运用法

在不少文献中，停连与重音是并列的关系，并不能算作重音的表达方式之一。但笔者认为，在语句中，重音并不单是词、词组，有时还可能是整句话。停连的处理方式也是为了凸显重点所在，而该重点应被纳入重音的范畴。如：

我不听你的！（一字一顿）（语料来源于泰安居民发音合作人的生活表达）

我承认我爱你，但是你不能用这种方法来测试我对你的爱吧。（连读）（语料来源于泰安居民发音合作人的生活表达）

有国家在战争中发了战争财，可是那些战乱的民族呢？谁考虑过他们？（停顿）［语料来源于喜马拉雅"枭雄末路｜萨达姆与伊拉克战争（泰安方言版）"音频作品］

停连运用法多应用于诵读场景中，生活场景中出现较少。

综上可知，泰安方言中重音的处理方式大致可分为重读重音法、重音轻读法、调整语速法、停连运用法四类，与普通话的重音处理方式差异不大。其中重读重音法最为常见。然而无论使用何种方法，关键还需联系说话环境与上下文中心思想进行综合考虑。

五、泰安方言的重音与语义

语义（semantic）是语言的意义，是语言形式所表达的内容。具体来说，语言是一种符号，是索绪尔笔下的"能指"，语义是内核，即"所指"。语义与语言是同一事物的一体两面。语义需要通过语言来呈现，而语言必须承载着语义，以语义为内核。泰安方言的轻重音表达对语义的区别至关重要。因为相较于普通话，泰安方言不具备自身特殊的书面符号，其书面语言与普通话相同。因此，泰安方言流传至今可以说已经完全成为一种口头传播，其语义的辨别完全依靠方言的发声特点。以下将从词重音与句重音两方面进行具体阐述。

（一）词重音与语义

在英语和普通话中，词重音有辨别语义、区分词性等多种功能。然而对于泰安方言来说，辨别语义是词重音所起到的至关重要的作用。口语的传播与书面语不同，在书面语中词重音的确立可能还需联系上下文进行确定，从而明确语义。而在转瞬即逝的口语传播中，交流者则需要根据对方词重音的选择与表达来确定说话者的讲话意思与意图。因此，本节内容将重点介绍在泰安方言中起着辨别语义作用的词重音。

经观察可知，在泰安方言中语义的辨别通常依靠轻音表达。举例如下：

1. 相同符号，相同语音，轻音表达，不同语义

不轻读	语义	轻读	语义
煎饼	一个动作，指正在摊煎饼	煎饼	一种食物
孙子	战国时的著名军事家	孙子	晚辈，儿子的儿子
对头	表肯定	对头	敌人

续表

不轻读	语义	轻读	语义
精神	多指要学习的优秀精神，品质	精神	多指精气神
男人	性别男	男人	丈夫

2. 不同符号，相同语音，轻音表达，不同语义

不轻读	语义	轻读	语义
走势	一种趋势	奏是（方言话）	形容一个人很不知好歹
没戒	没有戒掉什么东西	没介（方言话）	表示没有的意思
暴富	表突然有钱	报复	表报仇的意思
报仇	表达不满，要报复对方的意思	报酬	表薪水
自述	自己阐述	字数	字符数量

除此之外，在泰安方言中还存在着符号相同或不同，语音相同的情况。该种情况的语义辨别需依靠语境判断。如：

词组	语义	词组	语义
解封	指接触封禁	接风	指接风洗尘
儿哩（方言话）	可为一种与语气词，表惊讶	儿哩（方言话）	询问儿子去哪了
自然	可表大自然	自然	表状态自然不做作
工夫	指耗费的时间精力	功夫	指武功
归公	指归为公家管	归功	指功德给谁

如上，泰安方言的词重音差异与语义改变的规律与普通话相比有部分不同。因为方言与普通话的发声声调相异，普通话中的非轻音词在泰安方言中可能为轻音词。因此，根据轻音判断语义的规律也存在不同情况，有必要对

方言的词重音与语义关系做出进一步探究。

（二）句重音与语义

顾名思义，语义即语言的意义。语义重音是指能够反映语言意义的重音。在本文中，笔者将重音划分为语法重音与逻辑重音两部分。值得注意的是，语法重音与逻辑重音都属于语义重音的范畴。关系图如下：

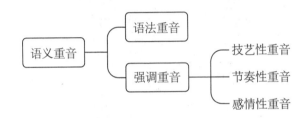

经观察可知，在泰安方言中的句重音大致有以下两种用途。

1. 明确基本句意，避免歧义。句重音与词重音是包含关系，词重音对语义的区别同样会影响语句的意思表达。举例如下：

例句	语义	例句	语义
我爱煎饼。（饼不轻音表达）	表示我很喜欢摊煎饼这个事儿	我爱煎饼。（饼轻音表达）	表示我爱吃煎饼这一食物
你继续按照这个走势法过不行啊！（势不轻音表达）	表示你现在的努力路线需要改变，继续这样生活下去不可行	你继续按照这个奏是法过不行啊！（是轻音表达）	表示你这个人很爱装，这种性格需要改变
我要暴富。（富不轻音表达）	表示我想要一夜之间变富有	我要报复。（复轻音表达）	表示我要去报仇
你的报告自述部分不过关。（述不轻音表达）	表示报告中自我评价部分写得不好	你的报告字数部分不过关。（数轻音表达）	表示该报告字数不达要求

除此之外，还存在句重音不同语句意义不同的情况。举例如下：

例句	语义
他背着儿子上了 5 年的学。	他没告诉儿子偷偷地自己去上学念书
他背着儿子上了 5 年的学。	儿子是残疾人，他背着儿子供儿子上学
鸡不吃了。	表示人不吃鸡了
鸡不吃了。	表示鸡不吃食物了
咬死猎人的狗。	表示咬死猎人的那只狗，猎人被狗咬死
咬死猎人的狗。	表示要把猎人的狗咬死

综上，还存在着部分句重音无法辨别句意，需结合上下文语境来判断句意的特殊情况。如：

放弃美貌的女人让人流泪。（可指男士放弃追求一位美貌的女人让他流泪，也可指女人放弃追求美貌这一权利让人想要流泪）

上手术台的是他祖父。（可指祖父是病人，需要做手术，也可指祖父是医生，上手术台是其工作）

我收藏了小红的画。（可指小红是一位画家，我收藏了她画的画，也可指我收藏的是小红拥有的画）

2. 在明确基本句意的基础上强调意义，逻辑重音多属于此类。举例如下：

例句	语义
我最爱看的一本书是高尔基写的《童年》。	表达主语是我，而非其他人
我最爱看的一本书是高尔基写的《童年》。	强调作者
我最爱看的一本书是高尔基写的《童年》。	强调书本名称
她是如此的美丽啊！	进一步加强美的程度
我想要那个粉颜色的眼镜盒。	强调颜色

无论是方言、普通话，还是英语或其他语言，句重音的显著功能都是表达语义。同重音的表达方式一样，句重音的语义表达可总结出部分普遍规律，但具体的呈现方式还与说话者的个人表达习惯、表达情境有关，不可完全一概而论。

六、泰安方言的重音与语法

语法指一种语言结构规律，分词法与句法两部分。相较于英语，汉语语法的最大特点是没有严格意义的形态变化，书写出来的词组或句子中词性与成分不一定固定，重音的表达是确立词组结构与句子结构的重要判断方式。泰安方言是汉语的分支，其重音表达与语法间的关系遵从汉语语法普遍规律。

（一）词重音与语法

在汉语语法中，字由部首偏旁组成，词根词缀的说法不常用于语素，在词组中却时常出现。在轻音词组中，部分轻音发声语素起着构词作用。举例如下：

后缀	左撇子	劂了 （方言词指倾斜）	孩儿	开春儿	坏了
词根	量子	开了	娘哎 （方言词表惊讶）	小子	小儿 （方言词指晚辈）
后缀	被子	车子	黑介 （方言词指晚上）	杯子	没介 （方言词指否定）
词根	瘸子	见识	姐夫	君子	婴儿

如表格所示，当"子、儿、了"等轻音语素为后缀时，语素本身无语义，只单纯起到构词作用。如"孩儿"去掉"儿"，也指孩子的意思；"杯

子"去掉"子"，也指水杯的意思；"没介"去掉"介"，也指否定的意思。当"子、了"等语素为词根时，具有相应的语义作用，与前一音节共同组成意义词组。如"量子"去掉"子"，单字"量"表示意义模糊；"小儿"去掉"儿"，单字"小"表示意义模糊；"见识"去掉"识"，单字"见"表示意义模糊。由此可得，部分轻音发声语素在词组中起着单纯构词或将词组含义补充完整的作用。

词重音还可用来区分词与短语。举例如下：

短语	词
你丫头摔破了。（"头"轻音，表示意思为女儿摔倒了）	你丫头摔破了。（"头"不轻音，表示意思为脑袋摔破了）
你吃的什么好东西？（"西"轻音，表示意思为食物，询问对方在吃什么）	你分得清东西吗？（"西"不轻音，表示意思为询问对方是否分得清东西方向）
今天要去弹棉花。（"花"轻音，表示一种植物）	这个棉花得值不值啊？（"花"不轻音，表示意思为这个棉花用这些钱买值不值）
那不是我的死对头（tou）吗。（"头"轻音，表敌人的意思）	我觉得你说得很对头（tóu）。（"头"不轻音，表我赞成你说的话的意思）
不要在外面惹是非。（"非"轻音，表示祸事的意思）	做人要讲是非判断吧。（"非"不轻音，表是与非，对与错的意思）

如表格所示，在泰安方言中，大部分轻音词语都属于短语，当轻音词组发音为非轻音时，原词组有变为两个单语素的可能。如"东西"为轻音表达时，指物体，为词组。"东西"为非轻音表达时，指方位，为"东""西"。

除此之外，汉语包含两大词性，实词与虚词。实词为有实际意义的词，如名词、动词、形容词、数词、量词、代词。虚词为没有实在意义的词，如副词、介词、连词、助词、叹词、拟声词。经观察可见，由于泰安方言为口头传播，并无独特的文字符号，因此部分双音节词第二音节是否轻音表达不仅可影响词性，进而影响语义，还可能直接影响汉字符号的意涵，使得表达意义完全改变。举例如下（加点为轻音音节）：

词性	语义	符号	语义
人家（代词） ——人家（名词）	别人 ——家庭	庄稼（名词） ——装家（动词）	土地作物 ——装修房子
反正（介词） ——反正（名词）	介词连接语句 ——反面或正面	行李（名词） ——姓李（形容词）	随身携带的物品 ——百家姓中的李

另外，还存在着词性改变语义不改变的情况，如"活动（轻音）——活动"，语义不变，词性由动词变名词。

综上所述，词重音在泰安方言中起着构词、区别词与短语、改变词性语义三个作用。其中构词、区别词与短语的情况较为多见。由于口语传播的特质，词性的改变往往不易被察觉，也容易被忽略。

（二）句重音与语法

在句法中，较为重要的版块为句子结构、句子成分及时态。经研究可得，泰安方言中的轻重音表达起到表达语句时态、改变句子结构等作用。

1. 表达时态

在英文中，时态的表达通常直接体现在词中，如词后加 –ed、–ing，或 is 变 was，do 变 did 或 doing 等。在泰安方言中，虽并无此类时态形变，但轻音词的表达有时也体现着语句时态。举例如下：

过去式
我吃饭了。（表已经吃饭了）
我画完了。（表画完画了）

还好着呢。（表示两个人还在一起）
买宠物了。（表示已经把宠物买回来了）
喝水了。（表示已经喝完水了）
现在时
我玩着呢。（表示正在玩耍）
怀着呢。（表示正在怀孕）
忙着呢。（表示正在忙）
看电视吧。（表示现在要看电视）
洗澡去吧。（表示现在要去洗澡）

虚词"了、着、吧"有时可在语句中起到表现时态的作用，但应用范围较小，且一般无法表现未来时，具有表达局限性。

2. 改变结构

句重音位置不同，可改变语句结构。举例如下：

语句	结构
同学们要学习功课。	将重音放在"学习"上，"学习"做"功课"的定语，指的是要学习功课，而不是其他功课。
同学们要学习功课。	将重音放在"功课"上，强调"学习"的对象是"功课"，"学习"成为该语句的动词，为动宾结构。

上述研究提及了词重音、句重音与语法的关系，拓宽了泰安方言的研究维度。值得注意的是，在泰安方言的实际运用中，重音和语法的改变规律终究也是为语义服务。任何维度的研究都不能脱离方言的口语传播特质，否则将缺失其实用价值。

七、泰安方言的重音与节奏

一段优美生动的语言表达，必然不可能像机器人播报一样匀速蹦字，而是抑扬顿挫，有停有连，具备节奏美。经文献梳理可知，目前国内学者普遍认为汉语的语言节奏分为两种：音步型如普通话，音节型如粤语。音节型的语言节奏又被称为"有板无眼"式（也称"流水板"）节奏。音步型语流大致每隔两个音节就有一次小的轻重、高低、长短或松紧的交替，形成语流中大致等距离出现的两音节节奏单元。①本节内容采用实验语音学的方法，利用 Praat 软件，探讨泰安方言的语言节奏，总结泰安方言的韵律特点。

本次实验采用的语料与实际生活中的话语表达相同或相近，力求使被测试者的表达自然不刻意。结合第一节对泰安方言的语音分析，实验采用的语料不带有歧义发音词组或语句。本次实验所选择的发音人共 5 位，2 男 3 女，均为泰安本地人，日常使用语言为泰安方言，其发音具有代表性。由于语言节奏是各种发音表达特点的表现总和，笔者在对采样语音进行多维度分析后，选择与重音表达相关的音高、音强、音长三方面来论述泰安方言重音与节奏的关系、规律。

首先，重音的选择与表达同语言节奏的呈现是分不开的。重音是语言节奏得以呈现的操作方法，语言节奏是重音应用后的表现维度之一。既然有重音，相对应的就有非重音。重音的表现形式如重读、轻读、慢读、快读等与非重音的表现形式不同，从而使得语句中词与词之间的音高、音强、音长等发生了变化。

音高与音域息息相关，音域是某一人所能发出的最低音到最高音之间的范围。音高，就是指人讲话时所使用的音域。音高与发音体的震动快慢有

---

① 叶蜚声、徐通锵：《语言学纲要》，北京大学出版社，1981，第 111 页。

关。震动越快，音高越高，可形容为"尖锐"；震动越慢，音高越低，可形容为"低沉"。与重音的处理方式相联系，一段话中有时会通过音高的改变来强调重音，从而使得语句富有节奏感。举例如下：

语句	释义
我最怕尖嘴动物了，鸡、鸡，那里有鸡！	在该语句中，"鸡"为重音，意思为说话者看到了尖嘴动物鸡。相较于其他音节，"鸡"的音高较高，声音较为尖锐，是说话者在受到惊吓时的自然发音改变。
今天是我们在一起的第三个年头，虽然我还没攒够买房的钱，但我真的爱你。	在该语句中，"真的爱你"为重音，是说话者想要强调的东西。相较于其他音节，"真的爱你"音高较低，声音更为低沉，是说话者在流露情感时的自然发音改变。
什么？你又把花瓶打碎了？我已经跟你说了一万遍了你不要再这样了！	在该语句中，后半句话音高比前一句要高，更为尖锐。是说话者在愤怒的情绪下进行的自然发声改变。
我已经做完任务了。钱包？我没拿你的钱包啊。（实际情况为是说话者拿的）	在该语句中，"我没拿你的钱包啊"为说话者想强调的重点。相较于上一句话，该语句音高较低，表达较为低沉，是说话者在撒谎时进行的自然发声改变。
我回来了。妈妈，我这次考试考了九十分！	在该语句中，"九十分"为说话者想强调的重点。相较于其他音节，该词组音高较高，声音更为尖锐，是说话者在喜悦情绪下进行的自然发声改变。

经实验可知，改变音高是说话者进行重音表达的方式之一，且音高的改变多与感情性重音相配合。当音高有高有低时，语言便富有变化，节奏感较强。

音强指声音的强弱，决定因素为发声时的用力大小。与重音相联系，对重音的重读或轻读就属于音强改变范畴。举例如下：

语句	释义
老师，小王跟小张打架了，你快去看看吧!	在该语句中，"打架"与"看看"是说话者想强调的重点。该重点采用了重读方式进行处理，相较于其他词组来说，这两对词组音强较强，音量较大。
我保证上课再也不睡觉了妈妈，你别生我气了。	在该语句中，说话者想要达到的目的是让妈妈不再生气，但由于情绪消极，底气不足，所以在表达该句话时出现了音量减弱的情况。
我说了不吃就是不吃，不要再问我了!	在该语句中，说话者强调的重点是"不吃"与不要再"问"。重音处理方式为重读，同时伴随着音强变高的现象。
树叶轻轻地从树上掉下来了，真好看。	在该语句中，"轻轻地"为轻读，音强较弱，"掉"为重读，音强较强，形成对比，使语句具有节奏感。
我再也不喜欢你了。（说话者正在哭泣）	在该语句中，说话者处于一个情绪低落的状态，"不喜欢"该句重音，且为轻音表达，音强较弱。

由实验可知，音强的强弱会带来语句的抑扬顿挫感，从而使语句富有节奏。需要提醒的是，在语句中还存在大量的非重音轻音表达作用于语言节奏的情况，如"了、呢、吧"等语气词通常都为轻音表达。但由于本节的阐述主题为"重音与节奏"，故以上情况不被包含在内。

音长是指单个音节的发音时长。在描述音长时，有"拖音""拖腔甩调""说话太快"等表述。与重音相结合，重音的表达有时也通过音长的变化来体现，但此类情况多出现在朗诵中，在泰安方言的日常表达中不常出现。据语音实验，笔者发现以下两个特殊案例：

语句	释义
我哪说了!	在该语句中，"哪"字的音长被拉长。
我真无语，不是，你为么就这样呢?	在该语句中，说话者想表达的意思为不理解对方为什么总是这样不能改变，"就"字相当于一个语气助词，也相当于"总是"的意思，从语义上来看可被认作重音。"就"字的表达音长较短。

　　由上可知，音长的改变在泰安方言的传播中并不常见，并无适用规律，多为个人表达习惯或情感抒发，但也起到调节语言节奏的作用，使语句更有韵律感。

　　除了上述发现，笔者还发觉泰安方言的表达习惯与普通话相同，轻音音节往往与前一音节联系紧密，且在长句中轻音音节后通常会进行停顿。如：

语句
我和你说了（微微停顿）我没拿。
你说你没拿，那为什么（微微停顿）别人都说你拿了？

　　综上所述，端木三指出，常见的音步包含一个重拍（S）、一个轻拍（W）。从音强与音高的角度来分析，泰安方言的语流中有明显的轻重音表达，为音步型韵律。

　　本章聚焦泰安方言的轻重音研究，从泰安方言的语音分析入手，考察了泰安方言的轻重音分布情况，重音与语音的关系、重音与语法的关系、重音与节奏的关系，较为全面地对泰安方言轻重音的各个向度进行了探讨。在研究过程中，笔者也发现了泰安方言的各种特点，如：跟普通话发声较为相似，泰安人易于学习普通话；俚语较难理解，外地人容易听不懂；泰安不同地区的方言在发音上还具有细微差别等。不管是从语言的学术研究本身来看，还是从语言的多样性保护来看，对泰安方言或各个地方的特色方言进行节律研究都已成为不可或缺的部分。

第八章　汉英轻重音对比研究

　　本章主要采用对比的方法对汉英的轻重音开展研究。涉及汉英轻重音的分类与性质、汉英轻重音在语句中的分布规则、汉英轻重音的功能以及弱化现象四个部分。旨在挖掘汉英轻重音在语义、语法以及节奏韵律上的异同，并通过对比研究探析汉英轻重音在词句中显示出来的各类规律，以期为英汉语言基础理论研究及对外汉语教学研究提供新的思路。

一、汉英轻重音的分类及性质

　　无论是在汉语语境中还是英语语境中，轻重音的作用都尤为重要。本章节将对汉英轻重音进行分类，探讨汉英轻重音的性质及声学特征，对汉英轻重音的差异做出总结。

（一）汉英轻重音的界定及分类

1. 汉英轻重音的界定

　　轻音是用来表达语言意义的一种重要语言形式。汉语里某些词或句子里念得又轻又短的那些音，就可以被理解为"轻音"。反之，当一个音节发音时用力比较大，听起来比较明显就可以被理解为重音。而在英语语境中，轻重音的体现也十分明显。林焘指出："组成一段语流的各音节声音的响亮程度并不完全相等，有的音节听起来比其他音节响亮，就是重音音节；有的音节听起来比较微弱，就是轻音音节。"[①]

2. 汉英轻重音的分类

（1）轻音

　　轻音的分类可以从不同的角度进行划分。以下是一些常见的轻音分类方式。

　　①语法功能：根据轻音在句子中的语法功能，可以将轻音分为虚词音和辅助音。虚词音包括代词、副词、介词等，而辅助音则包括语气助词、时态助词等。如动态助词中的"着"不读轻音时，"睡着（zháo）"指的是入睡了；如果读轻音，则表示正在睡觉。

　　②位置与作用：根据轻音的位置和作用，可以将轻音分为前导音和后跟

---

　　① 林焘、王理嘉：《语音学教程》，北京大学出版社，1992，第174页。

音。前导音出现在主要词语之前，起到衔接和修饰的作用，而后跟音则出现在主要词语之后，起到限定和标记的作用。

③发音特点：根据轻音的发音特点，可以将轻音分为短促音和轻声音。短促音是指发音时间短而轻柔的音，常用于连读、缩音等情况；轻声音是指发音几乎没有声音的音，常用于某些特殊的发音规则和语境中。

在汉语语境中，轻音除了在词和短语中出现，还有一种特殊的表达形式，即"以轻音形式表示的强调重音"。如：

孩子的父亲，默默地守在儿子身边……

在这句话中，重音落在"默默"二字，这是用轻说的方式来表达重音，这种表达方式是为了增强语言的感染力，以便能更好地体现出父亲对儿子的深切关爱。

由此可以看出，说话者在日常交际中并不对每个语言片段都均匀施加力度，而是根据交际意图进行调整。所以在进行强调的时候，除了增大音量、拖长节奏，轻声地说出也是一种特殊的强调重音表达形式。

汉语中的轻音可以简单理解为语音的弱化所致，但英语中的轻音则是一种更为纯粹的语音弱化现象。在语流中许多常用的虚词如 a（an）、of、and 等通常读成弱式。除此之外，在句子中的很多实词也可以用轻音的表现形式，作为其重音词的反衬，这种表现形式可以使重音词的意义更加突出，也可以与重音交替出现形成一种节奏，从而达到增强话语的表现力和韵律美的作用。例如：

This is the 'apple that Dad 'bought. 这是爸爸买的苹果。

（2）重音

在汉语语境中，重音同样可以被分为词重音和句重音两类。顾名思义，词重音就是指在一个词语中，某一个音节的发音比较明显突出。而词重音又有两种类型：固定重音和自由重音。固定重音是指一个词语的重音总是在一个确定的音节上；有的语言虽然每个词都有自己确定的重音音节，但是不同的词，重音落在哪个音节上是不确定的。

这种词重音的分类在英语语境中尤为明显。就整体而言，英语的词重音可以被认为是自由重音。然而，就每个单词而言，重音位置应该是固定的，不能随意变动，否则就会引出歧义。如，below /bɪˈləʊ/ 的重音在第二音节，属于第二音节重读，但如果读成 /ˈbɪləʊ/ 第一音节重读，那就变成了另一个词 billow 的读音，这就完全改变了词语的意思。又如同一个词 conduct，当它的重音在第二音节 /kənˈdʌkt/ 时是及物动词"组织""安排"的意思；而当重音处于第一音节 [ˈkɒndʌkt] 时，它就变成了一个名词，所以同一个词也会因为重音位置的改变而在听说过程中引发歧义。

不过这种歧义在汉语中就没有这么明显了。汉语因为其音节形式多样，其音韵体系也各不相同，每个音节除了有声韵母，都有一个声调的辨义，因此，词重音在其中起到的作用并不明显。同时由于个人习惯、地方方言习惯等因素也会发生重音位置的改变，但即便是某个词语的重音位置变化了，大多时候并不影响听说。如"芋头""大方""葡萄"这一类的词语，即使因为各种原因重音位置从第一音节落到第二音节，也并不影响别人理解词语的意思。

在汉语中关于句重音的分类有很多种，徐世荣认为："语句的重音分为：意群重音，强调重音，感情重音。"[1] 赵元任从音位学角度把重音分为正常重音、对比重音和弱重音。[2] 一般我们认为正常重音相当于语法重音，而对比重音相当于逻辑重音。这也是国内学者普遍的看法。

从本质上来说，句重音就是话语焦点在语音上的表现形式，也就是说，说话人用重音来传递其想表达的最重要的信息，而听话人靠重音来把握话语焦点。

---

① 徐世荣：《普通话语音常识》，语文出版社，1980，第 138 页。
② 赵元任：《汉语口语语法》，商务印书馆，1979 年，第 23 页。

英汉语中的重音使用在语句中具有一定的相似性。例如，两种语言中的重音都是根据语法、语义或者情感表达的需要而产生的。然而相较于英语，汉语在非强调式的语言交流中，语法重音往往取决于句子的结构类型，在语义上有着较强意义的实词往往承担着语法重音。在表达上，重音起到提示和突出某些语法成分的作用。例如：

他喜欢　　　　　　　　（主＋谓）

谓语或谓语中的主要动词通常重读

他喜欢葡萄　　　　　　（主＋谓＋宾）

他喜欢紫色的葡萄　　（主＋谓＋定＋中心语）

在主—谓—宾和主—谓—定—中心语的句子中，定语常常都重读

因此，在汉语语境中即使是同一个词，它在不同的句子中的重读情况也不尽相同，这主要取决于其在语句中充当的成分。然而在英语中，重音一般由词性决定，实词通常重读，虚词和功能词弱读。在没有任何强调或对比的句子里，同一个实词通常都会被重读。例如：

This is a 'grape.　　　　　　　　这是葡萄。

The 'grapes are 'purple.　　　　　葡萄是紫色的。

'Grapes are 'like 'purple 'pearls.　葡萄像紫色的珍珠。

（二）汉英轻重音的性质及声学特征

1. 汉英轻重音的性质

无论是在汉语语境中还是在英语语境中，当我们说话时都会发现各音节的响亮程度并不一样，有的响亮，有的微弱，这其中响亮的称为重音，微弱的称为轻音。在《现代汉语》教材中，轻音被定义为"在一定条件下读得又轻又短的调子"[1]。学者们对轻音的认识基本一致，即普遍认为轻音是失去原

---

[1] 林焘、王理嘉：《语音学教程》，北京大学出版社，1992，第105页。

有声调后读成又轻又短的调子。

对于重音的性质，不同的学者有不同的看法，但我们可以从中总结出一些相通点。侯一清在其硕士论文中谈及："通常一个音步包括一强一弱两个音节。一个有几个音步的词语里有一个音步为强音步，它的强读音节（即音步起始部位）通常比其他音步的强读音节突出并承载了这个词最主要的重音，而其他音步的强读音节则承载该词的次重音。"① 徐世荣认为："重音是指将某个音节以更高的响度说出来，重音音节的音量大，音量的增强，会影响主要元音及声调调值。"② 左岩在其《浅析韵律研究中的几个概念》一文中认为："重音往往是指音节序列或单词序列中某些成分能被人耳更突出地感知这一现象。"③ 赵忠德指出："在任何一种语言中，某些音节从发音上比另外一些音节更加突显，这种突显的音节就是重音。"④

综上所述，我们可以总结出重音的性质。轻重音通常分为重读音节和非重读音节，重读音节在听感上较为突出，发音器官各部分所用的气力较强；除此之外，语句表达中拖长时值或者通过轻说等方式进行突出强调的部分也可以被理解为重音。而相对的其他音节就是轻读音节，感觉用力比较小，致使前者比后者更为突出。突出的原因大多是由于重读音节的响度增大所致，这与音长和音高的增大密不可分。

2. 汉英轻重音的声学特征

英汉语中的轻重音主要受到语音四要素的影响，即音质、音强、音高以及音长。重音就是通过这四要素体现出来的，只是这四要素在英语和汉语中所起的作用并不是完全相同的，四要素的地位也有高低之分。

---

① 侯一青：《汉英重音对比研究及应用》，2012，第 13 页。

② 徐世荣：《普通话语音知识》，1980，第 133 页。

③ 左岩：《浅析韵律研究中的几个概念》，《北京大学学报》1999 年 S1 期。

④ 赵忠德：《音系学》，上海外语教育出版社，2006。

语音四要素的概念：

音质	音质（也称音色、音品）指的是语音的品质和音色特点，由这个音特有的频率范围所决定。不同的音质产生于不同的音波振动形式，它是一个声音区别于另一个声音的基本特征。
音高	音高指可用来将音从低到高排列成一个量阶的听觉属性，通常由音波振动的频率来决定，所以音高也叫音频。频率高则音高，频率低则音低。
音长	音长指声音的长短，取决于音波持续时间的长短。音波持续的时间长，声音就长；音波持续的时间短，声音就短。
音强	音强指的是声音的强弱，声音的强弱决定于音波振动幅度的大小。发音时用力弱，物体振动的幅度就小，声音就弱；发音时用力强，物体振动的幅度就大，声音就强。

一般来说，英汉语轻重音的声学特征都与语音四要素相关。不同的是，在不同的语言里四要素的作用侧重不同。如在北京话中，音长就起着相较其他三要素更重要的作用。而在整个汉语语境中，音高、音长、音强、音质都对汉语轻重音起着重要的作用。

音高	重音音节的音高相对较高，而轻音音节的音高相对较低。重音音节的声音更为突出，更有强调性和吸引力。
音长	重音音节的时长通常比轻音音节长。重音音节由于被强调，需要更多的时间来发音，而轻音音节则相对较短。
音强	重音音节的声音强度大，声音更为清晰响亮，而轻音音节的声音强度相对较小，音量较弱。
音质	重音音节的元音通常具有更高的品质，如更高的共振频率和更大的幅度。而轻音音节的元音相对较短，没有明显的共振现象，音质相对较弱。

需要注意的是，轻重音的声学特征也受到语言的语调模式、习惯和个人发音习惯的影响，因此会有一定的变化。此外，在实际语言使用中，除了重

音和轻音，还存在一些非重音音节，它们在发音上介于重音和轻音之间，具有一定的声学特征，但不如重音音节那么明显。

英语轻重音的声学特征同样被认为是音高、音长、音强、音质四者的综合体，但其与汉语仍有些许差异。这是因为英语是语调语言，重读音节一般具有较高的音调，且音高的变化决定重音的突显，音长比非重读音读得长，音强在听辨轻重音中的作用比汉语明显。此外，需要注意的是，轻重音的声学特征也会受到方言、口音、语境和个体差异的影响。

音高是调节重音最有效的手段，音高在语音感知中十分灵敏，同时在人类发声系统中改变音高最容易。在汉语中，轻重音的主要影响因素是音长，音高次之。这是因为在分辨轻重音时，音高在语音感知上最为灵敏，在分辨重音时已经起到了很重要的作用，而对主要表现为声调语言的汉语而言，音长就显得特别重要了，而音强和音质则不太明显。从上我们可以看出，正是因为这四个要素在汉语和英语中的地位和语言体系的不同，才导致汉语和英语重音基本性质的差异。

二、汉英轻重音的分布规则

在汉英语境中，轻重音的分布看似杂乱无章，但实际上其分布是有迹可循的。例如：汉语中的轻重音可以按音节结构进行分类；英语则更为复杂，需要按单双音节词汇分别进行归纳总结。

（一）词法层面

1. 汉语词重音的分布规则

汉语的音节前声后韵，可分为声母、韵头、韵腹、韵尾、声调五部分。汉语单音节词和英语单音节词一样，无所谓轻重。但在双音节词或多音节词中，汉语的词重音就比较普遍，下面我们就来探讨它们的分布规则。

现代汉语的轻重音研究

因为声调的作用，汉语重音并不明显，但是通过轻音音节的对比，我们可以自然而然地感受到哪些音节是重读音节。例如："馒头""灯笼""葡萄"等，它们的第二个音节都念轻音，而相对第二个音节，"馒、灯、葡"就自然而然地成了重读音节。这种重音的分布在汉语的词重音中是有规律可循的，我们一般按音节结构分类。

（1）双音节词可以分为"重轻"结构和"中重"结构。例如：

灯笼、葡萄、妈妈、梯子、玻璃

阿姨、忐忑、文字、从容、火焰

（2）三音节词中有三种结构即"中次轻重"结构、"中中重"结构、"中重轻"结构。例如：

塑料袋、红酒杯、月季花、洗衣粉

复读机、垃圾桶、内蒙古、千里马

小伙子、硬骨头、半吊子、小柿子

（3）四音节词中有两种结构即"中次轻中重"结构、"中重中重"结构。例如：

糊里糊涂、掩耳盗铃、千钧一发、慌里慌张

风调雨顺、花开富贵、弄假成真、长生不老

（4）汉语中的一些轻音词。

A.名词后缀"子、儿、头"，例如：梯子、墨汁儿、馒头。

B.语气词"吗、吧、呢、啊"，例如：好吗、行吧、在哪啊。

C.助词"的、地、得、了、们"等，例如：我的、吃得了、好了。

（5）方位词"里、面"等，例如：家里、里面。

（6）趋向动词"来、去、上、下、过"等，例如：过来、墙上、爱过。

（7）叠音的亲属称谓和动词。例如：爷爷、奶奶、摸摸、看看。

其中方位词、趋向动词、叠音动词一般轻读。

但需要注意的是，轻音词是汉语词汇中的一个特殊类别，这种规律并不具有普适性。至于哪个词应该念轻音，或哪个词不该念轻音，有的有规则可循，有的只能凭语感或个人习惯。

2. 英语词重音的分布规则

英语属于自由重音语言，其词重音可分为三级：主重音、次重音和轻音（零重音）。在主重音中，元音完整、清晰，音节较长；轻音节的发音比较快、轻、弱，元音含糊；次重音则介于重读音节和非重读音节之间。

由于缺乏声调，英语音节的轻重通常由音节中元音的特征和元音辅音的组合特征所决定。罗爱华在其论文中提出英语音节可分为音节首、音节核心和音节尾三部分。[①] 音节核心是整个音节中必不可少的部分，相当于汉语中的韵腹。音节首指音节核心前的所有辅音，相当于汉语中的声母。音节尾指音节核心后的所有辅音，相当于汉语中的韵尾。每个单词都有固定的重音位置，不可以随意更改。一旦改变，词义、词性等方面都会发生相应变化，从而引起误解。

英语的词重音规则相比于汉语要复杂得多，这里将英语的词重音分布按三类进行归纳总结：单音节词、双音节和多音节词、复合词。

（1）单音节词

单音节是指只含有一个元音的音节，单音节词单独出现时一般都重读。如：take，age。这里需要注意的是，不要将元音和元音字母搞混。划分音节是按元音来划的，如果元音字母不发音，那就不能构成音节了。如果有两个元音字母在一起，但只发一个元音，仍然算一个音节，如 take，在这个单词里，只有元音 a 发音，e 不发音，所以只算一个音节。

（2）双音节和多音节词

双音节和多音节词中一般只有一个音节获得重音，这里我们用 V（vowel）

---

① 罗爱华：《汉英词重音对比研究》，《高等职业教育（天津职业大学学报）》2013 年第 2 期，第 84—87 页。

代表元音，用 C（consonant）代表辅音。我们将英语中的动词和形容词的重音规则总结如下：

①V（C）结构

即词尾音节为短元音，其后为辅音或者零辅音。那么词尾短元音无法获得重音，倒数第二个音节获得重音。例如：

ˈalien［ˈeɪlɪən］ ˈcancel［ˈkænsəl］ ˈcivil［ˈsɪv（ə）l］ ˈsolid［ˈsɔlid］

②VV（C）结构

即词尾音节是一个双元音或长元音，其后为辅音或者没有辅音时，那么重音通常指派给该音节。例如：

deˈvote［diˈvəut］ conˈceit［kənˈsi:t］ reˈmote［riˈməut］

③VCC 结构

即词尾音节是一个短元音，后面至少有两个辅音的时候，重音指派给该音节。例如：

aˈgainst［əˈgenst］ aˈdopt［əˈdɔpt］ aˈffect［əˈfekt］

而名词的重音规则是只要除去词尾最后一个音节，其重音指派规则同动词和形容词的规则相同，如 V（C）结构：cinema［ˈsɪnəmə］

除了上述情况，有的多音节词除了有主重音，还要指派次重音，这样才能使重音轻重交替，形成英语节奏模式。次重音的指派主要根据主重音的位置，次重音一般总是在主重音左端间隔一个音节的位置上。例如：

population［ˌpɒpjuˈleɪʃ（ə）n］ engineer［endʒiˈniə］

congratulation［kənˌgrætʃəˈleɪʃ（ə）n］ periodical［piəriˈɔdikəl］

假如主重音在第一个或第二个音节上，一般不指派次重音，或者次重音指派于自左向右间隔一个音节的位置上，但这种情况相对较少。

在英语中还有一类带有词缀的词重音。这又分为以下几种情况：

①词根加前后缀，一般只重读词根。

前缀	ex-、im-、in-、il-、un-、dis-、de-、anti-、mis-、re-、pre-、en-、al-、multi- 等。
后缀	-ness、-ment、-ship、-ture、-hood、-ary、-ful、-ible、-ate、-some、-less、-ous、-ly、-y 等。

这里就不一一列举具体词语了。

②并不是所有的后缀词都是重读词根的，有的词是后缀需要重读，这些词大部分是从法语借来的词，有：-ee、-neer、-ese、-tain、-naire、-ette、-oo等。例如：engineer［endʒi'niə］

③有些后缀重音则指派给单词倒数第二个音节，如以 -ic、-ian、-ious、-ior、-rium、-mental 等结尾的。例如：economic［i:kə'nɔmik］

④有些重音则指派给了单词倒数第三个音节，通常是以 -ify、-ity、-ate、-ology 等结尾的。例如：personify［pə'sɔnifai］

（3）复合词的重音规律：通常重读第一部分，其余的指派次重音或者不重读。这类词有开放式的复合词，如：`readingroom、`sleepingpill 等；也有连字式的复合词，如：`heart-breaking、self-`esteem 等；还有固体式的复合词，如：`raindrop、`homework 等。

3. 影响英汉词重音位置的主要因素

由于重音与声调在英汉语词重音的不同地位，英语可以被称为重音语言，汉语可以被称为声调语言。但影响英汉语词重音位置的主要因素还有很多，如词性、词结构、语境和语气，以及语言习惯和口语习惯等都是影响英汉语词重音的主要因素。

（1）影响英语重音位置的主要因素

影响英语重音位置的主要因素包括以下几个方面。

①词汇重音规则（Lexical Stress Rule）

英语中有一些词汇重音规则，根据这些规则，我们可以推测出某些类型的词汇中重音的位置。例如，在多音节的动词和名词中，通常倾向于把重音放在第一音节上，如"decide"和"content"。

②强调和重点（Emphasis and Focus）

根据句子的意义和表达的重点，在英语中可以通过重音来强调特定的词或短语。在口语交流中，人们可能会有意识地选择在重要的词上加重音，以引起听者的注意。

③形态和词法（Morphology and Lexical Stress）

英语中的一些词汇形态和词法特点也会影响重音位置。有些词汇的重音位置会随着词汇形态或派生形成的变化而改变。例如，名词和动词形式的重音位置可能有所不同，如"con'duct"（动词，重音在第二音节）和"'conduct"（名词，重音在第一音节）。

④语境和交际目的（Context and Communicative Purpose）

在特定的语境和交际目的下，重音位置可能会有一定的灵活性。根据表达的需要，人们可以调整重音位置以传达更准确和清晰的意思。

⑤口音和方言（Accent and Dialect）

不同的口音和方言可能会有不同的重音模式和规则。根据地域和个人的语音习惯，重音位置可能会有所差异。

（2）影响汉语重音位置的主要因素

在汉语中，词重音位置的主要影响因素包括以下几个方面。

①词汇重音规律

汉语中存在一些词汇重音的规律，可以通过这些规律来预测某些类型的词汇中重音的位置。例如，双音节词通常重音在第一个音节上，多音节词的重音通常在倒数第二个音节上。

②词性和词法

汉语的词汇重音位置也与词性和词法特征相关。有些词性的词汇，如名词、动词、形容词等，在重音位置上有一定的规律。例如，动词的重音通常出现在第一个音节上，名词的重音通常出现在第二个音节上。

③语法和句法结构

在句子中，某些重要的句子成分可能会影响词重音位置。例如，句子的主语、谓语、宾语等对于句子的整体意义和结构具有重要作用，它们所在的词可能会倾向于带有重音。

④语义和信息重要性

某些词汇在语义上具有重要性或承载着关键信息，因此在口语或口头表达中通常会带有重音，以突出其重要性或表达清晰。重要词汇的重音位置可能会因其在句子中的语义角色和信息负载而有所变化。

⑤方言和口音

不同的方言和口音在汉语的词重音位置上可能存在一定的差异。一些方言可能会有特定的重音模式和规律，影响词语的重音位置。

需要注意的是，英汉语中的词重音位置都会受到多种因素的综合影响，具体情况可能因方言、口音、语境、语速等因素而不同。此外，个体的发音习惯和语音习惯也可能导致一些差异。汉语的音节重音位置相较于英语来说相对固定，但仍受到上述因素的影响。

（二）句法层面

1. 汉语句重音的分布规则

在语言使用中，句重音是为了达到不同目的而强调所要表达内容的一种形式，其目的是引起听者的注意。句重音可以被分为语义重音和节奏重音。在实际应用当中，我们一般把句重音的分布情况分为两种：一种是实词重读，另一种是新信息优先重读。但是徐世荣按照语法结构把汉语中的句重音分布规则更加细化，把"意群重音"分为九种情况，如"主谓中谓语重读、主谓宾中宾语重读、主谓补中补语重读、主谓补宾中宾语重读、定语重读、

现代汉语的轻重音研究

状语重读、兼语式中兼语后的谓语重读等"。^①例如：

妈妈笑了（谓语重读）　　她在吃橘子（宾语重读）

妈妈站在门口（补语重读）　　妈妈吃完了橘子（宾语重读）

这里的环境很好（定语重读）　　妈妈大声地笑了（状语重读）

而在实际的话语交际时，我们为了表达特定的语义或情感而有意识地把句中某个词说得响亮些，因此重音也会因为表意的需要而发生变化，即重音位置不同，句义会发生变化，隐含的意义也会不同。例如：

A. 我不会写诗　（你来写）。

B. （谁说我会写诗呀）　我不会写诗。

C. （我不是不肯写）　我不会写诗。

D. 我不会写诗　（只会欣赏诗）。

E. 我不会写诗　（写短散文行不？）。^②

从上述例子可以看到，在实际话语交际中根据语义或者情感的需求，重音是可以重叠在语法重音之上的，也可以在非重读音节之上。重音位置的不同可以强调不同的意思，以突出说话人想要表达的焦点所在，这都属于语义重音。

节奏重音就是指语句中利用重读音节和非重读音节有机结合而产生的节奏形式，使语句形成一定节奏感的重音，或为了语义对比而产生的重音。在话语的意群中，有的词就需要特别重读，有的则读得比较弱，有的则轻读。尽管单念的时候，每个词都可以是一个重音，但是在句子里，可能有的词就要失去重音。例如：

告诉她，是父亲拿来的。

这个例子中，词语"诉"和语气助词"的"在任何情况下都是轻音，而

---

① 徐世荣：《普通话语音常识》，语文出版社，1999，第115页。

② 罗常培、王均：《普通语音学纲要》，商务印书馆，1981，第141页。

在本句中"她""是""来"也是轻读。这是因为在上下文中，为了突出邻近的词语"告诉""父亲"，"是"失去了原来的重音，变得稍微轻了一些。

2. 英语句重音的分布规则

（1）实词重读虚词不重读原则

无论是在传统语言学认知还是在实际应用过程中，句子重音最基本的一个原则就是实词（content words）重读，虚词（function words）不重读。实词包括名词、动词、形容词、部分副词；虚词包括冠词、介词、助词、连词、代词等。

但是我们都知道一句话中不可能永远都只有一个动词，当一句话中出现多个动词时，这个规则显然就不适用了，因为我们不可能将一句话内的所有实词全部重读。所以在具体的语境中，由于受到韵律、语义等影响，实词所承载的重音地位并不完全一样，所以这条规则有局限性。

（2）"重音居后"原则

Chomsky 和 Halle 在 1968 年提出了复合词重音规则和核心重音规则两条原则，认为一旦确定了句法结构，重音的指派就是完全自动的。在汉语重音研究中赵元任先生早在 1986 年提出"最后的最强"，"重音居后"原则得到了语言学界很多人的认同。但有的学者认为这只是从句法角度解释重音的，在日常生活中仍然有很多不是最后最重的例子。

（3）内论元优先重读原则

这一原则是从语义角度来解释重音规律的。西方学者在研究中发现说话者想要强调一个述宾结构时，动词不一定重读，而做宾语的名词短语却需要重读，这样内论元可以先于动词得到重读。例如：

What did `Mark do last night？ —He did his `homework.

根据重音居后规则，在句子最后一部分指派重音，因此宾语 homework 获得重音。但是像 " What happened？ —`Jepson died." 这种例子无法用重音居后原则来解释，其实它和前一个例子一样，Jepson、homework 都是受事，相对于动词中心语而言，在论元结构中都是内论元，因此获得重音。但是这个原则在实际话语中如果缺失上下文语境的情况下，是无法全面解释重音分配问题的。

（4）新信息优先重读原则

顾名思义，新信息优先重读原则即在句子中只有新信息重读，已知信息不重读。一般认为在上下文中出现过的词，或者所指在上下文中可及的为已知信息；而上下文或情景中不可推导的、与推测或者事实相反的、替换预设问题中的疑问成分的信息为新信息。例如：

What can Lily's dog do？ —It can`dance with her.

在回答句中，动词 dance 为新信息，而宾语是已知信息，所以动词 dance 获得重音。

以上四条重音指派原则对重音分布都有着程度不一的影响，但是在实际应用中一般认为新信息优先重读，其次是实词重读虚词不重读原则，再次是内论元优先重读原则，最后为"重音居后"原则。

3. 影响英汉句重音位置的主要因素

影响英汉句子重音位置的主要因素包括以下几个方面。

（1）词汇重音位置（Lexical Stress Position）

在一个句子中，各个单词的重音位置会对整个句子的重音分配产生影响。英汉两种语言在词汇重音位置的规律和习惯上可能存在一定的差异。在汉语中，重音通常出现在多音节词汇的倒数第二个音节上，而在英语中，重音则更多地受到词汇重音规律和词类的影响。

（2）语法结构和句法规则（Grammar Structure and Syntax）

句子的语法结构和句法规则也会影响重音位置。在英语中，重音通常会落在句子的主语、谓语动词以及其他重要的句法成分上。而在汉语中，句子中的重要成分和核心内容也会在语法和句法上决定重音的位置。

（3）信息重要性和焦点（Information Importance and Focus）

　　句子中的信息重要性和焦点也会影响重音位置的分配。重要的信息通常会被突出出来并加重音以引起听者的注意。在汉语中，焦点通常通过语序和词的位置来表示，而在英语中则通过重音来实现。

（4）语境和交际目的（Contextand Communicative Purpose）

　　句子的语境和交际目的也会对重音位置产生影响。在特定的语境和交际场景下，人们可能会有意识地选择重音位置以达到更准确、更清晰的表达效果。

　　需要注意的是，英汉两种语言在重音位置上存在差异。英语更加依赖于重音来传达语义和句子结构，而汉语则倾向于通过语序和词的位置来表达信息的重点。因此，在进行英汉句子翻译时，除了要考虑上述因素，还需要注意两种语言在重音位置上的差异。

（三）小结

　　经过上述规律总结我们可以发现，无论是汉语还是英语，无论是词重音还是句重音，重音所处的位置都是有规律可循的。而重音位置的改变，往往会对语句表达的意思产生影响，这一点在英语中更加明显。总而言之，重音恰当的语句可以表达出确切的语义，不容易在口语传播过程中产生误会。这就要求我们在学习汉语或者英语时，不仅要掌握好词重音，还要掌握好句重音，深入理解话语的内涵，利用重音准确说出想表达的意思。否则，一旦重音位置错置，意思必然会发生改变，不可避免地会引起听话人的误解。

三、汉英轻重音的功能

　　轻重音在汉语和英语词汇或句子中有着不尽相同但十分重要的功能。在词法方面，可以大致分为区分功能与辨义功能；在句法方面，英语与汉语句子中轻重音的功能有所不同，下面将进行具体分析。

（一）词法层面

1. 汉语词重音的功能

（1）区分功能

汉语的少数双音节词中第二个音节是否读轻音可以区别词性和词义。例如：

	词性	词义
下水〔xiàshuǐ〕	动词 V.	进入水中
下水〔xiàshui〕	名词 N.	牲畜的内脏
自然〔zìrán〕	名词 N.	大自然，自然界
自然〔zìran〕	形容词 adj.	不勉强，不局促

由以上的例子我们可以看到，某些双音节词读轻音后，词性会发生变化。而词性的变化主要包括以下几种：

① 名词变为动词

活动（名词）：这一次活动举办得非常成功。

活动（动词）：你得经常活动才行。

② 形容词变为名词

地道（形容词）：正宗的。

地道（名词）：地下的通道。

③ 名词变为副词

反正（名词）：敌方的军队投到己方为反正。

反正（副词）：反正去不去都这样的了。

④ 名词变为代词

人家（名词）：他家是个大户人家。

人家（代词）：把行李给人家送去。

（2）辨义功能

在上述的区分功能中，我们提到了汉语词重音的变化可以区分词性和词义，而如果在词性不变的情况下，汉语中的双音节词因为轻重音位置的变化也会产生词义的改变。

老子［Lǎozǐ］	古代伟大的思想家
老子［Lǎozi］	地方话中的父亲
实在［shízài］	诚实，不弄虚作假
实在［shízai］	扎实

但是在汉语中还有一种特殊情况，即书面语与口语的区分。由上述两个例子可以看到，通过重音的变化我们从口语中就能听出两个词意义的差别，但是还有一类书写形式不相同的轻音词和非轻音词，我们需要在口语中通过轻音来分辨。例如：

报酬［bàochou］	作为代价而付出的实物或钱
报仇［bàochóu］	指采取行动打击报复
莲子［liánzǐ］	睡莲科的一种植物
帘子［liánzi］	挂在门或窗上的遮蔽物

2. 英语词重音的功能

和汉语的词重音一样，英语词重音同样具有两个功能，一个是辨义功能，一个是区分功能。辨义功能很好理解，即重音位置的变化会导致词义的改变。如 desert /ˈdezət/ 是沙漠的意思，而重音处在第二个音节时 desert /dɪˈzɜːt/ 就是功过的意思，这样的情况在英语词汇中不胜枚举。但是还有一种特殊情况，就是两个词的音标相同，但是重音位置不同且是两个完全不同的词汇，例如 below/bɪˈləʊ/意为在……下面，billow/ˈbɪləʊ/则是巨浪的意思。

区分功能也容易理解，即英语词语中重音位置的变化会导致词性的变化，但与汉语双音节词不同的是，英语词汇随着重音位置的变化，它的意义改变分为三种情况：一是不变，二是轻微改变，三是完全改变。例如：

	词义	词性
desert/ˈdezət/	词义改变：沙漠	词性不变：名词
desert/dɪˈzɜːt/	词义改变：功过	词性不变：名词
conflict/ˈkɒnflɪkt/	词义不变：斗争	词性变化：名词
conflict/kənˈflɪkt/	词义不变：斗争	词性变化：动词
compound/ˈkɒmpaʊnd/	词义轻微改变：混合物	词性改变：名词
compound/kəmˈpaʊnd/	词义轻微改变：混合	词性改变：动词

（二）句法层面

1. 汉语句重音的功能

汉语句重音最重要最突出的功能便是在表意方面起突出强调的作用，这在我们的日常口语表达中是最常见的。读重音的词往往是句子里最重要的信息点，用以突出语句内涵。

此外，重音在语义表达中也起着重要作用。同样一句话，重音的位置有所改变，表达的意思也就不同。重音所强调的部分往往是说话者最想表达或者引起说话人注意的地方，是话语焦点在语音上的表现形式，在于显示言语的深层结构，并且可用来排除歧义。所以消除在口语表达中所产生的歧义也是汉语句重音重要的功能。

我们曾在句重音的分布规则一章举过一个非常有代表性的例子，这里我们再次使用这个例子进行解释：

a. 我不会写诗。（你来写）
.

b.（谁说我会写诗呀）我不会写诗。
.

c.（我不是不肯写）我不会写诗。
.

d. 我不会写诗。（只会欣赏诗）
.

e. 我不会写诗。（写短散文行不？）①
.

由这个例子我们可以看出来，利用重音位置的不同，可以强调特殊意义，从而消除歧义。这五句话的重音在五个不同的位置，便出现了五种意义，这样的语义差异充分展现了重音消除歧义的功能。即如果想表达你的朋友会写诗，而不会写诗的是你，而你把这句话的重音落在了"诗"字上，那便出现了歧义，即意思是你会写别的体裁，除了诗。所以重音位置的准确使用是可以达到消除歧义效果的。

然而这种用以突出或强调某个意思的重读现象有时也无法发挥影响句意的作用。例如："这是谁的杯子？"无论重音在哪一个位置，都不会影响句子的基本意思，也不会产生不同的回答。所以这时句重音的功能只是在口语传播的节奏上产生轻微的影响，而对句意没有影响。

2. 英语句重音的功能

（1）突出内涵

无论是英语还是汉语，句重音最重要最突出的功能都是起突出强调的作用。但汉语主要为声调语言，而英语属于语调语言，所以在句重音的强调功能上，英语要体现得更为明显。

在语言表达中，实词重读以突出内涵是最常见的。即在正常状态下根据句法结构的要求重读某些词语，如名词、动词、形容词和副词等实词在句中一般都需要重读以突出句子内涵。例如：

The `flower is so `beautiful. 这朵花是如此的美丽。

---

① 罗常培、王均：《普通语音学纲要》，商务印书馆，1981，第 141 页。

（2）位置变换造成语义差异

句重音的语义功能往往体现说话人的意图和信息焦点。重音指派不同，相同一句话就会表达出不同的意味，即重音的位置变换造成语义差异。例如：

This`grape is sweet.

This grape is`sweet.

第一个句子，重音指派给了 grape，意思是这个葡萄是甜的，不是其他水果是甜的；第二个句子将重音指派给了 sweet，意思是这个葡萄是甜的，并不苦或者有其他的味道。这里明显是重音位置变换造成了语义差异。

（3）虚词重读造成语义差异

英语中的虚词包括介词、冠词、连词、感叹词。我们都知道一般情况下英语中的虚词是不做重音处理的，但是当英语中的这些原本不被重读的虚词被重读时，它们也将突出句子不同的含义，造成语义差异。

我们以定冠词 the 为例：

A.That is`the book I was looking for.

那正是我所刚才正在找的那本书。

B.That is`the word to be used here.

那是这里改用的唯一的词。

定冠词 the 一般不重读，但如果重读为 [ði:] 时，含义往往变得丰富，有"的确是那一个而不是旁的""那唯一的""那最著名的""那最典型的""那最理想的"的意思。在句子 A 中，the 的含义是"那一个不是别的"，而句子 B 中的 the 则是表示"唯一的"。它们不被重读时只是被当作辅助特指的后面的实词而存在，但是重读之后，则有了一种唯一性，非它不可，这便是虚词重读会造成的语义上的差异。

（三）小结

这一节我们从句子层面分析了汉语和英语重音的主要功能。可以发现，无论是汉语还是英语，重音位置的改变往往会对语句表达的意思产生影响。只是由于两种语言归属于不同的体系，汉语在语句层面表现力不如英语突出。在一个同样结构的句子中，重音位置的不同，对于感情的表达、句子的语义、句子焦点信息的转移都会有影响。在同样一个句子中，重音可以有选择地放置，进而强调想要表达的信息重点，使语义产生微妙的差异。总而言之，重音恰当的语句可以表达出确切的语义，可以给人留下鲜明的印象。反之，语义的表达可能会在口语传播过程中产生歧义甚至被误解。

四、汉英轻重音的弱化现象

汉语中的词重音模式相对较为固定。通常情况下，需要给词中的最后一个音节赋轻音，使得其他音节相对成为重音，这是我们最常见的认知方式。把感知上的轻重与声学上振幅的大小对应起来，认为"重"就是振幅大，"轻"就是振幅小，但是这并不代表汉语词重音的弱化可以被一语概括，英语也是同理，汉英词重音的弱化现象非常多元。

（一）词法层面

1. 汉语词重音弱化的表现

20世纪50年代以来，一些学者（林焘，1985；林茂灿、颜景助，1980；曹剑芬，1980）纷纷用语音仪器对普通话轻音成分的声学表现进行分析，并发表了有关轻音成分的实验报告。在报告中得到的结论是，汉语词中音弱化的表现与词语的音长、音高、音质与音强四个方面密不可分。

例如，在音长方面，词重音弱化后轻音音节一般短于正常重读音节的长度；在音高方面，轻音音节失去原有的声调调值，变为轻音音节特有的音高形式，所以轻音音节的音高变化和前一音节的声调有密切关系。同样的，在音质与音强两个方面也都对汉语词重音弱化有着不同程度的作用，这里就不多赘述。

2. 英语词重音的弱化现象

英语中有一种现象叫作词重音的弱化（Word Stress Weakening），即在某些情况下，原本应该带重音的音节会被弱化，失去其正常的重音强度和显著性。这种现象通常发生在连读、语流和语音节奏方面。

以下是一些常见的英语词重音弱化现象。

（1）弱读音节（Weakly Stressed Syllables）

在英语中，多音节词中非重音音节通常会被弱化。这些音节的发音通常较短、模糊，并且音量较低。例如，在单词"information"中，第一个音节"in"和第三个音节"ma"就是弱读音节。

（2）重读单词的弱读（Weak Forms of Stressed Words）

在某些情况下，一些常用的重读单词在特定的语境中会被弱化，变成弱读形式。例如，单词"to"通常在正式语境中读作/tu:/，但在非正式口语中常以弱读形式/tə/出现。

（3）弱化连读（Weakening in Connected Speech）

在连读过程中，某些音节可能会被弱化以促进流畅的发音。连读过程中的重音常常会减弱，使得句子的重音分布更加均匀。例如，在连读中，连续的辅音之间的元音音节可能会被弱化，以便更自然地连接发音。

（4）语音节奏的弱化（Weakening in Rhythm）

在快速的语音节奏中，一些词汇的重音可能会被弱化，以便更好地适应整体的语音节奏和流畅性。这种弱化有助于提高语音的流畅度和自然性。例如：

as［aes］［əs］　　　but［bat］［bət］　　　was［woz］［wəz］

be ［bi：］［bi］　　　　do ［du：］［du］　　　　were ［wə：］［wə］

但是，英语词重音的弱化现象在不同的方言和口音中可能会有所差异。这些弱化规律通常是语言习惯和习得的结果，对于母语为英语的人来说会更自然和熟悉，但对非母语者来说可能需要注意和适应。

（二）句法层面

1. 汉语句重音弱化的表现

在汉语中，句子重音弱化的现象较少见，因为汉语句子的音节重音位置相对固定。然而，在某些情况下，汉语也存在一些句子重音的弱化表现，主要包括以下几个方面。

（1）轻声字

在某些方言中，如北京话和四川话等，有些词汇的重音会被弱化为轻声字。轻声字发音弱化，声音短促，音量较低，不带有明显的重音。例如，在北京话中，"是""的""会"等词语在句子中常常以轻声字的形式出现。

（2）附着词的重音弱化

在某些情况下，附着词（如助词、语气词、连词等）在句子中的重音会被弱化。这些词的主要功能是连接句子或表达语气，因此它们的重音往往较弱，并且其发音方式可能与其在单独念出时有所不同。

值得注意的是，在"吗、吧、啊、呢"这一类语气词中，"啊"要特殊一些，因为它在弱化时存在音变现象。1963 年，林焘先生将连读音变分为两种类型：不自由音变和自由音变。前者只要音变条件出现，音变现象就必然产生；后者音变条件虽然出现，但音变现象不一定必然产生，即变不变是两可的。"啊"的自由音变有五种，不自由音变有四种情况，其实归纳起来也只有两类：

第一类：前音节末尾音素是 n 时，啊（a）→哪（na），例如：看啊→看哪。

第二类：前音节末尾音素是 a、i、ü 时，啊（a）→呀（ya），例如：你啊→你呀，去啊→去呀，打啊→打呀。

（3）语流和连读

在汉语的语流过程中，一些音节可能会被弱化以便更好地连读和流畅发音。这种弱化可能导致句子中的重音被削弱或分散，使得句子的重音分布更加均匀。

在汉语中，重音在句子中不像英语那样负载很多语义和句法信息。汉语更多地依赖于语序和词的位置来传达语义和句法信息，重音位置相对较稳定。因此，句子重音的弱化现象在汉语中相对较少，重音的分布更加固定和规律。

2. 英语句重音弱化的表现

在英语中，句子重音的弱化现象是比较常见的，主要表现在以下几个方面。

（1）重读词的弱读（Weak Forms of Stressed Words）

某些常用单词在特定语境下会以弱读形式出现，失去原本应有的重音显著性和强度。这些弱读形式的单词通常发音较短促、模糊，音量较低。例如，在句子中，常见单词"and"通常以弱读形式 /d/ 发音，而在单独的、重读位置时，它通常发音 /ænd/。

（2）句子中次重音的弱化（Weakening of Secondary Stresses）

英语句子中除了主重音，还存在次重音（secondary stress），位于次重音音节的重音位置相对较弱。在句子的快速连读和语音流畅过程中，次重音的弱化是常见的现象。这种弱化可能导致次重音的发音强度和显著性降低。

（3）弱化连读和浊化（Weakening in Linking and Lenition）

在连读过程中，某些音节可能会被弱化以促进音节的连接和流畅发音。连读中的重音通常会减弱，使得整个句子的重音分布更加均匀。此外，连读过程中的辅音可能会发生浊化现象，使得其发音变得更加模糊和轻柔。

（4）音速的影响（Effectof Tempo）

在快速的语音节奏中，重音位置也有可能被弱化，以适应整体语音的流畅性。当说话的速度加快时，人们更倾向于简化发音，使得句子中的重音发音相对减弱。

（三）小结

从上面的分析总结中可以看出，英汉重音的弱化现象非常普遍，其在词重音与句重音中的弱化现象有诸多表现。需要注意的是，句子重音弱化的具体表现和程度可能因方言、口音和个人发音习惯而有所不同。此外，英语中的重音位置和重音强度对于语义和句法信息的传递非常重要，因此句子重音的弱化可能会在特定的语境中体现出来。

五、对外汉语轻重音教学策略

近年来，随着中国在国际舞台上日益活跃，汉语被更多的外国友人喜爱。随着全球汉语热逐渐蔓延，汉语作为一门全球性语言，吸引了越来越多的人学习和使用。

在这种情况下，越来越多的外国人来到中国留学，或者在孔子学院等教授汉语的学校学习汉语。然而汉语作为世界上最难掌握的几种语言之一，它的语法、词汇、语音等都是非常复杂的。在汉语学习中，语音对留学生来说是相对较难的部分，尤其是对汉语轻重音的把握，但这部分又最容易被忽略。平常听到外国人说汉语时，我们总会说他们的语音发音存在"洋腔洋调"，这主要是因为对汉语轻重音的把握不够到位。

因此，轻重音对于进行更专业、更有针对性的对外汉语教学具有深远意义。

（一）对外汉语轻音教学策略

不论是教材分析，还是针对专、兼职教师及汉语学习者的语音调查，其最终目的都是服务于对外汉语教学实践。在调查过程中，学生们普遍的语音问题大都集中在轻重音方面，所以语音教学的重点应该放在轻重音的教学上。

在对外汉语教学中，轻音教学一般有两种方法：一种是调值法教学，另一种是词汇法教学。

1. 调值法教学

轻音教学中的调值法（intonation approach）用于教授学生如何正确理解和运用语言中的声调（intonation）。在对外汉语的教学过程中，大部分教师会使用"2、3、4、1"的调值描述轻音，并常常使用五度标记法来展示轻音与汉语四个声调之间的区别。调值法教学注重培养学生对语言中声调的敏感度和理解能力。它着重教导学生在交流中正确使用声调来传达语气、情感和意思的变化，使他们能够流利、自然地运用声调来传达信息和意义。

这种教学方法通常包括以下几个方面。

（1）模仿和演示

教师可以通过使用五度标记法来展示轻音与汉语四个声调之间的区别，模仿和演示不同的声调。在进行轻音的发声练习时，教师可以略略夸张地发出轻音，以使其与不发轻音时的音节形成明显对比，引导学生观察和体验声调在语言中的作用。通过模仿和演示，学生可以更好地理解声调的含义和使用方式。

（2）意义解析

通过分析和讨论真实语料中的声调运用，学生能够理解声调对句子和篇章的意思解析的影响。这有助于培养学生独立理解和运用声调的能力。

（3）练习和反馈

学生进行各种口语练习，包括对话、角色扮演和朗读等，以强化他们对声调的掌握。或使用视听材料，如录音和视频，帮助学生感知和辨别不同声调模式的差异。通过听觉和视觉的双重感知，学生可以更好地理解和掌握声调的运用。教师要提供反馈和指导，帮助学生纠正错误和改进表达。

2. 词汇法教学

在对外汉语教学中，词汇的教学也尤为重要。因为并不是所有的留学生都能够明白调值的变化，所以大部分留学生在汉语学习中还是以模仿词汇发音为主。而在词汇中轻音的学习要更为困难，轻音发音不到位，是造成留学生说汉语听起来"洋腔洋调"的根本原因之一。

传统意义上，轻音教学仅限于语音教学的范畴。然而，这种方式只是教授学生特定的知识，缺乏对类推和自学能力的培养。如果在词汇教学中增加轻音教学的内容，讨论轻音词的规律和词汇范围，将能够减轻学生在学习轻音词方面的压力，并提高教学效果。

从语音、语法等角度看，普通话的轻音词都有两个层次。

（1）由构词法产生的轻音词

语法虚词	着、了、过、的、地等
词缀	子、头、么等
叠音（多为称谓）	爸爸、妈妈、爷爷、奶奶、花花等
趋向动词	来、去、上、下等
方位词	里、边、搭等
叠音动词	听听、闻闻、想想、看看等

（2）另一种类型的轻音现象是与词汇相关的，这些词大部分是由两个实语素构成的复合词，如"罐头""菩萨""月亮""蘑菇""骆驼"等。这些轻音词没有固定的规律，所以在对外汉语教学时需要一个个列举，学习者需要逐个进行记忆。

鉴于此，进入词汇教学的轻音词也应该分为"必读轻音词语"和"可轻读词语"两个部分。"必读轻音词语"这一部分内容是外国留学生学习汉语必须掌握的，对于这部分轻音词，也可以考虑在语音教学大纲中制定一个"必读轻音词语表"，作为学习参考。

（二）对外汉语重音教学策略

对外汉语的重音教学主要是帮助学习者正确掌握汉语词语的重音位置和重音规律。

1. 明确词重音位置

教师应向学习者解释什么是重音，并明确不同词类中重音的位置规律。例如，双音节名词通常重音在第一个音节上，而动词则常在第二个音节上。再如，双音节词词重音有两种形式："中重"式以及"重轻"式；三音节词词重音有三种形式："中轻重"式、"中重轻"式和"重轻轻"式；四音节词的词重音则只有一种形式，即"中轻中重"式。通过这些规律性的指导，学习者可以准确地辨认和应用重音。

2. 句子重音练习

在对外汉语语调教学中，句子的重音比词语的重音更加重要，因为句子的重音受到句意的限制。然而，外国留学生在掌握句子的重音方面通常比掌握词语的重音方面犯更少的错误，也更容易掌握。这是因为无论是任何语言的重音，都是用于突出和强调某些内容，学生的母语和汉语在句子重音规律上有一些共性的表达方式，这使得他们在语句表达上更加自然流畅。如英语"The flowers are very beautiful."和汉语"花朵非常美丽"，有共同的重音表现。又如英语用"It is...that..."表达强调句式；汉语用"是……的"表达强调句式，等等。

3. 模仿和反复操练

教师可以模仿和演示词语的正确重音发音，引导学习者跟读并进行反复操练。在练习中，重点关注词语的重读音节，以帮助学习者培养敏锐的听觉和正确的口语习惯。

4. 语境理解

将重音发音和语境相结合，帮助学习者更好地理解重音对意思的影响。通过提供不同语境下的词语运用，学习者可以理解重音与句意的关系，并学会根据语境适应性地运用重音。

5. 多媒体资源

利用多媒体资源，如音频和视频材料，帮助学习者从听觉上感知并模仿正确的重音。通过提供丰富的例句和实际对话，学习者可以更好地锻炼重音发音的能力。通过这些教学策略，可以让学习者逐渐熟悉和准确地应用汉语词语的重音规律，提高他们的口语流利度和跨文化交际能力。

值得注意的是，在英语世界中，重音通常依赖于音高的变化。英语的重音音节具有明显增加的频率和更高的音值。所以，以英语为母语的学生可能借用英语中增加音高的方法来读汉语的重音，对中国人来说，只是听起来音值提高了，却没有加强重音的效果，因此形成洋腔洋调的感觉。此外，英语和汉语在双音节词的常见重音模式上相反。在双音节词中，汉语中后重音的词占多数，而英语中则以前重音的词为主。母语为英语的留学生在重音方面很容易受到母语的干扰，导致在汉语双音节词的重音上产生混淆，进而形成洋腔洋调的问题。在对外汉语重音的教学中，教师必须强调汉语普通话中音节长度主导轻重音，而不像其他语言那样主要受到音重与音高的影响。如果音长的掌握得当，基本上汉语双音节词的轻重音也就能够正确发音。

（三）小结

未来，在汉语越来越"热"的语言氛围中，对外汉语教学需要跟上脚步。本章也在轻重音教学方面给出诸多建议。首先，在日常的练习中选取的例子必须与教材知识点讲解中给出的例子范围相同且分类一致；其次，练习中选取的例子必须全面，不能只涉及教材中的部分分类；最后，在词与短语的重音练习中，由于短语的种类较多，因此应该在设计练习时有所侧重。在汉语语法重音练习形式方面，最基础的朗读与听辨训练仍是现阶段最实用的手段，应予以保持。除此之外，句子的轻重音练习也十分重要，选取适当的会话练习不仅可以增加趣味性，还能对学生产生最直接的刺激，加深他们对逻辑重音的掌握与理解，训练学生使用逻辑重音抓会话重点并予以反馈的能力。在这类会话练习中，教师可以设计不同的强调重点或主题，帮助学生强化记忆。

　　总的来说，词汇与句子中的轻重音相联系，包括语法重音与逻辑重音的练习都应该在未来的对外汉语教学中涉及。

第九章 朗读教学中的节律应用研究

一、汉语节律的性质及功能

罗常培于《普通语音学纲要》中指出："语言中声音的高低、轻重、长短、快慢、间歇和音色造成语言的节律。"[①] 在汉语表达教学中，由于汉语音节的线性连接，人们往往忽视了节律的性质和其在语流音变中起到的作用，因此本节内容主要探讨语音层面的节律性质及其功能。

（一）节律及其构成要素

"汉语节律作为汉语重要的形式表现方式，不仅影响着汉语的结构，更影响着汉语的表达。"[②] 在朗读教学中，因为对汉语节律了解甚少与使用不恰当而导致的语言不流畅、奇腔怪调等多种问题，更加证实了在朗读教学中重视节律的必要性。

吴洁敏、朱宏达认为，"汉语节律是指附着在音节和音节组合中的声音的高低、轻重、长短、快慢、间歇等语言特征。"[③] 汉语是声调语言，节律特征也十分丰富。[④] 如声音的高低程度、语气的轻重起伏、气息的或长或短、节奏的快与慢、语句之间的间歇时间，细小的差异便能使得声音效果发生变化，而这中间的"度"如何把握，需要汉语朗读者了解且掌握不同节律的调度方法及搭配组合。因此，要想流畅自如地运用汉语这门语言，一定要掌握汉语节律的性质及其构成要素，通过要素间的组合搭配，达到广泛综合运用

---

① 罗常培、王均：《普通语音学纲要》，科学出版社，1957，第145页。

② 田丰：《对外汉语口语教学中的节律应用研究》，博士论文，海南师范大学，2018，第I页。

③ 吴洁敏、朱宏达：《汉语节律学》，语文出版社，2001，第7页。

④ 刘冉：《普通话水平测试朗读作品节律研究》，硕士论文，湖南科技大学，2011，第i页。

节律，从而使文章读来朗朗上口的效果，进而实现为汉语文本意义服务的宗旨。

在普通话水平测试过程中，限时4分钟的短文朗读项目高达30分，这不仅考验测试者对话题内容的应变能力，更考验测试者对于普通话发声的准确运用水平。而影响到最终考试成绩的不仅有声母、韵母的标准化程度，更要考察汉语节律的运用是否标准、恰当，节律的重要性不言而喻。汉语节律的构成要素丰富，有停连、节奏、重音、声调、语调和基调等，以下笔者将对其分别展开论述。

1. 停连

停连，通俗点来说，便是朗读过程中声音的停断和连续。停连作为语言表达中的重要因素，在口头语言中是不可或缺的，事实上并不存在没有停连的口头表达。这不仅是由人们生理上换气需要决定的，也是为凸显文章思想、表情达意的一种需要。停连的作用体现为以下几个方面：朗诵者在朗诵时生理上换气的需要；表达语句时变换结构的需要；准确传达稿件思想情感的需要；给听者余留思考空隙的需要。正是存在这些需求，停连的意义才能发挥强大作用，进而帮助读者理解文意。

2. 重音

重音，即是指在汉语有声语言的语流音变中，为鲜明强调某一具体语句或词组，刻意突出感情色彩而所做出的节律方式。重音分析要根据具体语句的语言环境来决定，不同语句中其目的亦不相同，进而才能准确地反映出语句中的主次关系和鲜明层次。在不同的句型中，重音的辨析也不尽相同。如简单句结构中，只存在重音与非重音的差别；而较为复杂的句式中，重音的划分则更加详细，有主要重音、次要重音和非重音三种类型。使用重音不仅能够辨析话语中的主次逻辑，保证语言传播过程中达意准确清晰，更能通过准确的重音位置使人在听觉上鲜明感受到语言发出者的感情态度，进而避免语义中的误会。

3. 节奏

"'节',《说文·竹部》认为'节,竹约也。从竹,即声。'竹约即竹节,引申为段落,节奏中段落就是节拍。'奏',《说文·部》认为'奏,奏进也。'本义当为进献神祖,引申泛指'进,奉献'。"[①]根据这段解释,能够判断出节奏的含义即为节拍的推进,而"节拍"和"推进"是两个不同的概念,前者注重声音的频次,后者落脚点为声音的进行方向,正是两者的相辅相成,才能合奏为"节奏"。在汉语节律中,将不同段序的节拍流创新组合排列成新的语段流,或者将长短不一、高频重复的内容进行多次整合搭配,都能实现汉语中的音符或者音节的长短、强弱、高低等效果。

4. 声调

在现代汉语语音学中,声调是指"语言音调的变化"。音调的变化是汉语节律中所固有的,能够通过改变声音高低来区分汉语的意义,类似于音乐中的音阶变化,它也是由音高音低来决定的。如果用音阶来模拟汉语声调的话,那么学习声调时可以借助于朗读者自身的音乐感。但也要注意两者的区别:声调的变化是滑动的,不像从一个音阶到另一个音阶那样跳跃式地移动;而声调的高低通常用五度标记法来标记:立一竖标,分为5度,最低为1,最高为5。普通话共有四个调类,分别为阴平、阳平、上声、去声,正是这四个调类,才让汉语的声调更为丰富,能够满足不同情境下语句的情感传达需要。

5. 基调

基调指的是在朗诵全文过程中,由一贯终的情感倾向,也可以视为定性之调,这是最重要的朗诵节律要素之一。在开篇时就确定好文本内容的感情基调,才能在接下来的朗读过程中感情色彩不发生偏颇,进而保持全篇的情感统一。若借用美术的色调来说明,便不管是一幅画或者一张照片,当阳光笼罩大地时,大地上各种各样的颜色都会笼罩上一层温暖的金色光晕,这种

---

① 昂六寿:《谈汉语的节奏》,《文学教育(中)》2013 年第 2 期。

光晕就是整幅画或照片基本的颜色基调。

6. 语调

语调是评判普通话是否标准的重要一环，也是朗读教学中的重要内容。它强调的是发声过程中的轻重缓急及其变化，在日常生活中我们也将其视为"语气、态度"。我们细心观察就会发现，有时一句普通话的声调明明完全正确，听起来却总感觉有些不对劲儿，其实是语调在其中作用而产生的差异。如"啊，忘了！"与"啊，忘了？"，这两例都很短促且声调相同，但由于语调的变化与急缓差异，前者带有突然醒悟的口吻，而后者则是带有质疑询问的语气，效果截然不同。

对于汉语节律的定性与其构成要素，不同专家有不同的观点与看法，但综合看来，都共同认可以上六种要素的构成。即运用好节奏、停连、声调、重音、语调和基调，将之进行搭配组合，不仅能满足有声表达过程中的搭配需求，最终还能呈现相对完美的朗读效果，这在教学过程中也尤为重要。

（二）节律的性质及特征

在现代汉语朗读教学中，教师应深入了解节律的性质和特征，方能知其然并知其所以然，进而以充足的知识储备去创新教学方式并提升教学效果。有关汉语节律的性质，实在是一个庞大且复杂的系统，为了更好地服务于教学，同时也为了直观观察，本文将从韵律层级分别阐述，步步深入。具体顺序为：句内停延（涉及音步、韵律词、韵律短语层级）、声调滑动（需要建立在正确划分停延边界的基础上）、词重音（也需要建立在正确划分停延边界的基础上）、句间停延（由词层级上升到句子层级）、句重音（涉及句内焦点信息，部分涉及句间语义的对比凸显）、句调（贯穿于句子中，重点在句尾）。[①]

---

① 胡恩茜：《汉语节律规则在对外汉语口语教学中的应用研究》，硕士论文，东南大学，2019。

1. 句内停延

人无法一口气说完所有的内容，需要在正确的地方予以停顿才能更好地传达明确的意思，句内停延能在不同汉语音节的朗读过程中自由分配语段时间，从而产生语段间的切割作用。如"她一跳跳下了楼梯"这个句子，如果不进行句子的划分停顿，则很难表达清楚其含义。由于在朗读教学中，是以双音节的自然音步为主，因此这个句子很自然地在划分为"她一跳/跳下了/楼梯"。汉语重视句内的成分构成，如果主谓宾俱全情况下，一个句子必然较长，这时更要重视句内停延的处理。

2. 声调滑动

声调是汉语作为独立语种的特点之一，而调值也是其特征之一，后者这一特征使得汉语能够与其他语言区别开来。在日常生活中，常用汉字大约有三千多个，阴平、阳平、上声、去声四个声调的加入，大大丰富了这些汉字的综合应用，使我们能够在有限的音节数量里得到多倍的含义表达，这也是声调存在的必要价值。在声调的变化研究中，主要以汉语中发声的语流音变为主，但目前的朗读教学针对"不""一"等字词的变调发声还停留在机械化的练习中，没有将声调滑动的原理运用其中，汉语的声调呈现滑动式变化，因此不能简单用阶梯式进行处理。

3. 词重音

由于声音的特质天生因人而异，而音强又容易受到外界环境的影响，因此本文我们所探讨的重音主要强调声音方面的音长和音高。由于以汉语为母语，我们大部分人无法通过耳朵来直接辨认一个音位的轻重，因此我们判断一个音位的音节轻重时，一般以音节在其中所占的时间值为依据。目前学界普遍认同"右重"的理念，为了满足韵律要求和汉语发声的时值，一般发声变调是很有必要性的。如"打鼓"这个音步词，需要满足一个紧凑的发音条件，而两个上声214无法紧凑地连接在一起，因此改变前一个降升调为中升调，念作"达鼓"，则满足了听觉上更紧凑的要求。

4. 句间停延

我们都说汉语是"竹节式"语言，意思是中文更讲究节段式词语连接形成意合，再由不同的意合使得句间的逻辑更为和洽，因此也显示出了对句子之间进行停延的需要。通过对句子间停延的正确处理，才能顺利厘清句子之间的逻辑关系，从而表达出完整、清晰的意群含义。如"我在吃饭的时候，先左手端起碗，再右手拿起筷子，最后才去夹菜"，这便是典型的通过句间停延的方式来理顺句子与句子之间的逻辑架构，进而实现清晰、完整的表情达意。此外，学者吴洁敏在《停延初探》[①]中表示，除了体现出逻辑关系，表达情感和语气也是停延能在句与句之间起到的作用之一。如"啊？之前叫你去，你不去。现在又改变主意，真麻烦"，两个句子进行停分，则体现了发声者不耐烦的语气态度，这也是句之间停延的作用之一。

5. 句重音

同词重音相似，句重音突出的是句子内的重点，也可以称作焦点信息。根据不同的角度，句重音与发声的时长紧密联系在一起。从人体大脑接受外界信息的程度来看，获取的信息时间越长，则对其产生的印象也越深刻；从汉语发声的音域程度来看，音节发出的音程越长，则越能较大范围地使音调信息得到完整体现。在口语表达过程中，需要突出的信息不同，自然放置的信息焦点位置不同，而为了实现这一点，句重音是一种很好的方式。如"他给我买了生日蛋糕"，可以预测到"他""我""生日蛋糕"都可以成为句子的焦点信息，因为对该句整体而言，动作的发出者必不可少，而辅助主语完成句子结构的"生日蛋糕"也是不可或缺的内容部分，无论强调哪一方面，都能起到区别信息的作用。

---

① 吴洁敏：《停延初探——现代汉语音律特征研究之一》，《语文建设》1990 年第 3 期。

6. 句调

句调指的是句子的语调，也可直接称作语调。如同音乐中的旋律一样，只有在歌词间融合了曲调，才能升华整首音乐作品的立意，句子的语调对语句而言也是如此重要。在诗词朗诵或日常交流过程中，除字词的声调得到准确表达外，亦不能忽略句调问题，否则即使字调再准确，也不能保证句子整体的自然流畅度。当然，句调本身也受到多方面因素的影响，如音强、音质、音高低的程度不一，其中对汉语表达影响最大的还属音高。吴洁敏在《汉语节律学》①中把汉语句调划分为五种基本调型：平调、降调、升调、凸曲调、凹曲调。这些句调并不是只体现在句子末尾，而是具有调头、调体、调尾的一个滑动结构。但在听觉上，调尾往往承担更多信息。②因此区分不同句调的调型，才能更好地对句调进行控制，也才能在语言表达中呈现理想的听觉效果。

（三）节律的功能

在前文中，我们谈到了节律的性质和特征。正是通过这些复杂的节律系统，我们才能运用其动态发展去完成所需要的语言韵律和节奏感。同时在节律的综合表达中，产生的效果也会因为运用的组合方式不同而产生差异，如铿锵有力的声调激人奋进，而如泣如诉的语调则惹人动情，急促快速的语气节奏则让人禁不住紧张不安等。综合来看，节律的功能可以大致分为两种，即情感态度上的表达作用和句法结构的控制作用。

1. 表达情感态度

我们前面谈到，节律主要有停连、节奏、声调、语调等要素，这些要素

---

① 吴洁敏、朱宏达：《汉语节律学》，语文出版社，2001，第333—334页。

② 胡恩茜：《汉语节律规则在对外汉语口语教学中的应用研究》，硕士论文，东南大学，2019，第124页。

是无法通过文字来直接传达的，需要辅以声音发挥其表达的效果，这也间接影响着节律对传情达意层面的应用意义。不管是日常交谈或是公众场合讲话，情感语气的传达是极其重要的副语言之一。平时生活中碰面寒暄的一句"干吗呢？"与挑衅吵架时的一问"干吗呢！"，虽然词语排列完全一样，可由于语境的变换导致语气的差异，最终便呈现出完全不一样的含义来。从实现语言氛围调节的作用上来看，节律算是重要的修辞方法之一。

2. 控制句法结构

除情感表达外，节律也在很大程度上对句法结构的调整起作用。单双音节对语句结构的影响是汉语一个值得重视的特点。[1]如有些双音词后面只能接双音词，如"逐步、表达、综合、进行"等，这是由多方面因素决定的，但最主要是从韵律角度考虑的。"表达、综合"等此类双音词后面如果接单音词会显得奇怪又突兀，如"表达意"，不仅听来不连贯，同时也无法分辨含义，而"表达意思"则相对明确，不混淆原意。为了避免此类情况出现，以节律作为考量的出发点制约了某些双音词后接词的类型，这也是他人询问贵姓时一般不说"张"而回答"姓张"的缘由。

二、朗读教学中的节律要素

在朗读的课堂教学过程中，教师不仅自身要掌握节律要素的使用，更要能增强节律在朗读课堂中的实践效果，同时改良教学方法和实践频次，以此丰富课堂的节律要素教学。由于下文涉及节律示例，为了方便，本文用句间斜竖线表示停连层次："/"符号表示停顿时值短，用"//"表示停顿时值稍长，"///"表示停顿时值稍长；用右上角"~"表示延长，"⌒"符号表示连接，"、"表示重音。

---

① 胡裕树：《现代汉语》，上海教育出版社，1995，第18—19页。

（一）停连

停连包括停顿与延连，前者指的是说话或朗读时句间的暂时停歇或顿时停歇，后者则意味着声音的延长和连续不断。按照不同规则，停顿的分类多样，如通过标点符号、是否换气、语法结构、是否强调等方式进行句段内部的停顿。

以标点符号划分为例，句号、问号、感叹号、省略号代表着一个句子的结束，即意味着以上这些作为停顿标志的符号，其停顿时值要略长于分号、破折号、连接号为标志的句中停断，同时其停顿时间又长于逗号、冒号的短促停断。如：

正如一粒粒的明珠，/又如碧天里的星星，/又如刚出浴的美人。（节选自朱自清的散文《荷塘月色》）

在这句话中，我们以逗号为主要的停顿划分符号，停顿的时长根据语句含义控制在 0.5 秒左右，而分号作为语句含义的切分符号，其停顿时长要稍长于逗号，即控制在 0.6 秒至 1 秒较为适宜。句段内部的停顿中，标点符号的划分是主要实现手段，以此更方便我们对语句进行适当拆分，进而增加阅读者对语句的理解。

再以强调停顿为例，人们在特意强调一些字词时，也适合通过或前或后或前后皆停顿的方式来实现。如：

家乡的风/家乡的云/收聚翅膀/睡在我的双肩/麦浪///天堂的桌子/摆在田野上/一块麦地//收割季节/麦浪/和月光。（节选自海子的诗《麦地》）

在这个例句当中，除了有语义为主的划分停顿，也含有为了突出强调某些字词而出现的停顿，如"……的……""麦浪……麦浪……"，重复词间的划分停顿能使得其后的关键词更受关注，进而让人们阅读到此段落时，无比清晰的乡间麦浪画面迎面而来，让人脑海中无意识跃出作者家乡的怡人风景，沉浸在诗中的浪漫与悠闲，感受到诗中的轻松舒畅。

对于延连来说，也分多种形式，主要有直连和曲连之分。直连强调在语句里顺势而连，营造等列、并排、稳定前行的感觉；而曲连则是似停非停、句断意连的效果，多用在排比句式中居多。如：

论吃食，苹果，⌒梨，⌒柿，⌒枣，⌒葡萄，都每样有若干种。（节选自老舍的散文《住的梦》）

在该例句中，作者用一连串的水果作比，其进行延连的划分方式便是直连，以"苹果，梨，柿，枣"等水果进行排列，在体现水果品类丰富之余，也能让读者对长串的名词排列进行有序、合理的断句，读来更自然通畅，这便是直连类停连在断句时达到的效果。

再如：

没有抱负／，人生就如荒漠，⌒没有生气；∥没有抱负，人生就如黑夜，⌒没有光亮；∥没有抱负，人生就如迷宫，⌒没有方向。

该句子一连以三个"没有抱负，人生就如……，没有……"进行排比，三处"人生就如……，没有……"句断意连，营造了似停非停的感觉，这样的断句延连方式便是曲连。通过在排比句中进行曲连断句，实现了"抱负"的多次重复出现，进而凸显该品质对于人生的重要性。

（二）重音

对重音的理解不能望文生义，如果单纯认为这是"加强音量"，则是对重音的片面理解。从不同学者的观点来看，重音的本质在于通过音高与音长的弹性变化，进而达到音域和音长的上限阈值，借此体现重音的节律性。重音着重表现文本稿件的主次层次，更依据于朗读者对作品语句的主次感受和把握能力，从而在声音上营造出主次有别的复杂度。前文我们谈到，从文字所在语境来分类，重音可分为词重音和句重音，也正是由于语境的差异，两者的朗读方式也不相同。相对来说，词重音辨认起来并不难，主要体现在多音节词汇和无轻声的双音节中，而最后一个音节往往就是重音所归属的位置；

在含有轻声词的双音节中，往往因为重音在前而形成"重轻"格。

句重音是重音分类中的重点，也是朗读教学过程中需要格外注意的内容。它的类型丰富多样，有语法重音、节奏重音、强调重音三种。根据句中核心动词指派重音的原则，语法重音常常出现在由动词控制范域中的最后一个成分。①节奏重音的作用在于能够在语流变化中满足语句中的节奏形式，强调重音则是出于对句中焦点信息的内容把握而出现的。如：

今天是星期五了。

在这个例句中，由于这是一个简单句，"星期五"是宾语，因此在该句中涉及的句重音是语法重音，即"星期五"。它的位置较为固定，常常出现在动词后面，进而成为句子结构中的重点部分，它往往不涉及特殊的思想和情感，只是客观陈述某件事实与常识知识。

又如：

我知道你是这样的人。（表明别人不知道。）

我知道你是这样的人。（表明你别以为我不知道。）

我知道你是这样的人。（表明别人不是这样的人。）

我知道你是这样的人。（表明你不是另外特点的人。）

在上述例句中，同样的一句话，由于句重音的位置不同，强调的句子信息焦点也发生改变，于是整个句子的思想感情发生了颠覆性的改变，这便是强调重音的特点。在语句的朗诵过程中，运用最为广泛的重音类型也是强调重音，由此可见其在语句划分中的重要程度。

再如：

后来啊／乡愁／是一方／／矮矮的坟墓／我／在外头／母亲／在里头

而现在／乡愁／是一湾浅浅的／／海峡／我／在这头／大陆／在／／那头

---

① 田丰：《对外汉语口语教学中的节律应用研究》，硕士论文，海南师范大学，2018，第 3 页。

在这个例句中，标出重音位置的地方为节奏重音。它的节奏跟朗读时的语速有关，但并不等于同一回事，而是在强调快慢的同时，更通过起伏与强弱来突出稿件的节奏与情感，进而起到渲染全篇的作用。

（三）语调

语调是表达思想感情必不可少的要素。在汉语表达中，语调是伴随着字调而出现的。语调的基本单位是句调，句调指整个句子中声音的高低升降的变化。赵元任先生做了个形象的比喻，他把声调比作小波浪，把语调比作大波浪，汉语是小波浪跨在大波浪上面，实际结果是两种代数和。他说："代数有正有负，正的加正越大，负的加负越加越负，它就相消了，看是哪个多一些，它就往哪一边。"①

正是由于人的情感错综复杂，因而不同语调下的情感、态度也是复杂多变的，高升调的语调往往强调召唤、呼吁、鼓动等情绪；降抑调则强调的是肯定、自信与称赞的感情色彩；而曲折的语调则传达出一种抑扬顿挫的语势；平铺直叙的语调则适合表达冷淡、严肃思考等心情态度，其丰富程度可见一斑。如：

$$\left. \begin{array}{l} \{A\ 高兴（来的太好了！）\\ \{B\ 怀疑（不可能来过这里）\\ 你来过这里吗？\{C\ 诧异（居然来过这里）\\ \{D\ 叹息（可惜来到了这里）\\ \{E\ 斥责（你不应该来这里） \end{array} \right.$$

在这个句群例子中，同样的一句话采用不同的语调，表达出来的含义也大不相同。如 A 句以一种愉快、兴奋的语调说出，便呈现出高兴的情感状态，而若是以质疑的语气，则会呈现 B 句的怀疑态度。以此类推，当我们使用惊

---

① 宋芸芸：《教师口语韵律节奏探析》，《浙江万里学院学报》2002 年第 3 期。

讶的、惋惜的、呵斥的语气，都会呈现出不一样的思想情感，进而影响我们的交流和沟通。

（四）节奏

语言的节奏就是语音的高低、轻重、长短、缓急及音色的异同在一定的时间内，有规律、地相互交替地回环往复成周期性组合的结果。[①] 节奏是节律要素中的重要一环，任何富有节奏周期且多次周期对立统一、韵律往复的句子，不仅富有高低秩序，更充满松与紧、快与慢的节拍差异，如音乐的曲律一般丰富又值得反复回味。对于节奏的说法和定义颇多，综合起来，不外乎两大特征：具有相对的因素或特征，呈现出时间上有规律的间隔。[②] 语音要素通过对立实现周期性组合，这是形成节奏的必要前提条件。一般来说，汉语节奏有对立、往复和回环三种周期模式。而张颂先生提出的节奏周期模式分类更为具体，有凝重型、紧张型、高亢型、低沉型、舒缓型、轻快型六种。

以上六种节奏周期模式中，各有不同的侧重点。

舒缓型强调声音轻松明朗、语调轻柔舒展。如：

在乡下，小路上，石桥边，有撑起伞慢慢走着的人，地里还有工作的农民，披着蓑戴着笠。他们的房屋，稀稀疏疏的，在雨里静默着。（选自《春》）

紧张型则讲究语速快、气息促，从而表达紧张的情绪。如：

说时迟，那时快；武松见大虫扑来，只一闪，闪在大虫背后。那大虫背后看人最难，便把前爪搭在地下，把腰胯一掀，掀将起来。（选自《武松打虎》）

---

① 吴洁敏、朱宏达：《汉语节律学》，语文出版社，2001，第89页。

② 刘冉：《普通话水平测试朗读作品节律研究》，硕士论文，湖南科技大学，2011，第13页。

轻快型要求声轻不着力，语流中顿挫较少，有一定程度的跳跃感。如：

一切都像刚睡醒的样子，欣欣然张开了眼。山朗润起来了，水长起来了，太阳的脸红起来了。（选自《春天来了》）

凝重型体现在音强而着力，色彩多浓重且时间较长，语速偏慢，烘托严肃而庄重的气氛。如：

然后他呆在那儿，头靠着墙壁，话也不说，只向我们做了一个手势："放学了，你们走吧。"（选自《最后一课》）

高亢型的语势多为起潮类，语速较快而句句紧跟。如：

哪怕只有碗来粗细罢，它却努力向上发展，高到丈许，二丈，参天耸立，不折不挠，对抗着西北风。（选自《白杨礼赞》）

低沉型讲究声音偏暗偏沉，语速较缓。如：

人们的心情随着新年的到来显得很愉快。这时候，大街上走来了一个穿着破烂衣服的小女孩，她的脚上竟然没有穿鞋。（选自《卖火柴的小女孩》）

丰富的节奏周期模式让朗读者在稿件朗读时有了更多选择，不同的节奏周期模式也为阅读再创造提供了更多可能性，从而能多层次展现稿件的信息内容，更贴合朗读者想要传达的情感态度，达到使听众共情的效果。

三、节律与语言表达

在语言表达过程当中，评判一位朗读者的语言表达能力标准，往往被我们归纳在三个层面：准确性、得体性和流利度。节律作为语言表达的重要研究对象，也是影响三个评判维度的重要因素，因此节律与语言表达向来有着密切的联系。想要将语言表达完成得更为准确流畅，节律的正确使用是不可或缺的。在汉语节律的研究范围内，不仅包含其自身的组成内容、运用规律，更包含其内容与规律的作用与功能。

（一）停连与语言表达

1. 停连是消除歧义的重要手段

在日常口语交际过程中，口语表达的歧义现象时常发生，一方面是因为语言教学过程中没有重视对节律内容的分析，另一方面则是因为对文本的语法结构把握不到位。而停连则可通过对文本信息内容的恰当切割，有效消除歧义。

如"我离开/她哭了"与"我离开她/哭了"这两个句子，通过在不同位置进行恰当停顿，使得"哭"这个动作的发出者身份完全发生了倒置，由"她"哭变为"我"哭，语句的意义也不再一样，进而实现了对信息内容的不同含义表达。消除文本的歧义，除了语句的信息无误，借助停连也能帮助我们实现这一目标。

2. 停连促进情感表达

人们常说见字如面，意在透过文字能传达见面时的寒暄与深刻情感。但同时文字又是单调的，单看字里行间不足以领悟作者想要表达的内心思想情感，而口语表达往往能弥补这一不足。通过停连能够更准确地传达字里行间蕴含的情感，从而有效地解决这一问题。如朱自清《荷塘月色》中的一段："这时候最热闹的，要数树上的蝉声与水里的蛙声；但/热闹是它们的，我/什么也没有。"通过在"但"和"我"后面加上强调停顿，可以展现作者态度突发转折的情感，同时又加重了落寞与哀愁的气氛，烘托出了作者既有难得偷闲欣赏夜景的喜悦，同时又有寂寥孤独的哀愁之情。

（二）重音与语言表达

1. 重音的辨义功能

重音也是促进语言表达的重要手段之一，其同停连节律一样具有消除歧义的作用，但作用方式不同于前者。汉语重音节律消除歧义的方式是通过重音显示语言深层结构区别意义的功能来实现的。[①] 如：

你为什么要这样做呢 / 你为什么要那样说话

你为什么要这样做呢 / 你为什么要那样说话

这两个示例句子中，通过重点强调"为什么"，意思在于"你这样做""你那样说"的原因，与不加重音时的简单询问并不相同，后者由于语气的平静使人们更关注动词"做"和"说"。因此，通过重音的节律方式，可以很好地辨析原语句的不同含义，进而避免文字歧义带给人们的误解和不当。

2. 重音的区别功能

重音不仅能够对言语起到辨析作用，同时能够显示出语言深层结构的差异，如此便可用来区分不同词性之间的差别，以及用作短语在语音层面的区分标志。一方面，重音通过聚焦的信息点不同，能够区分不同的词性，如："我考过英语六级了"和"我考过英语六级了"。通过对"过"的强调加重，使其从前句的情态助词变为后句的动词，前句表示主体参与了考试，而后句则明显强调通过了考试，这便是重音区分词性的功能。另一方面，重音也能区分短语内容，如"小李妈妈"和"小李妈妈"，突出的主体分别是小李和小李的妈妈，前者为同位结构，后者则是偏正结构。

（三）语调与语言表达

1. 语调传达语义

相较于其他语言，语调在汉语中显得更为特殊，这与汉语的声调及连续变调是分不开的。在语言表达的语流变化过程中，语调的调型和调势都影响着言语的传情达意。如"好（hǎo）事儿 / 好（hào）事儿"由于语调和声调

---

① 田丰：《对外汉语口语教学中的节律应用研究》，硕士论文，海南师范大学，2018，第 11 页。

的组合差异，呈现出完全不一样的语义。前者突出事情的性质是好的方面，而后者强调的是对事情的过多关注，前后感情色彩截然不同，也正说明语调能够用来传达语义、表达感情。

2. 疑问句与表情达意

语调在传达语义的同时，也能通过调节实现表达疑问语气的功能。当采用疑问句式进行口语表达时，语调节律的方式能更清晰地表达文字的情感态度，这不同于单纯的文字表达。如"他是个美国人。"与"他是个美国人？"，句子的文字内容相同，但是通过语调的转变，我们便能体会到其中的差异。即前一句作为陈述句，并无情感态度的变化，内容只在于描述客观事实；而后句是疑问句，表达的是对其国籍的疑问态度，两者差异不言而喻。

（四）节奏与语言表达

1. 节奏凸显思想感情

"节奏的核心问题是声音的延续，语气流动中的回环往复。"[①] 在口语表达中，形成相互呼应、循环反复的节奏感对表达思想感情至关重要，通过语调的调节构成，节奏从听觉上更便于烘托全文情感。如：

现在放着一大盘冰糖葫芦，有山楂红的，紫葡萄的，生荸荠的……（选自曹禺《北京人》）

中间一系列排比句式，通过整齐的节奏感，表明了冰糖葫芦的口味选择之丰富，也突显出了作者描写糖葫芦时的兴奋与愉悦。

2. 节奏形成音韵美

节奏不仅在语言内容表达上具有相当重要的作用，在音韵美的形式上也颇有助推作用。这一点尤其体现在各大宣传标语、口号之中，运用充满音韵的节奏，不仅使得文字读来朗朗上口，更能取得好听又好记的双重效果，对

---

① 宋芸芸：《教师口语韵律节奏探析》，《浙江万里学院学报》2002 年第 3 期。

偶格的古诗词中更是如此。如"海上生明月，天涯共此时"。若是前一句少了"生"而只是"海上明月"，前后两句衔接起来便会缺少音韵美，读来就有些生硬，这便是节奏起到的形成音韵美的作用。

四、朗读表达中的节律问题及原因

在朗读教学过程中，由于学生无法克服本土方言或是其母语为非汉语等因素，再或教学方法不够优化，导致在朗读表达中节律问题频出。发现朗读表达中节律运用存在的问题，探究其生成原因，这样才能精准地对症下药，让口语表达中的节律要素运用得更为流畅。通过问卷调查分析，朗读表达过程中出现的节律问题和原因主要有以下几个方面。

（一）节律运用存在的问题

1. 方言语调的问题

就方言语调的问题，笔者从方言区、发音特点等方面对上百名不同专业背景的大学生开展了调查。调查显示，方言语调是朗读表达过程中十分普遍的问题之一，它源自朗读者自身的本土方言或母语，由于长时间使用而形成了言语惯性，一时之间难以纠正。但若能意识到这一问题，且在朗读教学过程中加强训练力度，基本上能改善。

湖南省简称"湘"，以该地区的湘方言为例，湘方言在口语表达上十分注重情感，会频繁使用较为夸张的形容词和副词，进而突出自我表达，呈现幽默效果。最典型的特征便是说话时夹带"啵""啰""噻"等后缀语气音，这也是湖南人说普通话时尤须克服的语调问题。因此湖南方言区的朗读教学中，往往因为老师自身方言语调问题，导致教学效果较差，很缺乏节律要素的恰当运用。

一方面，由于湖南方言发音时为了表达自己的思想感情，容易在不知不觉中把副词和形容词夸张化，同时提高声音的音高程度，在话语将要结束的后半段习惯性地带后缀音，导致全句不仅听来声音较高且尖锐，同时也毫无重音强调的信息焦点，让听不懂方言音的人听后不知所云。轻音、重音不加区分的同时，自然也无法体会作者想要表达对原文稿件的欣赏之情，造成"无效朗读"的后果。另一方面，一些教师会在教学过程中过度关注这一方面，由于太强调纠正湖南地方方言的声高特征，又产生了拉长尾音的不良效果，因而听来尖锐高亢，甚至会产生突兀不适之感。这两个极端都是无法正确调节方言与普通话之间的平衡导致的。因此要克服方言语调的问题，一定要重视对朗读过程中节律要素的准确运用。

2. 表达不流畅问题

表达不流畅是朗读表达过程中经常出现的基础性问题，也是对朗读节律要素使用不当者最为频繁出现的问题，它体现在多个方面，如停连不当、轻重音不分、节奏感缺失等，都会导致朗读过程中不流畅问题的出现。

如张若虚的《春江花月夜》（节选）："江畔何人初见月？江月何年初照人？人生代代无穷已，江月年年望相似。"这首词中，"何人"与"何年"、"代代"和"年年"相对照，读来极易混淆或出现跳读、连读的问题，这样便容易造成朗读表达中的不流畅。如若不能及时把握诗词中的对仗格律和其中蕴含的情感态度，便很容易照着字面去句句读出声来，这便不能称之为朗读，而只不过是发音罢了。

以初中语文朗读教学为例，朗读教学能够对课堂上学生理解把握课文、加强感悟、品味语言等有良好的功效，同时也有它自身的局限。[①] 一方面，朗读教学的前提是教师自身对朗读作品有准确而深刻的把握与见解，进而才能指导学生对朗读内容进行学习和吟诵；如果教师自身把握有误，那便会间接

---

① 孙筱：《初中语文朗读教学策略研究》，硕士论文，曲阜师范大学，2020，第16页。

导致学生朗读过程的不流畅性问题。另一方面，朗读是需要读者自身投入想象与思考的创造性活动，所以同样的文本在不同的人读来就会有多种见解，如果每个人在自身体验时，无法将主观感受与原文感情基调统一起来，自然就无法流畅地表达出原文内容。

3. 语义不清晰问题

语义不清晰也是在朗读过程中节律应用有误的一种典型问题。当我们习惯性用自己的语速、情感、态度去表达一篇文字稿件时，很可能无法表达清楚稿件原文的意义。平时的朗读操练和课堂教学，能在一定程度上改善语义不清晰的问题，但从根本上来讲，还是要重视朗读的内容，要揣摩其中蕴含的深层含义，这才能从文字出发联系到节律要素，从而展示清晰鲜明的语义主旨。

拿对外汉语教学来说，留学生最大的问题便是无法克服自身母语的影响，造成在说汉语的过程中充满洋腔洋调，导致语义无法清晰地呈现出来。王力先生曾说过："语言的形式之所以能是美的，因为它有整齐的美，抑扬的美，回环的美。这些美都是音乐所具备的，所以语言的形式美也可以说是语言的音乐美。"[①] 在有声语言中，通过其形式美，我们能够快速厘清语言整齐有序的状态，然后再对其中的节律展开分析把握。然而很多留学生在学习汉语的过程中，对单个字词的发声能够较为准确地把握，但一连起来时便听着别别扭扭，难以辨认其中语义，读出来更是让人觉得有些莫名其妙。其主要原因还是在于无法准确把握字词与字词之间的"连续变调"。如"美好"两个字的调值都是上声 214，但组合起来后，前一个字应变为阳平35 调值。若无法及时处理好语言的变调形式，便极容易带来语义不清晰的问题。

---

① 羊乃书：《对外汉语教材声调韵律成分编排初探》，《重庆科技学院学报（社会科学版）》2014 年第 2 期。

4. 语调僵化问题

语调的灵活运用是朗读过程中至关重要的一环，若无法对语调进行合理的调配控制，则极容易在朗读过程中出现语调僵化的问题。语调僵化不仅让朗读文本内容模糊不清，也让读音听来别扭，既是对朗读内容的情感把握不到位，也阻碍了从听觉上去把握原文的音韵美。

关于语调的僵化问题，笔者认为其前提是把握语气。王宇红在《朗读技巧》一书中这样概括："语气＝'语'的声音形式＋'气'的声音形式。语气就是朗读中语句的'形'与'神'的结合体。"① 在朗读过程中，对语气的掌握便是对语调进行了灵活控制。这就要求我们不仅要关注稿件的文字特性，从声音的吐字归音来提供"形"，还要挖掘朗读作品的精神内涵，进而表现其中的"神"。只有将语气的"形"和"神"合一，我们才能在朗读时更好控制言语的调度，对文本的感情色彩把握到位，如此才能在听觉上营造一种如临其境之感，克服语调的僵化枯燥。如"冬日的清晨是寒冷的，妈妈手中的热汤却送来了春天的温暖"。整个句子中，"妈妈手中的热汤"是句中重音，该句将冬日的寒冷与妈妈的温暖对比，更着重表达了妈妈的爱。因此这句话读来语调应是温情的、柔润的，展示对妈妈慈爱的崇敬与幸福，而不能平铺直叙地一念到底，将会导致语调僵化。

（二）影响节律效果的潜在因素

1. 对朗读稿件研读不到位

无论是老师还是学生，在朗读的过程中，没能恰当运用节律要素而导致出现卡壳儿、语句不顺等诸多问题，其最主要原因还在于对于朗读文本的研读不够深入。布鲁姆的掌握性学习策略认为"在学习所花的时间量是掌握关键"，"如果学生在学习花了所需的时间，那么大多数（如果不是所有学生）

---

① 王宇红：《朗读技巧》，中国广播电视出版社，2002，第 225 页。

能够达到掌握水平"。[①] 都说"台上一分钟，台下十年功"，不仅在各种才艺训练中适用，在朗读中也同样如此。如果我们不花费足够多的时间去研读文本内容，就很容易被自己平时的随意交流习惯所影响，从而造成朗读过程中各种问题频发。像前文提到的语义不清晰、语调僵化等问题，都可以通过提前研读文本内容，在日积月累中加强语感来得到改善与解决。

但在今天，传统的教育思维观念并没有完全退出教学舞台，有些教师更热衷于让学生记忆、背诵课文，直接目的便是为考试服务，将朗读训练的时间大大压缩，这一带有功利主义的倾向，不可避免地影响着学生对朗读这一艺术表达形式的态度，进而更不可能花费较多时间去研读文本内容本身，也就导致了上述诸多问题的出现。

2. 对节律原理理解不到位

前文已经谈到了节律的要素和特征，也对其原理展开了分析和探讨。当在对朗诵展开研究时，必不可少要掌握朗读技巧。研读朗读稿件是基础，但对朗读技巧的应用是重点，这需要我们全面理解节律要素的特征及原理。重音、节奏、停连、声调、语调等节律要素，在朗读过程中都扮演着极其重要的角色。掌握这些要素的运用原则和注意事项，我们才能精准把握朗读的尺度与情感的层次。

有些朗读者只是从朗读文本的角度出发，查看重读音的准确与否与声调的调值到位程度，却对朗读学背后的节律知识缺乏兴趣。他们认为这是枯燥乏味的，不愿意认真研究和理解相关节律知识。这种做法从源头上就对节律要素进行了否定，实践操作起来就更加难以实现理想的朗读效果。张颂教授曾指出，朗读技巧的运用有两个阶段：其一是学习阶段，可以叫作"刻意雕琢"阶段；其二是熟练阶段，可以叫作"回归自然"阶段。不经过"刻意雕

---

① 布鲁姆：《教育评价》，邱渊等译，华东师范大学出版社，1987，第84—85页。

琢"，就不能"回归自然"。①朗读的节律要素也就是本研究提到的朗读技巧。若不去"雕琢"不同要素的特点和性质功能，便很难将朗读的"自然"呈现出来，这便是重视节律理论知识的原因。

3. 对教学方式运用不恰当

在节律手段运用不当的问题上，指导教师有着很大的责任。在朗读的课堂教学场景中，教师是课堂教学的主导者，应该用正确的教学方式带领学生向更高的阶段迈进。尤其是中学语文课堂中，引导朗读时教师的主导作用非常明显。②若未能通过合适的方式来积极引导学生，则难以构建师生双方对同一朗读稿件的共同理解空间，枯燥而不生动的教学过程也无法激发学生对朗读的探索精神。

教学方式的不恰当运用，在课堂教学中是十分普遍的现象。一是教师有较多的教学与科研任务，淡薄了朗读艺术教育的意识，不能分拨更多时间到课堂文本的朗读示范中去；二是教师只重视提升自己对原文的朗读和欣赏程度，却忽视了学生对原文节律的把握；三是培养朗读的艺术美感是动态且漫长的过程，很多教师抱着一次性培养的心态去面对教学课堂，这便违背了持续发展的教学规律，进而无法达到整体水平的持续提升。教学方式的运用如若不恰当，学生们便无法将注意力集中到朗读教学中来，更难以体会到节律要素在朗读朗诵中的音韵美，对节律要素应用能力的提升也便无从谈起。

五、朗读表达中节律的应用

朗读表达中节律的应用是细致又广泛的，这不仅是朗读文本题材上的差

---

① 张颂：《朗读学》，中国传媒大学出版社，2009，第 116 页。

② 孙筱：《初中语文朗读教学策略研究》，硕士论文，曲阜师范大学，2020，第 16 页。

异，如古诗词、散文随笔、演讲稿件等，同时也是朗读者本身对原文的再度创作。同一篇文稿由不同朗读者来进行创作有不尽相同的效果，这也充分体现了朗读者自身的能动性。恰当自如、准确无误地将节律应用于作品中，能最大限度地发挥出朗读者的主观能动性，提升朗读效果。

（一）古诗词朗读中节律的应用

一直以来，古诗词内容都是朗读教学中的难点和重点。朗读是诗歌表达的一种艺术形式，古诗词朗诵经常出现在中学的语文课堂里，用于加深中学生对作品的理解和把握。因此在教学朗读中，熟练运用节律要素是十分有必要的，这就要求我们掌握一定的朗读知识和朗读技巧，正确处理停顿、节奏和重音，适当地运用语调、语速等节律要素。

1. 停顿和节奏

停顿在古诗词中的应用是十分有必要的，毕竟一个人的气息有限，无法一口气讲完所有的内容，这就需要一定的时间进行适当停顿，用来调节气息，从而高质量地朗读整篇作品；同时，恰当的停顿也便于我们准确传达作品的思想感情，使之更具有韵味，表达更加传神；再者，古诗词不同于白话文，它并非是通俗易懂的，因此更需要以适当的停顿留白来给予听者回味与思考的空间，达到"此时无声胜有声"的效果，进而激发听者对诗词深层次的理解。

如古乐府诗集《关雎》：

关关雎鸠，在河之洲。窈窕淑女，君子好逑。参差荇菜，左右流之。窈窕淑女，寤寐求之。求之不得，寤寐思服。悠哉悠哉，辗转反侧。

这首诗的篇幅内容同五言、七言绝句相比，诗句内容和字数明显更多，因此停顿显得尤为重要。作为代表性的断句诗歌，该诗将每个诗句断成四字的短句，即"关关雎鸠，在河之洲"字断情不断，而后再续接类似结构，以此使得全篇节奏更加错落有致。这种断句方式有助于阐述作者所想象的情境、情感和意义，同时也便于民间进行朗诵和传唱。通过在句与句之间、词义与词义之间进行停顿，我们更能把握诗中主人公的感情。其以关雎鸟自比，表达自己对女子的相思与追求，传达了诗歌作者愿与心中恋人相向合鸣、相互依偎的美好愿望和憧憬。诗中丰富生动的心理活动细节更需要朗读者运用留白和停顿，供读者反复回味诗中主人公"辗转反侧"的心境与对美好爱恋的期盼。

节奏在古诗词中的作用更为突出，它运用的基础是诗词本身内容的起伏。节奏作为一种表达技巧作用于内容之中，更能突出古诗词的语义起伏、情感跌宕。郭沫若曾经指出："节奏之于诗是它的外形，也是它的生命，我们可以说没有诗是没有节奏的，没有节奏的便不是诗。"[1] 正如郭沫若所言，诗与节奏之间的关系是相辅相成的。在诗歌中节奏的丰富运用可以让诗歌读来更易抒发情感、启迪读者，若是没有了节奏，古诗词将变得平铺直叙，读来平淡如流水，朗读者自然无法体会诗中的意境与情趣，这样的朗读就无法唤起听众对诗歌的兴趣与共鸣。

如诗人白居易的《钱塘湖春行》：

孤山寺北贾亭西，水面初平云脚低。几处早莺争暖树，谁家新燕啄春泥。乱花渐欲迷人眼，浅草才能没马蹄。最爱湖东行不足，绿杨阴里白沙堤。

这首诗写出了作者所行之至、所见之景，生动详细地描摹出一幅春日生机勃发的图景，字里行间都透露着作者对于所见春光的欣赏与赞叹之情。为了在朗读时准确表达作者的思想感情，全诗不能波澜不惊地见字出声，而应该考虑到该诗所需的节奏，以诗歌的"223"格式进行朗读，这样将更能达到诗意舒展与生动的效果，体现出作者见到春日美景时那一扫阴霾的喜悦之情。

---

① 吴奔星、徐放鸣：《沫若诗话》，四川人民出版社，1984，第63页。

2. 语调和重音

语调一直是朗读中的重点，它取决于朗读者的情感态度，包括欣喜的、悲伤的、愤懑的，等等。正因为人有着丰富多变的情绪，文字也随着作者的心情而在不断发生着变化，因而掌握语调的转变也是准确朗读一首诗词的重点。

如岳飞的《满江红》：

怒发冲冠，凭栏处、潇潇雨歇。抬望眼，仰天长啸，壮怀激烈。三十功名尘与土，八千里路云和月。莫等闲，白了少年头，空悲切！靖康耻，犹未雪。臣子恨，何时灭！驾长车，踏破贺兰山缺。壮志饥餐胡虏肉，笑谈渴饮匈奴血。待从头、收拾旧山河，朝天阙。

作为千古传诵的爱国名篇经典，这首词表达了岳飞抗金的决心与对实现祖国统一的殷切希望，因此在朗读时对于该词语调的掌握一定要精准，否则无法传达出原文那种浩然正气和壮怀激烈的气势。诗词从上阕"怒发冲冠"的强烈愤怒到下阕"笑谈渴饮匈奴血"雪耻若渴的慷慨激昂，凸显了作者与投降派截然不同的作战态度，更体现出了作者的爱国热忱。朗读时只有语调运用到位才能传达出作者的民族英雄之志，让读者感同身受，理解诗中的壮志情怀，达到与作者共情的效果。

重音则以另一种方式重塑了诗歌表达的体现路径，它一般通过强化某一词组或句子来强调诗中的重音部分，从而抓取语句焦点信息，展现情感态度。重音一般可以分为三类：语法重音、强调重音以及感情重音。[1]第一种重音类型受到语法结构限制，位置较为固定，而后面两种则以思想情感作为突出强调的重点，位置不固定。在诗歌的朗读表达中，以强调重音和感情重音居多，因此也考验着朗读者对诗歌的理解程度。

---

① 刘莹莹：《初中古诗词朗读教学策略研究》，硕士论文，扬州大学，2018，第14 页。

如陆游的《冬夜读书示子聿》：

古人学问无遗力，少壮工夫老始成。纸上得来终觉浅，绝知此事要躬行。

这首诗通过书本知识学习与实践学习的关系阐释了实践学习的重要性。在朗读这首诗时要尤其注重对作者想表达的中心思想进行重音处理，即"浅"与"躬行"部分作为感情重点，需要加以对比强调来突出表达，以一浅一深来表达陆游创作此诗时的心情态度，从而表现出作者严谨的治学风范，以及孜孜不倦且持之以恒的学习态度。

（二）散文朗读中节律的应用

不同于古诗词，散文作为一种文学体裁，创作方式非常灵活。散文较为松散，它不拘泥于固定的字数和格式，往往是作者随性所见、所闻和所感。对于这样的内容，我们不能够套用某种格式去朗诵，应该仔细揣摩散文的内容、背景、写作缘由及其目的。在朗读这类文体时，应重视节律的运用，最终实现朗读散文时的最佳呈现效果。

1. 停顿和节奏

在朗读散文时，为了更贴合稿件情境，我们要使自己的思想感情不断处于积极运动的状态，要充分调动主观感受去处理散文中的情绪起伏，因此停顿就显得尤为重要。从朗读者生理的角度来说，人不能一口气念完所有内容，需要反复吸气、呼气以达到气息平衡均匀，这样才能顺畅地将散文朗读下去，同时又能够在文章承上启下的部分做出恰当停顿；从听众的感受来说，对于耳膜长久不间断的刺激必然会本能地产生抑制心理，因此适当地停顿也能给予人一定的休息和思考时间，这样也能提高朗读内容的表达效率。

如朱自清的散文《春》：

桃树、杏树、梨树，你不让我，我不让你，都开满了花赶趟儿。红的像火，粉的像霞，白的像雪。花里带着甜味儿；闭了眼，树上仿佛已经满是桃儿、杏儿、梨儿。

这篇散文多用排比类词语，以充满朝气的春景打造了一派唯美的春色图画，因此停顿在这里能起到分隔词语、连接上下内容的作用，可以帮助听众从错落有致的朗读声中去细细体会这充满诗意、欣欣向荣的春日美景。

美学家朱光潜先生说过："节奏是一切艺术的灵魂。表演艺术、有声语言艺术亦是如此。"准确的语言节奏变化，可以使我们的语言表达清晰流畅、缓急有度、意思明确。因此在散文的朗读中，节奏有着举足轻重的作用，我们可以运用节奏表达技巧使文章听来更加优美动人。

如鲁迅的《风筝》中：

论长幼，论力气，他是都敌不过我的，我当然得到完全的胜利，于是傲然走出，留他绝望地站在小屋里……然而我的惩罚终于轮到了，在我们离别得很久之后，我已经是中年。我不幸偶尔看了一本外国的讲论儿童的书，才知道游戏是儿童最正当的行为，玩具是儿童的天使。

这一段内容呈现了作者破坏风筝前后两种截然不同的心情，由年轻时的冲动气盛到中年时的蓦然愧疚，作者的情感发生转变，带动着散文的节奏也发生转折。因此在朗读的过程中要想体现出这一变化，我们的语气节奏也要发生变化，需用较为急促的节奏读出"傲然走出"的骄傲气盛，再用低沉缓慢的节奏读出"我的惩罚终于轮到了"的悔恨难过，进而表达作者内心沉重愧疚的心情，歌颂儿童那天真活泼、向往自由快乐生活的天性，升华主题，使听众从节奏中得到共鸣。

2. 语调和重音

语调在朗读过程中主要通过不同的语气来呈现文中所要表达的内容，尤其是散文这种文体，其本身内容就是作者有感而发的情绪和体会，因此文字蕴含着丰富饱满的情感。朗读者要通过恰当的语气传达出来，或轻快活泼，或热情高歌，或沉痛低沉，等等，只有语调到位了，才能在散文的朗读中准确地体现全文基调，传达出作品的真情实感。如巴金的《鸟的天堂》：

　　我仿佛听见几只鸟扑翅的声音，等我注意去看，却不见一只鸟的影儿。只有无数的树根立在地上，像许多根木桩。土地是湿的，大概涨潮的时候河水会冲上岸去。"鸟的天堂"里没有一只鸟，我不禁这样想。

　　这段散文描写了作者乘船游览路过一棵榕树时的欣喜与兴奋，而树上作为"鸟的天堂"却不见一只鸟，又表现出作者失望的情绪。因此在朗读此段时，要注意语调由惊喜到失落，从初见榕树难以抑制的欢欣，到期待着树上成群结伴的鸟，变为只闻其声不见其鸟的失望，这期间的情绪转换要通过语调的变化来体现，这样就使得文章内容得到生动表达。

　　重音也是在朗读散文时非常重要的一种表达技巧，它不同于固定化的轻重格式，而是依据文章内容不断发生着流动和变化。这意味着，我们要选择那些揭示语句本质和语言目的的核心词语，抒发情感色彩、渲染气氛情绪的关键词语进行重读。[1]重音在强调语句重心的同时，也起到了区分其他内容的作用，尤其在刻画人物特征的散文中，通过重音去对比突出人物的立体和复杂，效果也是立竿见影的。如老舍的《我的几个房东：伦敦回忆之二》：

　　吃完，她急忙去作工，拼命地追公共汽车；永远不等车站稳就跳上去，有时把腿碰得紫里蒿青。五点下工，又得给我们做晚饭。

　　学习重音技巧的灵活运用，可以帮助朗诵者更充分地展示文中人物的性格、心理及人物与情境的关系，准确表达作品的思想情感与艺术美感。[2]在这段详细的人物描写中，作者采用一系列动作刻画了艾支顿夫人（房东）生活上的奔波辛劳，进而让人从字里行间对艾支顿夫人感到同情与敬佩。因此，在朗读此段内容时，朗读者应该选择"急忙、拼命、跳上去"等一系列动词

---

　　① 李幸芷：《以〈桂林山水〉为例浅谈重音的运用技巧》，《视听》2017年第1期。

　　② 胡采：《以〈青衣〉为例解读小说朗诵中"重音"的运用》，《戏剧之家（上半月）》2012年第1期。

加大声音分贝进行朗读，通过重音处理来展示艾支顿夫人不断为生活而努力的艰辛，以声达情，让人动容，进而丰富艾支顿夫人的人物形象。

六、提升朗读表达中节律应用效果的策略

基于前面谈及的朗读表达过程中节律应用效果不佳的问题，我们应当从多方面去思考，如何提升朗读表达中的节律运用效果，以及不同策略在实施时的可行度和应用效果。在认识到节律要素重要性为前提下，科学组织教学过程中的方式方法，并且时刻加强节律运用的指导频度，在课前、课中、课后全方位进行有效、频繁的沉浸式朗读参与，以更好地提升朗读表达中的节律应用效果。

（一）充分认识到节律应用的重要性

节律应用水平最能体现一个人的语言表达能力，如果节律运用恰当，那么各种文体的朗读朗诵都能发挥得更为流畅自如，语言能力就能够得到迅速提升。这不仅有助于学生在普通话水平等级测试中拿到好成绩，同时也能提高其对于朗读文本的感受力，进而深刻领悟不同文本内容的深意，提升朗读表达的传情达意效果。但由于节律要素复杂多样，其应用场景与范围也十分宽泛，因此节律一直是朗读表达教学的薄弱环节，也是最易被忽视的表达技巧。教师必须将节律应用放在朗读教学的首位，只有自身将节律应用重视起来，才能将节律应用的重要性充分传达给学生，进而构建活跃的节律教学互动氛围，达到理想的节律运用效果。

（二）丰富课堂教学的组织方法

在朗读教学中，教学的组织方式对教学效果有直接的作用，教师通过面对面的沟通和教学往往能直截了当地指明学生的问题所在。当教师采用易于

接受的方式进行教学时，课堂学习效率往往能得到很大程度的提升。传统的朗读课堂教学往往过于程式化、机械化与刻板单调，不利于学生在课堂中切实掌握节律的应用方法，因此创新课堂朗读教学组织方法，适应学生群体的认知阶段，是解决课堂朗读表达教学节律应用的重要策略之一。

1. 采用沉浸式情景教学

沉浸式教学，顾名思义，指的是教师通过布置场景，使学生融入某一场景之中，从而置身朗读内容中的抽象世界，在提高学生对朗读关注度的同时，加强学生对文中思想情感的感悟。沉浸式教学的方式能促使学生准确应用节律，灵活地针对不同形式的作品进行诵读，传达出真挚的思想感情。随着现代教育技术的发展，教师可以通过丰富的多媒体资料，如音乐、图画、视频等，积极打造沉浸式氛围，在对诵读文本情景的再现中，激发学生去想象与感知，进而使课堂的积极参与氛围更加强烈，一改传统课堂教学的刻板气氛，从而提升节律教学的课堂质量。学生的朗诵理解水平分为感知、情感体验、能力提升三个阶段，沉浸式情景课堂有助于学生在朗诵时，从初级感知，进而晋升至情感体验，最终达到朗读水平的切实提升。

2. 采用互动式激励教学

在朗读教学的过程中，互动是提升学生对朗读节律学习兴趣和积极性的重要方式之一，良好的互动能够让学生感受到学习的氛围与乐趣，从而更乐于参与其中。同时，教师也能通过互动及时了解学生的朗读状况，以便于针对学生不同的学习阶段给出有效的指导意见。需要注意的是，教师在进行提问等互动时，应主动采用鼓励式互动。教师的鼓励是学生学习的动力，课堂上老师一句鼓励的话语，一个眼神的肯定，一抹会心的微笑，都会给学生带来无限的学习热情。[①]一方面，当学生练习诵读的过程中有所进步时，积极的

---

① 刘莹莹：《初中古诗词朗读教学策略研究》，硕士论文，扬州大学，2018，第27页。

鼓励与互动会增强学生对朗读教学的兴趣和信心，进而在后续的学习中不断超越现有水平；另一方面，当学生苦于朗读效果不佳而无法准确达意时，教师的激励会给学生以鼓舞，从而在肯定的赞誉中汲取不断尝试的力量，而不至于对朗读中的节律学习丧失兴趣。

（三）强化节律应用的指导

学生在朗读时对节律的应用是否到位，应作为教师在课堂上关注的重点。朗读不仅对欣赏古诗文、散文等文体至关重要，而且吟诵还能起到加强理解原文内容的作用，更是加强记忆、提升鉴赏能力的一个方式。[①]节律应用方面加强针对性的指导，也是教师在朗读课堂中应该承担的重要职责之一。教师要有扎实的节律理论基础，对节律的要素、特征、应用方式都要非常熟悉，且时时温故知新，同时注重培养学生的节律应用理论水平，以理论为根基，带动学生进行课堂实践。在实践过程中，除去教学内容和互动体验，加大节律应用的强度也很有必要。俗话说"熟能生巧"，如果应用强度加大，学生就能在日积月累的训练中形成自身的诵读语感，这也意味着教师需要更积极主动地为课堂上的学生创造更多诵读机会，进而加强示范。如在教学过程中采用表达示范、小组比较等方式，让学生分组讨论、角色扮演。在带动教学互动性的同时，也要给学生尽可能多地创造听辨与朗读表达的机会，这将有利于学生勤于实践、多听多说，进而逐步掌握朗读作品的节律，准确熟练地表达不同体裁的朗读作品。

---

① 武玥：《初中语文古诗词吟诵教学节律探究》，《教学与管理》2021年第18期。

结　语

　　轻重音既是语音问题又是语法问题。本书以三个平面理论为指导，采取语音和语法相结合、描写与解释相结合的方式，对现代汉语轻重音进行了多角度探讨。讨论主要集中在以下几个方面。

　　1. 轻音的功能和性质

　　对于轻音的性质有多种认识，有的学者认为轻音应属声调，有的学者认为轻音应属变调，还有学者认为轻音应属轻重音。事实表明，轻音不属声调，因为轻音的音高不起主要作用。轻音也不属变调。首先，两者变化的方向不同，普通话连读变调是右影响左，而轻音的变化是左影响右；其次，轻音的声母或韵母通常要发生变化，变调则不然。我们认为，把轻音放入轻重音系统处理比较合理。

　　轻音是一种表达意义的重要语言形式。轻音有两类：一类出现在词和短语中。有些轻音具有辨义作用，有时还能区别词性，由此确定轻音和声调一样是具有音位作用的。但是轻音又不具备独立音位的资格，因而可以把它看作"准声调""类调位"。另一类轻音是强调重音的一种特殊表达形式，可以成为"以轻音形式表示的强调重音"。强调重音是突出语句目的的重要手段。它的表达除了可以用加大音强、放慢拖长的方式外，还可以轻轻说出。这样一种方式形成的轻音则是强调重音的一种特殊表达形式。

　　语音四个要素的综合表现形成了轻音的语音特征。据此我们认为，可以另立一个轻音（准）音位，把轻音归入轻重音系统处理。

2. 轻音的规范问题

轻音是现代汉语重要的节律特征。长期以来，对轻音的认定及使用存在着混乱现象，主要表现在：范围不定，标注不一；数量大，许多无规律。这些不利因素是人们学习普通话的羁绊，我们认为有必要对轻音加以规范。对轻音的规范应遵循从严原则、加强规律性原则和约定俗成原则。在保留能区别词义和词性轻音的基础上，对"类词缀"轻音与非轻音进行归类，最好将其并为轻音词语，使类词缀成为轻音词语的标记，以增强类推性；将工具书注音不一致的词语视为非轻音词语；对有些原来读轻音现在已经不再读轻音的词语，应适应普通话语音发展的实际情况，将其读为非轻音。

3. 语法重音的确定原则

语法重音凸显结构焦点，焦点选择的倾向性同句法结构结合起来，决定了语法重音的位置。目前，汉语"重音居后"的观点已经被语言学界普遍认同，但大量的例外一方面使"重音居后"理论缺乏严密性，另一方面不利于教学。我们认为，应把语句中的偏正结构（状中和定中）看成一个整体。"重音居后"既包括以语句后部的主要动词为核心建立的"重音范域"的居后，又包括以语句后部偏正结构为核心建立的"重音范域"的居后，这样就保证了"重音居后"理论的普遍性和严密性，有利于很好地解释"重音居后"。在确认了"重音居后"理论的基础上，我们进一步确定了"重音范域"的内部规则：基本规则和延伸规则。"基本规则"属第一位的，"延伸规则"是辅助性的。短语或句子的语法重音就是在"重音居后"理论基础上以"基本规则"和"延伸规则"为指导一层一层分级负载的。最终要分为几个层级负载，需要根据这个结构所包含的层级。语法重音的最终落点应是一个相对完整的语法单位——词或者短语。语法重音是短语或句子的基本语义凸显点，在通常情况下，短语或句子的凸显是有一定规律可循的。新信息或比较具体的信息一般都是语义凸显的重点，相反，那些已经共知的、非具体的语法单位通常不具有承担语法重音的能力。

4. 语句重音与焦点、预设的关系

语句重音是凸显信息焦点的重要手段。现代汉语语句是依据从"旧到新"的原则编排信息的，所以位于句末的信息是最新信息，那么处于语句末尾的词语往往被认为是结构焦点，结构焦点通常以语法重音来显现。一般情况下，语句末尾的新信息是话语信息焦点。但有时为了实现某个目标，说话人也可以运用强调重音等手段，强制性地改变语句原有焦点的位置，从而增加旧信息的能量，使之上升为相对新知的焦点信息。强调重音可分为对比式和强调式两类，对比式强调重音往往凸显对比焦点，强调式强调重音往往用来凸显强调焦点。我们认为，作为一种聚焦手段，强调重音可以起到提示信息焦点的作用。但强调重音的设定又不是任意的，它在语句中的位置实际上受着预设的制约，往往随预设的变化而转移。有什么样的预设，就会体现什么样的话语意图，也就决定了要采用什么样的强调重音模式。

5. 播音主持创作中的轻重音研究

播音员、主持人在话筒前从事有声语言创作，除了要达到吐字清晰、流畅，还必须要做到主旨突出、观点鲜明，这就要求播音员、主持人准确地运用重音技巧来体现稿件的内涵。播音主持创作中的重音可以分为语法重音和强调重音两大类，结构焦点可以通过语法重音突出语义；强调重音凸显对比焦点和强调焦点。在分析播音主持创作中重音分布的基础上，进一步探讨了重音的选择原则与表达方式。认为重音的选择要遵循"精"和"准"的原则，要联系全篇，依据上下文语境做出谨慎判定，而不能简单地凭借语言的节律感去把握重音的位置；重音表达方式要灵活多样，要依据内心感受选择恰当、贴切的表达方式，把语句、语篇的目的展现出来。在分析语法重音和强调重音的差异后，指出强调重音是语法重音由底层上升到表层的重音形式，在播音主持创作中语法重音服从于强调重音。

6. 普通话水平测试中的轻重音研究

对普通话水平测试中的轻重音系统、轻重音的评判标准和受试者的轻重音偏误展开讨论。在对普通话水平测试指定词语和朗读篇目的轻重音进行整理和分析的基础上，描述词语重音、词语轻音、语句重音和语句轻音的语音特征，阐释普通话水平测试中词语轻重音和语句轻重音的分布规律及应用规范，进一步构建和完善普通话轻重音体系。根据轻重音体系的规范化要求，受试者要熟练握普通话轻重音体系，准确体现普通话轻重音的语音特征。研究认为明确普通话轻重音体系，有利于普通话轻重音的教学和评价，有助于统一规范普通话水平测试中的轻重音评析标准，有利于进一步推广普通话。

7. 泰安方言的轻重音研究

方言承载着当地独特的文化意涵，对方言轻重音进行探究不仅拓宽了研究向度，还关乎当地的文化传承与文化续写。说话者在交流中的语言习惯逃脱不出自身文化影响的限制，方言轻重音的选择与表达被深深地打上一方水土特有的烙印。通过资料查阅可知，现有文献对泰安方言轻重音的研究较少，探索维度仍不全面。本章聚焦泰安方言，以普通话轻重音发音规律为参照对象，试全面探究泰安方言的轻重音发音规律，为后续研究提供借鉴。

本章先对泰安方言的语音情况进行梳理，发现泰安方言的语音情况与普通话存在细微差异，如［ouoyo］里的［o］发音时，双唇不如北京音圆润，唇形较扁，嘴角外咧，发音偏［ɤ］等。接下来将重音分为词重音与句重音两类对泰安方言进行系统考察，发现泰安方言语句重音的规律与普通话大致相当，且词重音与语法重音的分布情况也较为清晰。除此之外，又将重音与语音、语义、语法、节奏相结合进行考察。我们发现，泰安方言的轻读会引起一系列的语音变化，包含声母浊化、韵母弱化或脱落、声调改变等。在泰安方言中，语义的辨别通常依靠轻音；句重音有避免歧义与强调意义等功能。在进行节奏表达时，泰安方言的表达习惯存在与普通话类似的轻音音节与前音节联系紧密、长句中轻音音节后通常停顿等规律。

8. 汉英轻重音对比研究

汉英两种语言在轻重音的使用上存在许多差异。英语中的重音通常位于名词、动词和形容词的开头音节，而汉语中的重音位置相对来讲比较灵活，在词的组成部分中可以出现在不同位置。在汉语中，音节数量也是一个重要的因素。通常情况下，一个词的重音常落在第一个或第二个音节上。而在英语中，一个词的音节数量相对较多，在确定重音位置时需要考虑音节的数量和音节结构。作为语调语言，英语具有使用不同语调模式来传达语义和情感的特点。汉语也有语调的差异，但相对来说语调对于词的意义的区分度较低，音节的重音对于区分词义更为重要。

总体来说，汉英语言在轻重音的确定和运用上各有特色。英语中重音通常出现在特定的位置上，而汉语中重音位置较为灵活。对于学习者来说，理解和掌握不同语言的重音规律和模式是准确发音和理解词义的关键。

9. 朗读教学中的节律应用研究

在汉语口语表达教学中，节律及其在语流中起到的作用往往容易被人们所忽视，因此研究朗读教学层面节律的性质及其功能很有必要。节律作为汉语重要的韵律特征，其构成要素十分丰富。有停连、节奏、重音、声调、语调和基调等，这些要素均对朗读教学影响深远。在朗读教学的节律应用研究中，涉及教师和学生两大主体，各位教师应深入了解节律的功能和特征，方能知其然并知其所以然，进而以充足的知识储备去创新教学方式，进一步提升教学效果；当下研究显示，朗读课堂上，学生普遍存在方言语调、表达不流畅、语义不清晰、语调僵化等问题，所以教师在教学时要充分意识到节律应用的重要性，进而丰富课堂教学组织方法，如采用沉浸式情景教学、互动式鼓励教学以强化节律应用，从而实现教学课堂的双向良性互动。

我们深深地感到，轻重音的研究是一项比较大的工程，本课题的研究仅仅是做了一些初步的工作，由于种种条件的限制，有些应该做的工作目前还无法展开，本该做好的一些工作没能做好，留下了许多遗憾。一方面，对轻重音的研究应列举出大量的例句进行全面分析，但目前本书的分析还不够深入和充分，下一步的工作是进一步检索大量的语料和例句，进行细致的描写和分析。另一方面，对轻重音语音特征的描写需要借助于语音实验和声学实验进行量化分析，而我们既缺乏这方面的物资条件，又缺少这方面的知识和能力，只能借助其他学者的研究数据，这不能不说是一个极大的遗憾。

参考文献

普通图书

［1］布鲁姆.教育评价［M］.上海：华东师范大学出版社，1987.

［2］陈望道.修辞学发凡［M］.上海：上海教育出版社，1979.

［3］董少文.语文常识［M］.北京：文化教育出版社，1956.

［4］端木三.汉语韵律语法丛书：音步和重音［M］.北京：北京语言大学出版社，2016.

［5］范开泰，张亚军.现代汉语语法分析［M］.上海：华东师范大学出版社，2005.

［6］范晓.语法理论纲要［M］.上海：上海教育出版社，2003.

［7］范晓.短语［M］.北京：商务印书馆，2000.

［8］冯胜利.汉语的韵律、词法与句法［M］.北京：北京大学出版社，1997.

［9］高名凯，石安石.语言学概论［M］.北京：中华书局，1963.

［10］郭锦桴.汉语声调语调阐要与探索［M］.北京：北京语言学院出版社，1993.

［11］胡裕树.现代汉语［M］.上海：上海教育出版社，1981.

［12］黄伯荣，廖序东.现代汉语［M］.北京：高等教育出版社，1991.

［13］劲松.现代汉语轻声动态研究［M］.北京：民族出版社，2002.

［14］林鸿.普通话语音与发声［M］.杭州：浙江大学出版社，2014.

［15］林焘，王理嘉.语音学教程［M］.北京：北京大学出版社，1990.

［16］林祥楣.现代汉语［M］.北京：语文出版社，1991.

［17］吕叔湘.语文常谈［M］.北京：三联书店，1980.

［18］吕叔湘，朱德熙.语法修辞讲话［M］.北京：中国青年出版社，1952.

［19］罗常培，王均.普通语音学纲要［M］.北京：商务印书馆，2002.

［20］施旗，曼叶平.播音表达和语法规则.北京：北京广播电视出版社，1997.

［21］史存直.汉语语法史纲要［M］.上海：华东师大出版社，1986.

［22］宋欣桥.普通话语音训练教程［M］.长春：吉林人民出版社，1993.

［23］汤廷池.汉语词法与句法论集［M］.台北：台湾学生书局，1985.

［24］王理嘉.音系学基础［M］.北京：语文出版社，1991.

［25］王宇红.朗读技巧［M］.北京：中国广播电视出版社，2002.

［26］吴奔星，徐放鸣.沫若诗话［M］.成都：四川人民出版社，1984.

［27］吴洁敏，朱宏达.汉语节律学［M］.北京：语文出版社，2001.

［28］吴为善.汉语韵律句法探索［M］.上海：学林出版社，2006.

［29］徐世荣.普通话轻声词汇编［M］.普通话语音研究班教材，1963.

［30］徐世荣.普通话语音知识［M］.北京：文字改革出版社，1980.

［31］徐世荣.普通话语音常识［M］.北京：语文出版社，1999.

［32］叶蜚声，徐通锵.语言学纲要［M］.北京：北京大学出版社，1981.

［33］叶军.汉语语句韵律的语法功能［M］.上海：华东师范大学出版社，2001.

［34］张斌.现代汉语［M］.北京：北京语文出版社，2000.

［35］张斌.汉语语法学［M］.上海：上海教育出版社，2003.

［36］张伯江，方梅.汉语功能语法研究［M］.南昌：江西教育出版社，1996.

［37］张颂.朗读学［M］.长沙：湖南教育出版社，1983.

［38］张颂.中国播音学［M］.北京：北京广播学院出版社，2003.

［39］张洵如.北京话轻声词汇［M］.北京：中华书局，1959.

［40］赵杰.北京话的满语底层和"轻音""儿化"探源［M］.北京：北京燕山出版社，1996.

［41］赵元任.汉语口语语法［M］.北京：商务印书馆，1979.

［42］浙江省语言文字工作委员会，浙江省语言文字工作者协会.浙江省普通话水平测试教程［M］.杭州：浙江大学出版社，2012.

［43］周同春.汉语语音学［M］.北京：北京师范大学出版社，1990.

［44］朱德熙.语法答问［M］.北京：商务印书馆，1985.

［45］朱德熙.语法讲义［M］.北京：商务印书馆，2005.

［46］朱德熙.现代语法研究［M］.北京：商务印书馆，2005.

［47］Brown & yule.Discourse Analysis［M］. Cambridge:Cambridge CUP. 1983.

［48］Dan.Sperber &Deirdre.Wilson.Relevance:Communication and Cognition［M］.Beijing: Foreign Language Teaching and Research Press, 2001.

期刊文献

［1］昂六寿.谈汉语的节奏［J］.文学教育，2013(2):95.

［2］曹剑芬.普通话轻声音节特性分析［J］.应用声学，1986(4):1-6.

［3］曹剑芬.连读变调与轻重对立［J］.中国语文，1995 (4):311-319.

［4］陈本益.探索汉语诗歌节奏的一个思路［J］.汉语言文学研究，2011(1):11-16.

［5］陈小燕.论轻声词界定的必要性、一致性原则［J］.语言文字应用，2004(1):112-119.

［6］陈莹.英语重音与汉语轻声的功能比较［J］.泉州师范学院学报，

2004(3):117—123.

[7] 端木三.重音理论和汉语的词长选择 [J].中国语文，1999(4):246—254.

[8] 范开泰.语用分析说略 [J].中国语文，1985(6)401—408.

[9] 范开泰.省略、隐含、暗示 [J].语言教学与研究，1990(2):20—31.

[10] 方梅.汉语对比焦点的句法表现手段 [J].中国语文，1995(5):279—288.

[11] 冯玉珍.轻声论说 [J].安顺高等专科学校学报，2004(1)21—24.

[12] 高景成.由许多词汇看轻声衰退的趋势 [J].文字改革，1959(2):5.

[13] 高桥洋.汉语普通话的语法重音 [J].语言教学与研究，1984(2):65—77.

[14] 韩承红.试论普通话轻声词标准的统一问题 [J].中华文化论坛，2003(3):154—156.

[15] 何善芬.英汉轻重音对比研究 [J].外语与外语教学，1999(12):9—11.

[16] 胡采.以《青衣》为例解读小说朗诵中"重音"的运用 [J].戏剧之家，2012(3):110—111.

[17] 侯一青.汉英重音对比分析及其应用 [J].湖北师范学院学报，2011(6):40—41.

[18] 华宏仪.试说轻声 [J].语文教学，1960(1).

[19] 姜文振.谈谈轻声词的辨义功能 [J].北方论丛，2003(2):96—99.

[20] 蒋维崧，殷焕先.轻声的教学 [J].语文教学，1957(4):31—34.

[21] 江成.复音词的轻重音的整理问题 [J].中国语文，1956，5月号:28—29.

[22] 李根芹.正视轻声衰退现象 重新审定轻声词 [J].镇江高专学报，2005(1):13—22.

[23] 李学军.试论轻声词的辨义功能 [J].安阳师范学院学报，

2007(4):102−103.

［24］李永宏.英汉重音对比研究［J］.吉林广播电视大学学报，2017(6):106−107.

［25］李战子.通过篇章重音把握信息焦点［J］.外语研究，1996(3):15−20.

［26］李幸芷.以《桂林山水》为例浅谈重音的运用技巧［J］.视听，2017(1):100−101.

［27］厉为民.试论轻声和重音［J］.中国语文，1981(1):35−40.

［28］林焘.现代汉语补语轻音现象反映的语法和语义问题［J］.中国语文，1957(3).

［29］林焘.现代汉语轻音和句法结构的关系［J］.中国语文，1962，7月号:301−310.

［30］林焘.语音研究和对外汉语教学［J］.世界汉语教学，1996(4).

［31］林茂灿，颜景助.北京话轻声的声学性质［J］.方言，1980(3):166−178.

［32］林茂灿，颜景助.北京话两字组正常重音的初步实验［J］.方言，1984(1):57−72.

［33］林茂灿，颜景助.普通话轻声与轻重音［J］.语言教学与研究，1990(3):88−99.

［34］刘丹青，徐烈炯.焦点与背景、话题及汉语"连"字句［J］.中国语文，1998(4):243−252.

［35］刘娟.轻声的本质特征［J］.语言教学与研究，1997(1):143−151.

［36］刘晓红.谈轻声词整理的原则［J］.湘潭大学学报，1999(6):125−127.

［37］吕叔湘.现代汉语单双音节问题初探［J］.中国语文，1963(1):10−22.

［38］吕叔湘.歧义类例［J］.中国语文，1984(5):321−329.

［39］米青.普通话轻声教学刍议［J］.语言教学与研究，1986(2):58−65.

［40］齐声乔.汉语的字调、停顿与语调的交互关系［J］.中国语文，1956，10月号

［41］邵敬敏.关于"轻声词"的若干疑难问题［J］.语文建设，1999(1):24-27.

［42］邵宜.现代汉语节律的教学问题［J］.广东教育学院学报，2003(4):97-103.

［43］石佩雯.语调和语义［J］.语言教学与研究，1981(3):54-63.

［44］史国东.普通话音位系统中的轻声处理［J］.宛西学院学报，2002(6):90-91.

［45］宋芸芸.教师口语韵律节奏探析［J］.浙江万里学院学报，2002(3):124-126.

［46］孙和平.普通话轻声的界定及相关问题［J］.咸宁学院学报，2003(2):61-63.

［47］童芳莉.英汉重音对比研究［J］.现代语文，2006(9):87-89.

［48］田恭.语言的节律［J］.中国语文，1954(10):38-42.

［49］田皓.试论普通话轻声词的规范［J］.邵阳学院学报，2003(4):111-112.

［50］王晶，王理嘉.普通话多音节词音节时长分布模式［J］.中国语文，1993(2).

［51］王志武，黄佩文.关于轻声的一些问题［J］.语言教学与研究，1981(2).

［52］吴洁敏.停延初探——现代汉语音律特征研究之一［J］.语文建设，1990(3):11-16.

［53］吴为善.平仄律、轻重音和汉语节律结构中"弱重位的确认"［J］.语言研究，2005(3):90-94.

［54］伍巍.现代汉语节律的功能［J］.修辞学习，2005(3):28-32.

［55］武玥.初中语文古诗词吟诵教学节律探究［J］.教学与管理，2021(18):80-82.

［56］文炼.汉语语句的节律问题［J］.中国语文，1994(1):22-25.

［57］晓东.亟待解决的一个问题［J］.语文建设，1998(3):12-15.

［58］徐世荣.双音缀词的重音规律［J］.中国语文，1956(2):35-37.

［59］徐世荣.普通话语音讲话［J］.文字改革，1957(10).

［60］徐世荣.试论北京语音的"声调音位"［J］.中国语文，1957(5).

［61］徐世荣.意群重音和语法的关系，中国语文，1961(5):27-29.

［62］颜景助，林茂灿.北京话三字组重音的声学表现［J］.方言，1988(3):227-232.

［63］杨文进.留学生汉语教学之轻声教学策略研究［J］.智库时代，2019(16):203-205.

［64］羊乃书.对外汉语教材声调韵律成分编排初探［J］.重庆科技学院学报（社会科学版），2014(2):157-159.

［65］姚喜双.普通话水平测试若干问题研究［J］.云南师范大学学报（哲学社会科学版），2011(6):146-151.

［66］殷作炎.关于普通话双音常用词轻重音的初步考察［J］.中国语文，1982(3):168-173.

［67］殷作炎.歧义和话语节律［J］.语文研究，1990(3):301-311.

［68］张巨龄.汉语同词形语音轻重及词义、词形的变迁［J］.语言教学与研究，1990(3):155-159.

［69］张克定.预设·调核·焦点［J］.外语学刊，1999(4):22-26.

［70］张晓勤.普通话轻声词规律探析［J］.广西民族学院学报，2003(6):122-125.

［71］张洵如.北京话里轻声的功用［J］.中国语文，1956(5):30-40.

［72］张燕来.对外汉语的轻声教学探讨［J］.语言教学与研究，2009(6):

62-67.

[73] 赵新，马贝加.试论普通话的轻声词 [J].语文研究，2005(2):19-26.

[74] 赵秀霞.朗读中重音的确定与表达 [J].长春教育学院学报，2012(3):76-77.

[75] 郑怀洁.调核的语用分析 [J].广州大学学报，2005(7):45-48.

[76] 郑秀芝.谈对外汉语课的轻声教学问题 [J].外语与外语教学，1996(3):72-73.

[77] 郑献芹.谈重音 [J].安阳师范学院，2005(6):63-65.

[78] 周树军.调核重音和会话含意 [J].宿州学院学报，2004(4):86-88.

[79] 周祖谟.普通话的正音问题 [J].中国语文，1956(5).

[80] 左岩.浅析韵律研究中的几个概念 [J].北京大学学报，1999(1):85-90.

学位论文

[1] 胡恩茜.汉语节律规则在对外汉语口语教学中的应用研究 [D/OL].南京：东南大学，2019.

[2] 侯一青.汉英重音对比研究及应用 [D/OL].黄石：湖北师范学院，2012.

[3] 李静.现代汉语的轻重音研究 [D/OL].上海：上海师范大学，2008.

[4] 李莎.轻声的形成和应用 [D/OL].福建：福建师范大学，2002.

[5] 刘冉.普通话水平测试朗读作品节律研究 [D/OL].湘潭：湖南科技大学，2011.

[6] 刘莹莹.初中古诗词朗读教学策略研究 [D/OL].扬州：扬州大学，2018.

[7] 罗爱华.汉英词重音对比研究 [D/OL].杭州：杭州师范大学，2013.

［8］裴培.现代汉语轻声词及相关问题研究［D/OL］.上海：上海师范大学，2008.

［9］孙筱.初中语文朗读教学策略研究［D/OL］.曲阜：曲阜师范大学，2020.

［10］田丰.对外汉语口语教学中的节律应用研究［D/OL］.海口：海南师范大学，2018.

［11］王聪.汉语成语的语音简化性研究［D/OL］.哈尔滨：黑龙江大学，2012.

［12］姚益龙.“VP+NP1+的+NP2”结构歧义的研究［D/OL］.北京：首都师范大学，2007.

［13］钟丽莎.印尼人学习汉语助动词的偏误分析与教学法研究［D/OL］.石家庄：河北师范大学，2012.

论文集、会议录

［1］林焘.林焘语言学论文集［C］北京：商务印书馆，2001.

后 记

本书是在我硕士学位论文的基础上修订而成的。2005 年，我在上海师范大学攻读语言学与应用语言学专业，有幸师从著名语言学家范开泰先生。范先生本着因材施教的原则，建议我以节律和语法接口问题为主攻方向，并确定以现代汉语轻重音研究作为我硕士论文的选题。经过范先生的悉心指导，我撰写出硕士学位论文《现代汉语的轻重音研究》，成果引起了学界的关注。近些年来，国外音系学理论的引进和学界大量语音听辨和实验资料的积累，为研究提供了理论和方法上的借鉴，让进一步对轻重音考察成为可能。在这样的背景下，我们再次对现代汉语轻重音进行深入考察，从而获得了一定的进展，本书实际上就是两个阶段研究的总结。

轻重音是现代汉语语音系统的一个重要特征。它是理解句法结构、语义结构和语用结构的重要线索，也是语法意义的表达手段之一。近些年来，随着语言研究的深入和人工智能语音识别技术的发展，轻重音问题不仅成为研究者关注的一个焦点，也成为语音识别技术攻关的重点和难点。本课题着重从多层面、多角度对轻重音问题进行进一步的探讨，希望能对词汇和语法层面的一些语言现象做出合理的阐释，也能为语言基础理论的研究及播音主持教学、语文教学、对外汉语教学研究及汉语信息处理提供新思路。

《现代汉语的轻重音研究》出版之际，怀揣一份欣喜，带着无限感激，向给予我们关心和支持的老师和朋友们表示诚挚的谢意。

　　首先，感谢导师范开泰教授，感谢先生在百忙之中给予我严谨的指导和谆谆的教诲。范先生引领我畅游语言学的海洋，使我再次感受到了语言学的博大精深，领略到了语用学领域的魅力之所在。本书从选题到完成，无不凝聚着先生的心血。先生渊博的知识和敏锐的思维都深深地影响着我，他严谨的治学态度和认真负责的精神使我不敢有丝毫懈怠，平易近人的作风又使我倍感温暖。先生不仅传授给我治学的方法，也教给了我做人的道理，他的言传身教让我受益终生。

　　其次，感谢浙江传媒学院与播音主持艺术学院的各位领导和老师们，他们对该课题给予高度关注和支持，为本书的编写提供了大量经典案例，并提出宝贵意见，学校及播音学院还对该课题予以资助。是他们的鼓励和支持给了我们战胜困难的勇气和信心，鞭策我们在这项研究中不懈努力、积极进取。

　　再次，本书在撰写过程中得到了一些学者的支持与帮助，其中秦霄（陕西师范大学）完成了第六章普通话水平测试的轻重音研究，李诗雨完成了第七章泰安方言的轻重音研究。学者们对普通话水平测试中词语轻重音和语句轻重音的分布规律及应用规范展开讨论；以普通话轻重音为参照对象对方言的轻重音规律进行探究，研究成果为播音主持教学提供了新思路。赵心睿（四川广播电视台）完成了第八章汉英轻重音对比研究，申怡完成了第九章朗读教学中的节律应用研究。研究者探究汉英两种语言在轻重音使用上的异同，分析朗读教学层面节律的性质及其功能，研究成果对对外汉语教学和中小学语文教学具有借鉴意义。本书在撰写过程中还参阅了一些相关的论文和著作，也吸收了部分观点，在此一并表示深深的谢意。我还要感谢问卷调查的合作者们，本课题的调查研究得到了许多同学及同事的热情帮助和大力支持，正是因为他们的配合，才有了今天的研究成果。

　　最后，感谢出版社的同志们，感谢编辑许珊珊！本书的出版得到了出版社领导和工作人员的大力支持，他们为本书的出版付出了艰辛的劳动，在此一并表示深深的谢意!

　　我们在写作过程中虽力求翔实准确,但终因才疏学浅,疏漏和不严密之处在所难免,敬请专家批评指正。

作者

2024 年 9 月于浙江传媒学院钱塘校区